Série STMG
PREMIÈRE

BAC Technologique

W0316762

SCIENCES DE GESTION ET NUMÉRIQUE

ENSEIGNEMENT DE SPÉCIALITÉ

Version détachable

Sandrine DIEU PHAN
Karline DUFOUR
Magalie GARNIER
Raphaël HAMON

FontainePicard

SCIENCES DE GESTION

Le chapitre

LE THÈME

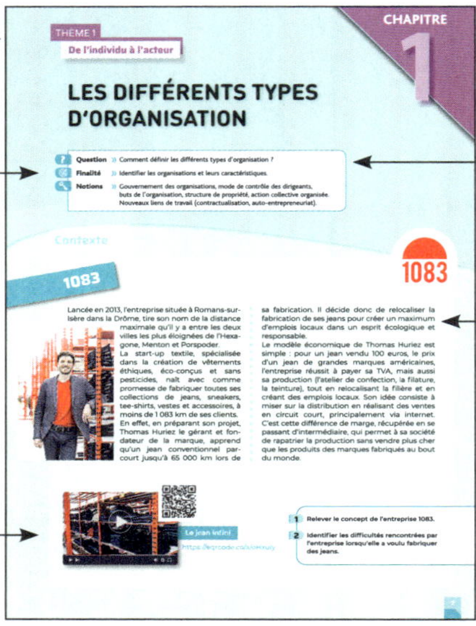

Les notions et finalités abordées dans le chapitre

La question de gestion

La mise en situation
Une organisation réelle pour découvrir les notions et traiter les finalités en recourant de manière itérative à la méthode OAC.

Une vidéo ou une grille de caractérisation de l'organisation (complétée ou à compléter par les élèves)

Découvrir

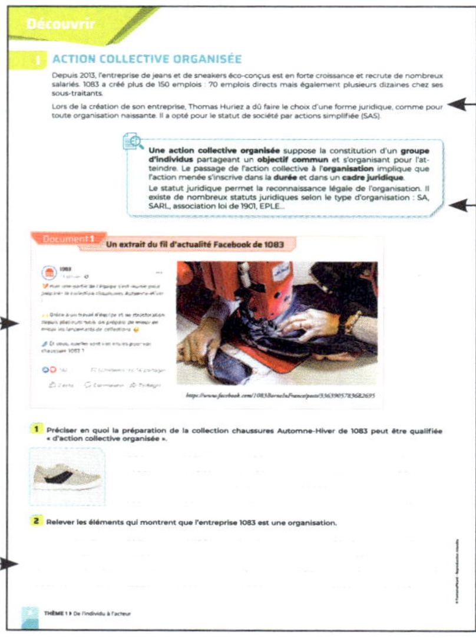

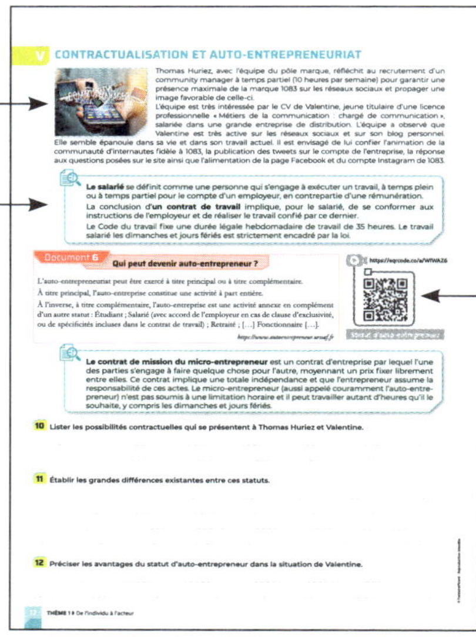

Le contexte

Des apports notionnels

Des documents

Des vidéos

La place prévue pour répondre

À RETENIR

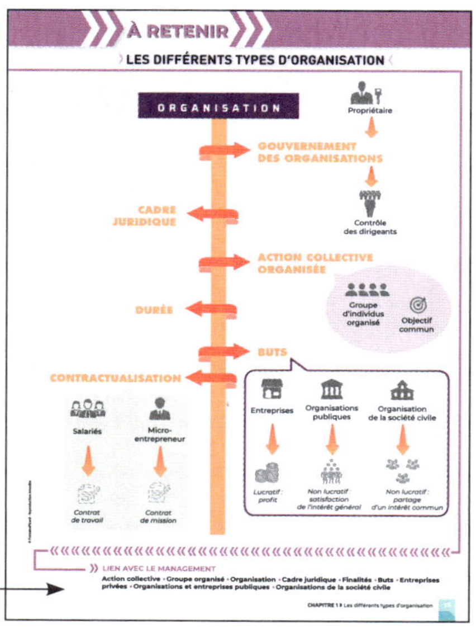

Un schéma de synthèse pour faciliter la compréhension et la mémorisation des notions.

Transversalité avec le management

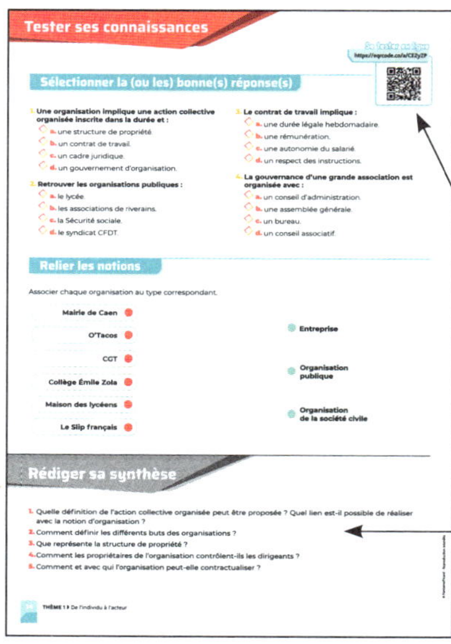

Tester ses connaissances

Pour faire le point et tester les acquis (avec une version numérique)

Pour apprendre à rédiger une synthèse

Des activités

Liste des pictos utilisés dans l'ouvrage :

1 & 2 **Fiches méthode**

Activité sur poste informatique

Renvoi à un fichier Excel « NUSDG_06_06 »

Vidéo disponible via un QR Code
https://eqrcode.co/a/WIWAZ6
Statut d'auto-entrepreneur

Renvoi vers un site web
https://eqrcode.co/a/9pyTID

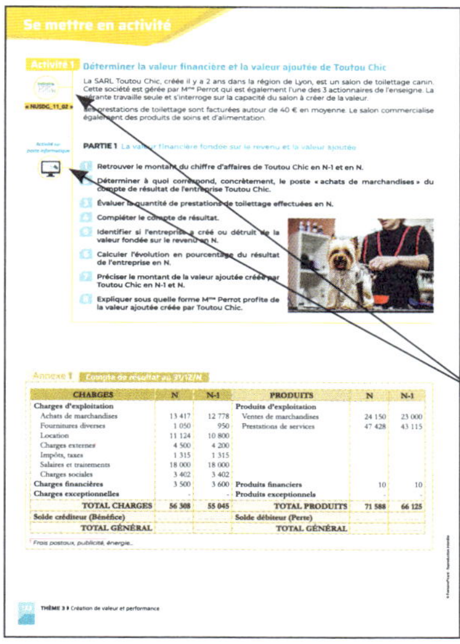

Se mettre en activité

Le chapitre se termine par plusieurs activités

Chaque chapitre propose plusieurs activités.

Des outils numériques pour diffuser de l'information, produire des documents, communiquer, travailler en mode collaboratif sur l'ENT.

Cas pratiques

4 cas pratiques à la fin de chaque thème proposent une mise en projet complémentaire et une réflexion sur une nouvelle situation de gestion.

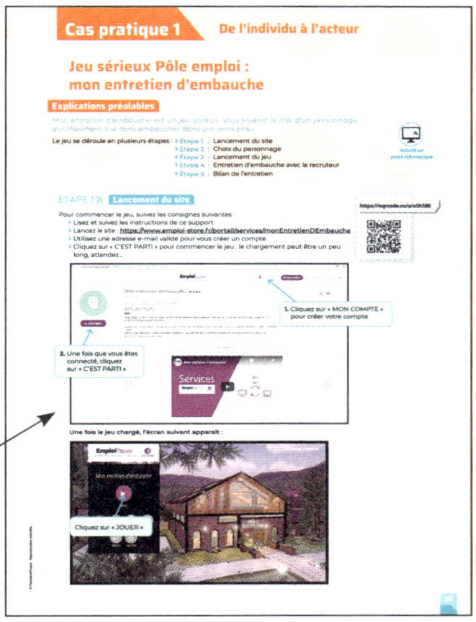

Jeu sérieux

Escape game

À partir d'un espace virtuel, les élèves accèdent à un Escape Game pédagogique.

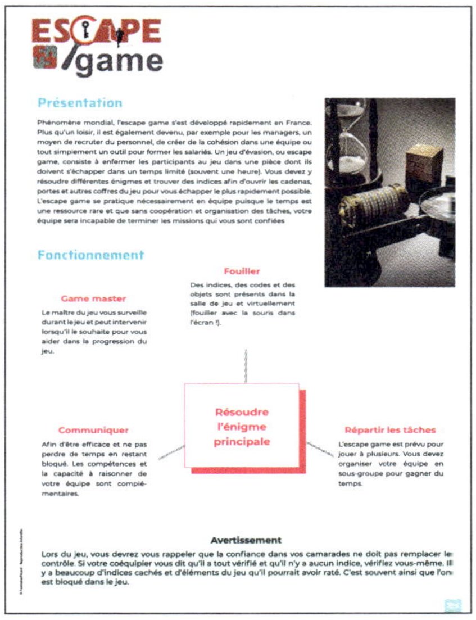

Des fiches

Fiche Grand oral

Pour la préparation du Grand oral.

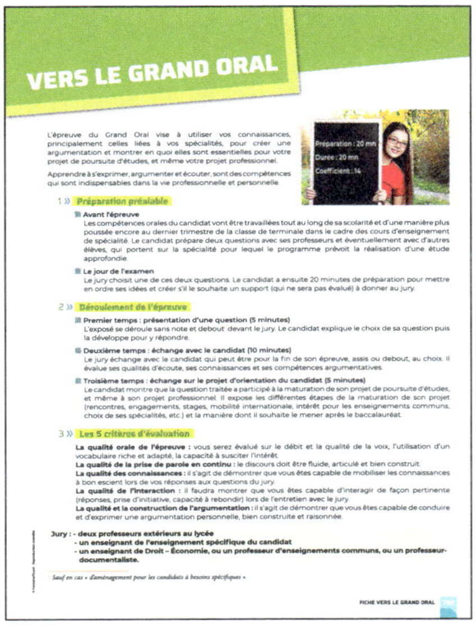

Fiches méthode

Pour la préparation des épreuves d'examen écrites et orales.

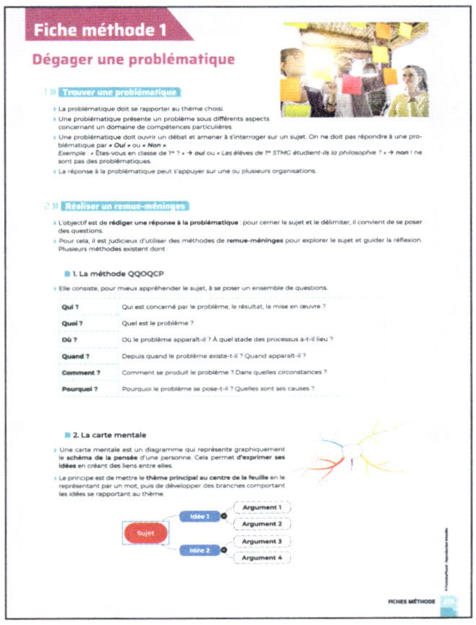

Sommaire

DES SÉQUENCES D'ETLV EN VERSION NUMÉRIQUE

ETLV 1 https://eqrcode.co/a/YLdYtG

ETLV 2 https://eqrcode.co/a/ao2lE0

ETLV 3 https://eqrcode.co/a/YF7PQu

Crédits photographiques :
Couverture : SFIO Cracho_shutterstock_720822931

Intérieur : p. 2 © 1083 ; p. 2 © Production Perig_shutterstock_677321068 ; p. 2 © SalimCreative_shutterstock_1563901576 ; p. 2 © phipatbig_shutterstock_105213653 ; p. 2 © VoodooDot_shutterstock_121970608 ; p. 2 © HN Works_shutterstock_621208061 ; p. 2 © Blan-k_shutterstock_1489731800 ; p. 2 © rehab-icons_shutterstock_1148029238 ; p. 2 © shutterstock_Vector Icon Flat_221936653 ; p. 2 © 13ree.design_shutterstock_1030353712 ; p. 3 © Helen_Sushitskaya_shutterstock_587398667 ; p. 3 © Pôle emploi ; p. 3 © Victor_Moussa_shutterstock_606453290 ; p. 3 © shutterstock_Billion ; p. 3 © rudall30_shutterstock_1084625582 ; p. 7 à 9 © 1083 ; p. 9 © Pekpicts_shutterstock_1821019814 ; p. 9 © Julma_shutterstock_189628199 ; p. 12 © Production Perig_shutterstock_677321068 ; p. 13 © SalimCreative_shutterstock_1563901576 ; p. 13 © phipatbig_shutterstock_105213653 ; p. 13 © VoodooDot_shutterstock_121970608 ; p. 13 © HN Works_shutterstock_621208061 ; p. 13 © Blan-k_shutterstock_1489731800 ; p. 13 © shutterstock_Vector Icon Flat_221936653 ; p. 13 © 13ree.design_shutterstock_1030353712 ; p. 13 © rehab-icons_shutterstock_1148029238 ; p. 15 © Photoagriculture_shutterstock_1715117683 ; p. 16 © TommyStockProject_shutterstock_1780311881 ; p. 16 © Syda Productions_shutterstock_220706359 ; p. 17 © Cocoon&moi ; p. 18 © Wavebreakmedia_shutterstock_177572072 ; p. 18 © Stmool_shutterstock_1114953086 ; p. 21 © Sabelskaya_shutterstock_509471452 ; p. 21 © Somjai Jathieng_shutterstock_694270600 ; p. 22 © Fotolia © Jeanette Dietl ; p. 23 © Susan Schmitz_shutterstock_382444396 ; p. 23 © Khosro_shutterstock_1178009626 ; p. 24 © TwinDesign1_shutterstock_57303300 ; p. 25 © Birgit Reitz-Hofmann_shutterstock_787436140 ; p. 25 © Arcady_shutterstock_1755426716 ; p. 25 © Leremy_shutterstock_480049141 ; p. 25 © Leremy_shutterstock_424909324 ; p. 25 © bsd_shutterstock_1742384105 ; p. 25 © yuliiabulakh_shutterstock_1082026769 ; p. 25 © Leremy_shutterstock_415610575 ; p. 25 © Leremy_shutterstock_420447055 ; p. 25 © Leremy_shutterstock_415610575 ; p. 25 © kuroksta_shutterstock_714982462 ; p. 25 © Leremy_shutterstock_472135447 ; p. 25 © Leremy_shutterstock_432032380 ; p. 25 © Leremy_shutterstock_478260745 ; p. 25 © Leremy_shutterstock_432032380 ; p. 25 © Leremy_shutterstock_424909324 ; p. 25 © Leremy_shutterstock_415610377 ; p. 25 © Chrisdorney_shutterstock_786061930 ; p. 25 © 360b_shutterstock_173389100 ; p. 25 © shutterstock_TwinDesign1 ; p. 25 © rvlsoft_shutterstock_276929006 ; p. 27 © UFC Que choisir ; p. 28 © Charles MAMAROT/Sécurité routière ; p. 28 © Fondation 30 Millions d'Amis ; p. 28 © rvlsoft_shutterstock_276929006 ; p. 28 © 360b_shutterstock_173389100 ; p. 28 © chrisdorney_shutterstock_786061930 ; p. 28 © Birgit Reitz-Hofmann_shutterstock_787436140 ; p. 29 © pixinoo_shutterstock_763638973 ; p. 31 © Viktor88_shutterstock_89337127 ; p. 33 © Maslowski_Marcin_shutterstock_221314189 ; p. 33 © Artistdesign29_shutterstock_674217205 ; p. 33 © ASDF_MEDIA_shutterstock_52167085 ; p. 35 © ALPA_PROD_shutterstock_703400029 ; p. 36 © Aniwhite_shutterstock_282850073 ; p. 37 © Brent Walker_shutterstock_35122636 ; p. 39 © Beboy_22978795_Fotolia ; p. 40 © Sergey Nivens_262922630_shutterstock ; p. 41 © Godorenkoff_shutterstock_1031044363 ; p. 42 © El_Nariz_shutterstock_654921052 ; p. 42 © Toranico_shutterstock_177136262 ; p. 42 © Cookie_Studio_shutterstock_1043571091 ; p. 42 © M-vector_shutterstock_439321027 ; p. 42 © Ranta_Images_shutterstock_1380608372 ; p. 43 © Syda_Productions_shutterstock_188617211 ; p. 49 © JSS_DZGN_shutterstock_1103715440 ; p. 49 © KASUE_shutterstock_675488959 ; p. 49 © MD. Delwar_hossain_hutterstock_605962982 ; p. 49 © nelelena_shutterstock_390109174 ; p. 49 © bsd_shutterstock_1563788200 ; p. 49 © AZVector_shutterstock_1117057496 ; p. 51 © aureliefrance_shutterstock_ 337481912 ; p. 52 © Antonio Guillem_shutterstock_410242360 ; p. 53 à 62 © Transports Marmeth ; p. 61 © Syda Productions_526166827_shutterstock ; p. 63 © Anton_Shaparenko_shutterstock_1868820478 ; p. 63 © Jack_Gotham_shutterstock_1249209457 ; p. 63 © Janis_Abolins_shutterstock_1529475146 ; p. 63 © Pro_Symbols_shutterstock_1183426126 ; p. 63 © Simakova_Mariia_shutterstock_1792997770 ; p. 63 © TukTuk_Design_shutterstock_272447960 ; p. 63 © Vladvm_shutterstock_316357790 ; p. 65 © Netfalls_Remy_Musser_shutterstock_126270626 ; p. 66 © Netfalls Remy Musser_shutterstock_126270626 ; p. 68 ©SofiaV_shutterstock_1059694661 ; p. 69 © mavo_shutterstock_382064092 ; p. 70 © Lightspring_shutterstock_1111522952 ; p. 71 © DmyTo_shutterstock_1187101078 ; p. 71 © Simon Coste_13701710_Fotolia ; p. 72 © charnsitr_shutterstock_796663630 ; p. 73 © Texturis_shutterstock_105953570 ; p. 73 © 32 pixels_shutterstock_1725955246 ; p. 74 © guruXOX_shutterstock_647475799 ; p. 79 © faisalovers_shutterstock_762478888 ; p. 79 © ibrandify_gallery_shutterstock_313286381 ; p. 79 © iconvectorstock_shutterstock_446234221 ; p. 81 © Macrovector_shutterstock_374614351 ; p. 82 © brandmix_shutterstock_1021030336 ; p. 83 © romakoma_shutterstock_163900265 ; p. 83 © dmaster_shutterstock_207029755 ; p. 85 à 92 © Pôle emploi ; p. 93 © carlos_castilla_shutterstock_752872768 ; p. 93 © cosmaa_shutterstock_1791343028 ; p. 95 © Jamen_Percy_shutterstock_262234709 ; p. 98 © pixinoo_shutterstock_1067280092 ; p. 98 © Cherries_shutterstock_612723869 ; p. 100 © bluebay_shutterstock_189111935 ; p. 101 © mamanamsai_shutterstock_331165568 ; p. 101 © Digital_Bazaar_shutterstock_1701599572 ; p. 101 © davooda_shutterstock_1542182159 ; p. 101 © tulpahn_shutterstock_1504426964 ; p. 101 © studicon_shutterstock_1283181643 ; p. 103 © Blan-k_shutterstock_172395221 ; p. 103 © LuckyStep_shutterstock_793409020 ; p. 104 © Billion_Photos_shutterstock_282747836 ; p. 105 à 112 © Leroy Merlin ; p. 108 © shutterstock_Monkey Business Images ; p. 111 © Jirsak_shutterstock_776025448 ; p. 113 © aommaneesri_shutterstock_1396036685 ; p. 113 © Artzi_shutterstock_1579122553 ; p. 113 © davooda_shutterstock_488226745 ; p. 113 © FFFLOW_shutterstock_490176904 ; p. 113 © metamorworks_shutterstock_706236937 ; p. 113 © studio-dm_shutterstock_1522228712 ; p. 113 © sdecoret_shutterstock_1006940971 ; p. 115 © Syda_Productions_shutterstock_ 141985441 ; p. 115 © Carlos_Amarillo_shutterstock_622636604 ; p. 116 © onot_shutterstock_564274711 ; p. 117 à 122 © L'Atelier Croustillant ; p. 123 © Creative Stall_shutterstock_597800060 ; p. 123 © popular.vector_shutterstock_1329404801 ; p. 123 © AVIcon_shutterstock_1165121917 ; p. 126 ©tiagogarciafoto_shutterstock_602365247 ; p. 128 © BCCWM_shutterstock_1168736512 ; p. 130 © Everyonephoto_Studio_shutterstock_683578504 ; p. 132 © Antonio_Guillem_shutterstock_264606608 ; p. 133 © one_photo_shutterstock_584787934 ; p. 134 © Rido_shutterstock_165672314 ; p. 135 © 23WaysArt_shutterstock_1798231237 ; p. 135 © Ashalatha_shutterstock_377954854 ; p. 135 © design_circle41_shutterstock_1705974838 ; p. 135 © iconcorner_shutterstock_619564490 ; p. 135 © Miceking_shutterstock_1683455767 ; p. 137 © Vtmila_shutterstock_691781233 ; p. 137 © Gorodenkoff_shutterstock_1146279782 ; p. 138 © WildStrawberry_shutterstock_753853912 ; p. 138 © fortton_shutterstock_555797056 ; p. 139 © kosmos111 _shutterstock_328917707 ; p. 140 © Agnes Kantaruk_ shutterstock_452706226 ; p. 141 © Nata-Lia_shutterstock_417691036 ; p. 143 © Golubovy_shutterstock_521671885 ; p. 145 © Vintage_Tone_shutterstock_526912186 ; p. 146 © Pixel-Shot_shutterstock_1656694171 ; p. 147 © Costello77_shutterstock_1289565157 ; p. 148 © NicoElNino_shutterstock_700918045 ; p. 150 © Sabuhi_Novruzov_shutterstock_1681729675 ; p. 150 © Anton_Shaparenko_shutterstock_1203538516 ; p. 150 © Editable_line_icons_shutterstock_1651714042 ; p. 152 © Helen_Sushitskaya_shutterstock_587398667 ; p. 153 © Masarik_shutterstock_1569883195 ; p. 154 © Maxx-Studio_shutterstock_447016357 ; p. 155 © Le Bal des Oiseaux Fantômes, Stéphane Audran/Puy du Fou® ; p. 157 © Puy du Fou® ; p. 159 © Elnur_shutterstock_87984469 ; p. 190 © Soho_A_Studio_shutterstock_761370214 ; p. 161 © Puy du Fou® ; p. 162 © Thomas_Pajot_shutterstock_86615698 ; p. 163 Le Signe du Triomphe © Stéphane Audran/Puy du Fou® ; p. 164 © ABCreation04_shutterstock_1710728410 ; p. 164 © Andrii_Yalanskyi_shutterstock_1512312581 ; p. 164 © RedlineVector_shutterstock_454055380 ; p. 166 © Teisseire ; p. 168 © Viacheslav_shutterstock_640257649 ; p. 169 © Igisheva Maria_shutterstock_1435991606 ; p. 172 © bogdanhoda_shutterstock_586547384 ; p. 169 à 174 © Pas de Fraise à Noël ; p. 175 © Dacian_G_shutterstock_647763040 ; p. 174 © Lulu Berlu_Fotolia_70520330 ; p. 175 © GANJIRO_KUMA_shutterstock_1770223565 ; p. 175 © Sereda_Serhii_shutterstock_1053698615 ; p. 175 © TOP_VECTOR_STOCK_shutterstock_1197163540 ; p. 175 © howcolour_shutterstock_390905230 ; p. 175 © Dacian_G_shutterstock_647763040 ; p. 175 © GANJIRO_KUMA_shutterstock_1770223565 ; p. 175 © howcolour_shutterstock_390905230 ; p. 177 © Melinda_Nagy_shutterstock_611045375 ; p. 178 © Adam_Gregor_shutterstock_93823255 ; p. 180 © Africa_Studio_shutterstock_605927558 ; p. 181 © NeydtStock_shutterstock_1033824910 ; p. 182, 188 © Marnikus_shutterstock_243815563 ; p. 182, 188 © Rvector_shutterstock_542265466 ; p. 183 © ZinetroN_shutterstock_1415263085 ; p. 183 © zuperia_shutterstock_1904388775 ; p. 186 © one_photo_shutterstock_ 383357989 ; p. 186 © suesse_shutterstock_1377929504 ; p. 188 © Alexander_Lysenko_shutterstock_1557332243 ; p. 188 © bsd_shutterstock_1573248772 ; p. 188 © bsd_shutterstock_1815546560 ; p. 188 © Dzm1try_shutterstock_1518177851 ; p. 188 © Janis_Abolins_shutterstock_1141164818 ; p. 190 © Nicola_Forenza_shutterstock_657651616 ; p. 190 © Soho_A_Studio_shutterstock_761370214 ; p. 192 © Frederic_Legrand-COMEO_shutterstock_1514808605 ; p. 193 © Miro_Vrlik_Photography_shutterstock_1185208756 ; p. 194 © shutter_o_shutterstock_429209866 ; p. 196 © tadamichi_shutterstock_517844728 ; p. 197 © Enmaler_shutterstock_ 262810982 ; p. 198 © Red_Deer_shutterstock_589593557 ; p. 199 © Viktoria_Kurpas_shutterstock_1197929041 ; p. 200 © Anton_Shaparenko_shutterstock_1832682289 ; p. 200 © In-Finity_shutterstock_1428197447 ; p. 200 © Rvector_shutterstock_1421444675 ; p. 200 © Vadym_Nechyporenko_shutterstock_591645791 ; p. 202 © Adisa_shutterstock_228161104 ; p. 203 © Adisa_Fotolia_9773541 ; p. 204 © Tyler_Olson_shutterstock_427302028 ; p. 205 © LStockStudio_shutterstock_568536961 ; p. 207 © NeydtStock_shutterstock_1637728924 ; p. 208 © M_G_White_shutterstock_784089211 ; p. 209 © Song_about_summer_shutterstock_1472801687 ; p. 210 © Johnny_Bravoo_shutterstock_1440332390 ; p. 210 © Kaletnik_shutterstock_390358939 ; p. 210, 212 © Sarawut_Aiemsinsuk_shutterstock_196813454 ; p. 211 © goodluz_shutterstock_423498904 ; p. 212 © Editable_line_icons_shutterstock_1694045014 ; p. 212 © In-Finity_shutterstock_192650006 ; p. 212 © Koltukovs_shutterstock_717294418 ; p. 214 © Beloborod_shutterstock_1766474321 ; p. 215 © Brenda_Carson_shutterstock_123360676 ; p. 215 © hxdbzxy_shutterstock_608068736 ; p. 216 © LENS-68_shutterstock_1906686646 ; p. 217 © Andrey_Burstein_shutterstock_304624106 ; p. 218 © chainarong06_shutterstock_1558420241 ; p. 218 ©Andrey_Popov_shutterstock_1805270878 ; p. 221 © fiphoto_shutterstock_227609965 ; p. 225 © MisterStock_shutterstock_1446063962 ; p. 230 © Anton Shaparenko_shutterstock_1702974595 ; p. 230 © davooda_shutterstock_1687038373 ; p. 230 © davooda_shutterstock_1805752540 ; p. 230 © Mantav_Jivva_shutterstock_1552882553 ; p. 230 © Yulia_Lavrinuk_shutterstock_1370876297 ; p. 230 © davooda_shutterstock_1805752540 ; p. 230 © davooda_shutterstock_1687038373 ; p. 230 © Anton Shaparenko_shutterstock_1702974595 ; p. 232 © Digital_Storm_shutterstock_124542625 ; p. 233 © heller_shutterstock_492436441 ; p. 234 © AshTproductions_shutterstock_240832993 ; p. 234 © xc_shutterstock_30434998 ; p. 235 à 241 © Biscuiterie Jeannette ; p. 242 © Brovko_Serhii_shutterstock_1155759550 ; p. 242 © Denys_Drozd_shutterstock_1442614424 ; p. 242 © Iryna_Khomenko_shutterstock_409556833 ; p. 242 © bsd_shutterstock_1423250249 ; p. 244 © LightField_Studios_shutterstock_1066233671 ; p. 244 © Billions_Photos_shutterstock_1194433033 ; p. 246 © Ayman_alakhras_shutterstock_1410029333 ; p. 247 © shutterstock_Milos Momcilovic ; p. 249 © FotograFFF_shutterstock_430612378 ; p. 249 © Colorfulworld86_shutterstock_587972486 ; p. 252 © Alena_Veasey_shutterstock_1244538457 ; p. 252 © VanderWolf_Images_shutterstock_1032370696 ; p. 254 © NDAB_Creativity_shutterstock_560187451 ; p. 255 © bbernard_shutterstock_606156863 ; p. 256 © Arcady_shutterstock_1089728771 ; p. 256 © matsabe_shutterstock_550048537 ; p. 256 © T_VECTOR_ICONS_shutterstock_1205856178 ; p. 256 © Visual_Generation_shutterstock_1075449248 ; p. 256 © brownfalco_shutterstock_1421805407 ; p. 256 © Z-art_shutterstock_93756766 ; p. 256 © Lightkite_shutterstock_230057878 ; p. 256 © Amornism_shutterstock_185738801 ; p. 258 © Barone_Firenze_shutterstock_200260748 ; p. 258 © Mix3r_shutterstock_1620433285 ; p. 258 © Jair_Fonseca_shutterstock_1086616703 ; p. 258 © v74_shutterstock_1011405280 ; p. 258 © Barone_Firenze_shutterstock_73519372 ; p. 258 © Mix3r_shutterstock_1620433285 ; p. 259 © Novelo_shutterstock_129403631 ; p. 260 © Syda_Productions_shutterstock_562295941 ; p. 261 © Ekramar_shutterstock_1062752402 ; p. 262 © panpote_shutterstock_535745950 ; p. 263 © Freedoms_shutterstock_695759389 ; p. 265 © rudall30_ shutterstock_1084625582 ; p. 267 © rudall30_shutterstock_1084625582 ; p. 267 © REDPIXEL.PL_shutterstock_703607812 ; p. 268 © LeoWolfert_shutterstock_1022495803 ; p. 269 © panitanphoto_shutterstock_1106397422 ; p. 270 © WAYHOME studio_shutterstock_1226535625 ; p. 271 © Aleksandar Malivuk_shutterstock_1225451104 ; p. 273 © shutterstock_Billion ; p. 276 © Syda Productions_shutterstock_248475451 ; p. 277 © Victor_Moussa_shutterstock_606453290 ; p. 278 © Fer_Gregory_shutterstock_752054008

Mentions spéciales

Malgré tous les efforts de l'éditeur, certaines demandes de droit de reproduction n'ont pas, à ce jour, reçu de réponses. Les droits de reproduction sont réservés par FontainePicard.

Les contextes s'appuient sur des situations réelles d'organisation mais dont les données ont été simplifiées et adaptées pour les besoins de l'exercice. De ce fait et pour des raisons de confidentialité, les données chiffrées et les éléments de la politique des organisations ont pu être modifiés.

Les auteurs apportent un soin particulier dans la recherche de sites web conseillés dans les ouvrages ou les ressources enseignants. Toutefois, l'éditeur tient à préciser qu'il ne peut être tenu responsable des sites tiers visibles et consultables sur les pages proposées dans cet ouvrage scolaire. Le contenu de ces sites n'engage pas la responsabilité de l'éditeur, FontainePicard n'exerçant aucun contrôle quant au contenu des sites tiers.

Maquette de couverture : FontainePicard. Maquette intérieure : FontainePicard. Mise en page : FontainePicard.

ISBN : 978-2-7446-4269-2

THÈME 1

De l'individu à l'acteur

CHAPITRE 1

LES DIFFÉRENTS TYPES D'ORGANISATION

Question » Comment définir les différents types d'organisation ?

Finalité » Identifier les organisations et leurs caractéristiques.

Notions » Gouvernement des organisations, mode de contrôle des dirigeants, buts de l'organisation, structure de propriété, action collective organisée. Nouveaux liens de travail (contractualisation, auto-entrepreneuriat).

Contexte

1083

Lancée en 2013, l'entreprise située à Romans-sur-Isère dans la Drôme, tire son nom de la distance maximale qu'il y a entre les deux villes les plus éloignées de l'Hexagone, Menton et Porspoder.

La start-up textile, spécialisée dans la création de vêtements éthiques, éco-conçus et sans pesticides, naît avec comme promesse de fabriquer toutes ses collections de jeans, sneakers, tee-shirts, vestes et accessoires, à moins de 1 083 km de ses clients. En effet, en préparant son projet, Thomas Huriez le gérant et fondateur de la marque, apprend qu'un jean conventionnel parcourt jusqu'à 65 000 km lors de sa fabrication. Il décide donc de relocaliser la fabrication de ses jeans pour créer un maximum d'emplois locaux dans un esprit écologique et responsable.

Le modèle économique de Thomas Huriez est simple : pour un jean vendu 100 euros, le prix d'un jean de grandes marques américaines, l'entreprise réussit à payer sa TVA, mais aussi sa production (l'atelier de confection, la filature, la teinture), tout en relocalisant la filière et en créant des emplois locaux. Son idée consiste à miser sur la distribution en réalisant des ventes en circuit court, principalement via internet. C'est cette différence de marge, récupérée en se passant d'intermédiaire, qui permet à sa société de rapatrier la production sans vendre plus cher que les produits des marques fabriqués au bout du monde.

Le jean infini

https://eqrcode.co/a/oHxuly

1 Relever le concept de l'entreprise 1083.

2 Identifier les difficultés rencontrées par l'entreprise lorsqu'elle a voulu fabriquer des jeans.

Découvrir

I ACTION COLLECTIVE ORGANISÉE

Depuis 2013, l'entreprise de jeans et de sneakers éco-conçus est en forte croissance et recrute de nombreux salariés. 1083 a créé plus de 150 emplois : 70 emplois directs mais également plusieurs dizaines chez ses sous-traitants.

Lors de la création de son entreprise, Thomas Huriez a dû faire le choix d'une forme juridique, comme pour toute organisation naissante. Il a opté pour le statut de société par actions simplifiée (SAS).

Une action collective organisée suppose la constitution d'un **groupe d'individus** partageant un **objectif commun** et s'organisant pour l'atteindre. Le passage de l'action collective à l'**organisation** implique que l'action menée s'inscrive dans la **durée** et dans un **cadre juridique**.

Le statut juridique permet la reconnaissance légale de l'organisation. Il existe de nombreux statuts juridiques selon le type d'organisation : SA, SARL, association loi de 1901, EPLE...

Document 1 Un extrait du fil d'actualité Facebook de 1083

1083
14 janvier ·

Hier une partie de l'équipe s'est réunie pour préparer la collection chaussures Automne-Hiver !

Grâce à un travail d'équipe et de structuration depuis plusieurs mois, on prépare de mieux en mieux les lancements de collections

Et vous, quelles sont vos envies pour vos chaussure 1083 ?

362 77 commentaires 16 partages

J'aime Commenter Partager

https://www.facebook.com/1083BorneInFrance/posts/3363905783682695

1 Préciser en quoi la préparation de la collection chaussures Automne-Hiver de 1083 peut être qualifiée « d'action collective organisée ».

2 Relever les éléments qui montrent que l'entreprise 1083 est une organisation.

II DIFFÉRENTS TYPES D'ORGANISATIONS ET LEURS BUTS

En forte croissance sur ces dernières années, la société 1083 a dû réaliser de nombreux partenariats afin de réussir son pari du *Made in France* et offrir à ses clients des produits de consommation durable. Elle a eu besoin de recruter des couturières et des couturiers, un projet qui a pu se concrétiser notamment grâce à l'aide de Pôle emploi et à la création d'une école du jean dans sa région.

De plus, depuis 2016, 1083 est titulaire du label *Origine France Garantie* pour ses produits. Le cahier des charges de ce label est établi par l'organisme non lucratif Pro France dont les membres bénévoles se sont donnés pour mission de défendre et valoriser les produits de fabrication française.

Les entreprises produisent et vendent des biens ou des services sur un marché destiné à des clients. Elles agissent principalement dans un but lucratif, la réalisation de profit.

Les organisations de la société civile (associations, syndicats, fondations, ONG...) permettent aux personnes qui le souhaitent de se réunir et de partager un intérêt commun comme une activité sportive, culturelle, ou des actions de solidarité. Leur but est non lucratif : proposer des services non marchands à leurs adhérents ou dans l'intérêt général.

Les organisations publiques proposent des services destinés à procurer un bien-être à tous les individus d'une société. Elles visent un but non lucratif : fournir des biens ou des services publics afin de garantir l'intérêt général. Ce sont des administrations centrales (exemple : les ministères), des organismes (exemple : la Sécurité sociale), des collectivités territoriales (exemple : communes, régions...), et des établissements publics (exemple : les lycées).

Document 2 — 1083 et ses partenaires

Organisation	Type	But
1083 		
Pôle emploi pôle emploi		
PRO FRANCE Origine France		

3 Indiquer, pour chacune des organisations, son type et son but, en justifiant les réponses dans le tableau ci-dessus.

4 Rechercher les autres buts de l'entreprise 1083.

III STRUCTURE DE PROPRIÉTÉ

Parmi les apporteurs de capitaux propriétaires de 1083, on dénombre Thomas Huriez l'actionnaire majoritaire, ainsi que Grégoire et Baptiste, ses frères et quelques autres partenaires financiers. Le financement de nouveaux équipements, plus modernes et économes en énergie, nécessite la recherche de nouveau financement et 1083 réfléchit à ouvrir davantage son capital.

Les propriétaires sont les acteurs qui possèdent tout ou partie de l'organisation. Ils ont apporté **des capitaux** soit au moment de la création (fondateurs) soit plus tard.

Dans une petite entreprise, ou une entreprise familiale, le dirigeant est souvent l'un des propriétaires de l'entreprise.

Dans une entreprise plus grande, la direction sera généralement dissociée de la propriété : les actionnaires, propriétaires de l'organisation vont déléguer la direction à des managers. Ces derniers sont élus par les actionnaires en assemblée générale et sont sous le contrôle d'un conseil d'administration.

On retrouve ce phénomène dans les entreprises publiques où l'État est l'actionnaire dominant et va nommer un dirigeant qui va exercer son pouvoir de direction.

Document 3 La répartition du capital de la SAS 1083

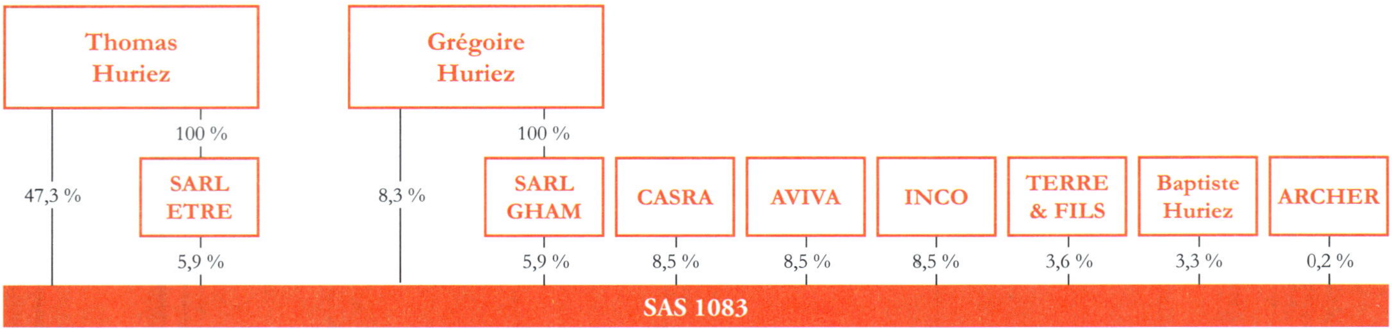

5 **Évaluer la part de la structure de propriété détenue par les frères Huriez. Conclure sur leur capacité à choisir les dirigeants de l'entreprise.**

Document 4 Le capital social : pourquoi le modifier ?

La modification du capital social peut poursuivre plusieurs objectifs.

[…] La modification du capital social peut aussi faire suite à l'arrivée d'un nouvel associé, qui intègre la société et fournit un apport au capital afin de se voir attribuer des parts sociales.

Renforcer le capital social de votre société peut permettre de renforcer sa crédibilité et constitue une plus-value à mettre en avant dans sa communication.

https://www.economie.gouv.fr

6 **Identifier les conséquences pour son dirigeant et principal actionnaire, Thomas Huriez, d'une ouverture du capital à d'autres actionnaires.**

IV GOUVERNANCE DES ORGANISATIONS ET CONTRÔLE DES DIRIGEANTS

Lors de la dernière assemblée générale des actionnaires de 1083, les associés ont décidé de continuer d'accorder leur confiance à Thomas Huriez concernant sa proposition d'affecter la totalité des bénéfices de l'année en réserve (épargne), afin d'assurer les financements nécessaires liés à la croissance rapide de l'entreprise. Les bénéfices de l'année précédente vont donc permettre à 1083 de racheter un de ses fournisseurs en difficulté et de continuer à moderniser les machines de ses ateliers.

La gouvernance des organisations peut se définir comme l'ensemble des règles qui régissent le **contrôle des dirigeants** et les **principes de gestion** des organisations. Elle vise à garantir l'équilibre des forces au sein de l'organisation. Elle répartit les droits et les obligations des différents intervenants au sein de l'organisation, tels que les actionnaires (entreprises), les adhérents (organisations de la société civile), les élus (organisation publique) ou les dirigeants, et **pose les règles et les procédures de prise de décision**.

Le principe de la gouvernance est d'organiser la conciliation d'intérêts qui peuvent s'avérer divergents, notamment dans les entreprises entre actionnaires et décideurs.

Une association, par exemple, est totalement libre de décider dans ses statuts comment elle sera gérée. Cette gestion peut être assurée par l'assemblée générale qui va élire un bureau, un président, et dans certains cas un conseil d'administration.

7 **Expliquer la phrase soulignée dans le texte ci-dessus.**

Document 5 La gouvernance et les statuts de l'association Pro France

L'association Pro France est composée d'un bureau et de deux organes de gouvernance :
- les fonctions stratégiques et politiques sont assurées par le conseil d'administration ;
- les fonctions techniques et opérationnelles sont gérées par le comité technique, présidé par Pro France.

L'ensemble des membres de l'association sont invités chaque année à se réunir en assemblée générale. [...] Le bureau assure collégialement la gestion courante de l'association et veille à la mise en œuvre des décisions du conseil d'administration. [...] Le conseil d'administration est investi des pouvoirs les plus étendus pour gérer, diriger et administrer l'association, sous réserve de ceux statutairement réservés aux assemblées générales.

http://www.originefrancegarantie.fr

8 **Identifier l'organe qui assure la gouvernance de l'entreprise 1083. Préciser son rôle.**

9 **Distinguer le rôle du bureau et du conseil administration de l'association Pro France.**

V CONTRACTUALISATION ET AUTO-ENTREPRENEURIAT

Thomas Huriez, avec l'équipe du pôle marque, réfléchit au recrutement d'un community manager à temps partiel (10 heures par semaine) pour garantir une présence maximale de la marque 1083 sur les réseaux sociaux et propager une image favorable de celle-ci.

L'équipe est très intéressée par le CV de Valentine, jeune titulaire d'une licence professionnelle « Métiers de la communication : chargé de communication », salariée dans une grande entreprise de distribution. L'équipe a observé que Valentine est très active sur les réseaux sociaux et sur son blog personnel. Elle semble épanouie dans sa vie et dans son travail actuel. Il est envisagé de lui confier l'animation de la communauté d'internautes fidèle à 1083, la publication des tweets sur le compte de l'entreprise, la réponse aux questions posées sur le site ainsi que l'alimentation de la page Facebook et du compte Instagram de 1083.

Le salarié se définit comme une personne qui s'engage à exécuter un travail, à temps plein ou à temps partiel pour le compte d'un employeur, en contrepartie d'une rémunération.

La conclusion d'**un contrat de travail** implique, pour le salarié, de se conformer aux instructions de l'employeur et de réaliser le travail confié par ce dernier.

Le Code du travail fixe une durée légale hebdomadaire de travail de 35 heures. Le travail salarié les dimanches et jours fériés est strictement encadré par la loi.

Document 6 **Qui peut devenir auto-entrepreneur ?**

L'auto-entrepreneuriat peut être exercé à titre principal ou à titre complémentaire.

À titre principal, l'auto-entreprise constitue une activité à part entière.

À l'inverse, à titre complémentaire, l'auto-entreprise est une activité annexe en complément d'un autre statut : Étudiant ; Salarié (avec accord de l'employeur en cas de clause d'exclusivité, ou de spécificités incluses dans le contrat de travail) ; Retraité ; […] Fonctionnaire […].

https://www.autoentrepreneur.urssaf.fr

https://eqrcode.co/a/WIWAZ6

Statut d'auto-entrepreneur

Le contrat de mission du micro-entrepreneur est un contrat d'entreprise par lequel l'une des parties s'engage à faire quelque chose pour l'autre, moyennant un prix fixer librement entre elles. Ce contrat implique une totale indépendance et que l'entrepreneur assume la responsabilité de ces actes. Le micro-entrepreneur (aussi appelé couramment l'auto-entrepreneur) n'est pas soumis à une limitation horaire et il peut travailler autant d'heures qu'il le souhaite, y compris les dimanches et jours fériés.

10 **Lister les possibilités contractuelles qui se présentent à Thomas Huriez et Valentine.**

11 **Établir les grandes différences existantes entre ces statuts.**

12 **Préciser les avantages du statut d'auto-entrepreneur dans la situation de Valentine.**

À RETENIR

LES DIFFÉRENTS TYPES D'ORGANISATION

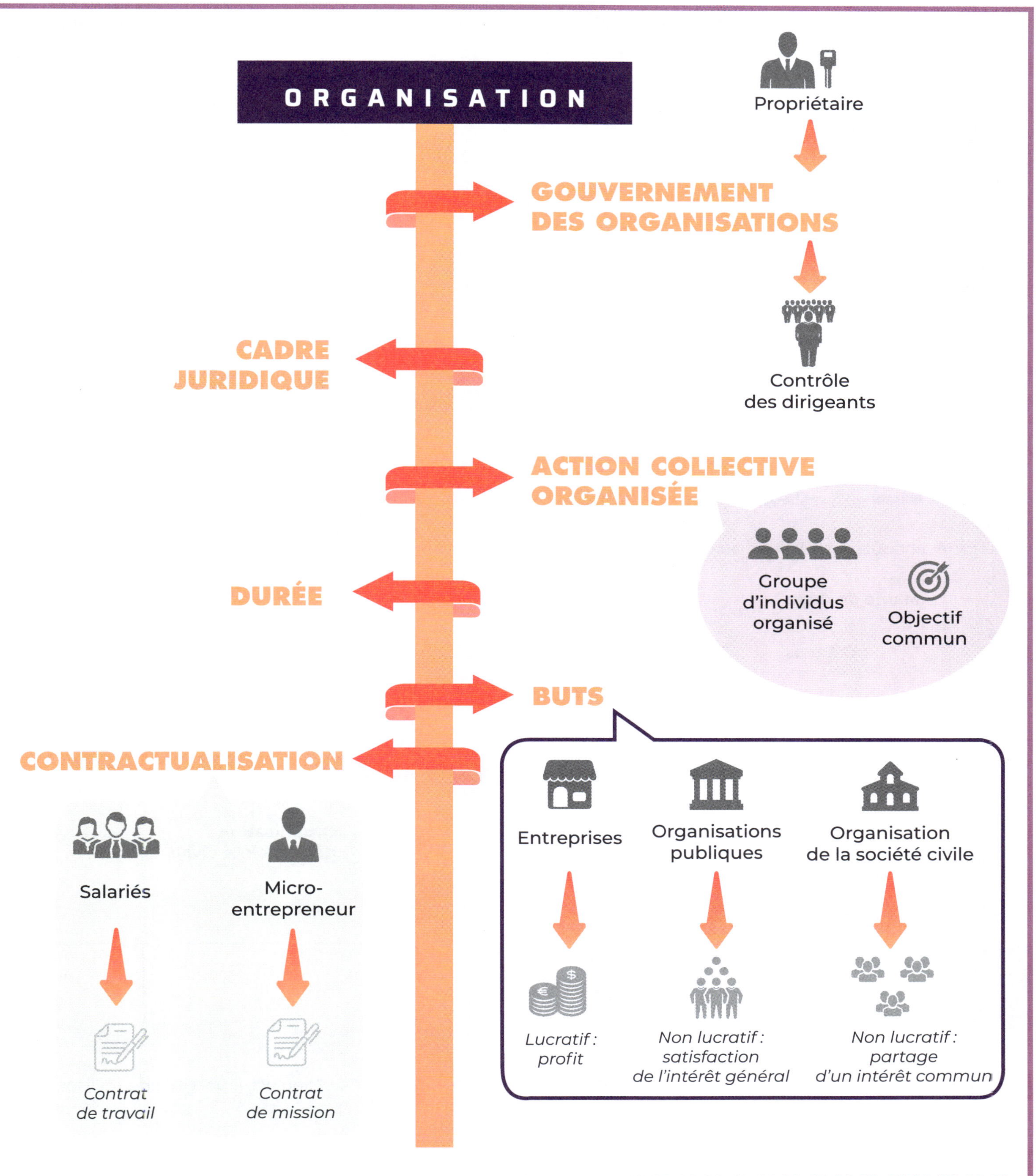

LIEN AVEC LE MANAGEMENT

Action collective • Groupe organisé • Organisation • Cadre juridique • Finalités • Buts • Entreprises privées • Organisations et entreprises publiques • Organisations de la société civile

Tester ses connaissances

Se tester en ligne
https://eqrcode.co/a/CE2yZP

Sélectionner la (ou les) bonne(s) réponse(s)

1. Une organisation implique une action collective organisée inscrite dans la durée et :

- ◇ **a.** une structure de propriété.
- ◇ **b.** un contrat de travail.
- ◇ **c.** un cadre juridique.
- ◇ **d.** un gouvernement d'organisation.

2. Retrouver les organisations publiques :

- ◇ **a.** le lycée.
- ◇ **b.** les associations de riverains.
- ◇ **c.** la Sécurité sociale.
- ◇ **d.** le syndicat CFDT.

3. Le contrat de travail implique :

- ◇ **a.** une durée légale hebdomadaire.
- ◇ **b.** une rémunération.
- ◇ **c.** une autonomie du salarié.
- ◇ **d.** un respect des instructions.

4. La gouvernance d'une grande association est organisée avec :

- ◇ **a.** un conseil d'administration.
- ◇ **b.** une assemblée générale.
- ◇ **c.** un bureau.
- ◇ **d.** un conseil associatif.

Relier les notions

Associer chaque organisation au type correspondant.

- **Mairie de Caen** ●
- **O'Tacos** ●
- **CGT** ●
- **Collège Émile Zola** ●
- **Maison des lycéens** ●
- **Le Slip français** ●

- ● **Entreprise**
- ● **Organisation publique**
- ● **Organisation de la société civile**

Rédiger sa synthèse

1. Quelle définition de l'action collective organisée peut être proposée ? Quel lien est-il possible de réaliser avec la notion d'organisation ?
2. Comment définir les différents buts des organisations ?
3. Que représente la structure de propriété ?
4. Comment les propriétaires de l'organisation contrôlent-ils les dirigeants ?
5. Comment et avec qui l'organisation peut-elle contractualiser ?

Se mettre en activité

Activité 1 Découvrir l'action collective organisée des coopératives agricoles

Agrial est une organisation créée par des agriculteurs pour vendre de manière groupée leurs produits agricoles afin de réaliser des bénéfices supérieurs à ceux qu'ils auraient pu réaliser individuellement. Ainsi, les adhérents d'Agrial sont à la fois ses propriétaires et ses fournisseurs.

Les coopératives telles que AGRIAL pratiquent un mode de gouvernance démocratique, selon le principe « un homme, une voix » et sont gérées par un conseil d'administration. Les administrateurs élus en assemblée générale sont responsables des choix qui engagent l'avenir de leur coopérative et des exploitations des adhérents.

1 **Identifier le type d'organisation et le but d'Agrial.**

2 **Expliquer pourquoi les agriculteurs de la coopérative ont souhaité se regrouper sous forme de coopérative.**

3 **Préciser en quoi la gouvernance d'Agrial s'éloigne des modes de gouvernance classique des autres entreprises.**

Annexe 1 Une entreprise coopérative agricole et agroalimentaire

Agrial est une entreprise coopérative agricole et agroalimentaire française qui accompagne au quotidien ses agriculteurs-adhérents pour valoriser et commercialiser leurs productions. S'appuyant sur des marques fortes, le Groupe dispose de 150 sites de production implantés dans 11 pays et développe des activités agroalimentaires dans les domaines du lait, des légumes et fruits frais, des boissons et des viandes.

Entreprise engagée, Agrial développe une agriculture responsable et performante et propose aux consommateurs une alimentation sûre, saine et savoureuse.

Ensemble, les 12 500 agriculteurs-adhérents et les 22 000 salariés d'Agrial incarnent les valeurs de l'entreprise : pérennité, proximité, solidarité et audace. En 2019, le Groupe a réalisé 6,1 milliards d'euros de chiffre d'affaires.

https://www.agrial.com/fr

Annexe 2 Nos instances de gouvernance

En tant que coopérative, notre gouvernance repose sur le principe démocratique « un homme, une voix » et s'appuie sur des valeurs de solidarité, responsabilité, pérennité et proximité. Chaque adhérent peut prendre des responsabilités dans l'entreprise : nous comptons ainsi plus de 50 instances représentatives dans lesquelles 600 adhérents, élus par leurs pairs, participent à la vie de l'entreprise.

Cette gouvernance se caractérise par :
- un équilibre entre la représentation territoriale et la représentation des productions ;
- une répartition claire des responsabilités entre élus et dirigeants ;
- la prédominance de l'économie dans les décisions.

Les membres du conseil d'administration sont des agriculteurs élus dans l'une des instances de gouvernance de la coopérative. Le rôle du conseil est de valider les orientations stratégiques d'Agrial.

https://www.agrial.com/fr

Activité 2 Analyser les réalités diverses des organisations

Activité sur poste informatique

À partir des liens internet fournis dans le tableau ci-dessous, répondre aux questions suivantes.

1 **Compléter la fiche d'identité des organisations étudiées.**

2 **Identifier les points communs et les différences de fonctionnement de ces trois restaurants.**

3 **Retrouver les instances de gouvernance de *Bande de sauvages*, gestionnaire du projet « Sauvage sur un plateau ».**

	L'oriental Couscous	**Cantine municipale de Soliers**	**Sauvage sur un plateau**
Site web	https://oriental-couscous.fr/	https://www.soliers.fr/restaurant-scolaire/	https://www.bandedesauvages.org/restaurant-cooperatif
Type d'organisation			
Nature de l'activité (objet social)			
Buts de l'organisation			
Champ d'action géographique			

Activité 3 Présenter une organisation à l'oral

1 & 2 Fiches méthode

Activité sur poste informatique

Former des groupes de deux élèves et choisir une organisation régionale afin de répondre aux questions suivantes.

1 **Rechercher sur internet les informations suivantes relatives à l'organisation choisie : son but, son métier, sa production de biens ou de services, ses ressources humaines, le nom des dirigeants, son actualité récente, etc.**

2 **Préparer un support pour accompagner la prestation à l'oral (diaporama, carte mentale…).**

3 **Présenter le résultat des recherches à la classe.**

CHAPITRE 2

LES FONCTIONNEMENTS INDIVIDUELS

Question » Comment un individu devient-il acteur dans une organisation ?

Finalités » Caractériser les comportements individuels au sein des groupes.
Identifier les bonnes pratiques de gestion de l'identité numérique.

Notions » Personnalité, émotion, perception, attitude, contrôle de soi, comportement, compétences, identité numérique.

Contexte

COCOON & MOI

Cocoon & moi
ARTISAN COIFFEUR
Valérie Moreau

Valérie Moreau a ouvert en 2008 une SARL qu'elle a financée avec des capitaux propres. Il s'agit de **Cocoon & moi** un salon de coiffure situé aux Herbiers, une ville de Vendée de 15 000 habitants. Elle emploie 3 personnes qualifiées et expérimentées : Franck, Émilie et Jessica.
Valérie Moreau et son équipe sont à l'écoute des désirs de tous les individus pour leur donner les meilleurs conseils. Son salon a été aménagé pour améliorer le confort et la tranquillité de ses clients ; elle souhaite qu'ils se détendent et prennent soin d'eux. Finalement, l'objectif de Valérie Moreau est de satisfaire au mieux ses clients.

Compléter le tableau de caractérisation de l'entreprise Cocoon & moi.

Les caractéristiques principales de l'organisation	
Type	
Statut juridique	
Nationalité	

Les autres caractéristiques de l'organisation	
Secteur d'activité	
Taille	
Champ géographique	
Ressources humaines	
Ressources financières	
Ressources matérielles	

I ATTITUDE ET COMPORTEMENT : DES NOTIONS DIFFÉRENTES MAIS COMPLÉMENTAIRES

Valérie Moreau souhaite offrir toujours plus de services à ses clients. Elle se demande si un soin de massage de la tête serait pertinent. Elle décide donc d'adresser un sondage à l'ensemble de ses clients.

Document 1 — Un extrait des résultats du sondage

Seriez-vous prêt à faire un massage de la tête dans mon salon de coiffure ?

Oui 80 %

Non 20 %

Pour un massage de la tête de 30 minutes, combien seriez-vous prêts à dépenser ?

70 % des clients ont répondu entre : « 25 et 30 € ».

Les termes attitude et comportement sont souvent mal utilisés et employés à la place l'un de l'autre.

L'attitude est un état d'esprit positif ou négatif qui n'est pas observable par les autres. Par exemple Sofiane aime beaucoup le sport (il a une attitude positive).

Le comportement est la traduction concrète de l'attitude d'une personne en action. Par exemple pour Sofiane, son attitude se manifestera par une implication très forte en cours d'EPS.

Parfois, pour des raisons matérielles ou environnementales, l'attitude et le comportement sont en désaccord. Par exemple, Adrien n'aime pas beaucoup le sport (il a une attitude négative) ; en EPS il a tendance à arriver toujours en retard et à ne pas faire d'efforts (c'est son comportement habituel). Mais cette année, il passe le baccalauréat et il sait qu'il doit avoir une bonne note à l'examen, alors il s'investit davantage et arrive même dans les premiers (comportement qui n'est pas en lien avec son attitude vis-à-vis du sport).

https://eqrcode.co/a/71kqc8

Attitude et comportement

1 Qualifier l'attitude des clients de Valérie Moreau concernant les massages de la tête.

2 Expliquer comment cette attitude devrait se traduire en termes de comportement.

Valérie Moreau s'est formée dans le massage Shiatsu qui consiste à masser la tête, le visage et le cou pour évacuer toutes les tensions accumulées. Elle décide de lancer ce nouveau service sous un format de 30 minutes au prix de 29 €. Finalement, seulement 30 % de ses clients ont testé ce nouveau service. Valérie Moreau se demande pourquoi et elle décide d'interroger ses meilleurs clients. Les réponses communiquées sont les suivantes : le massage les intéresse, le prix est attractif mais ils n'ont pas le budget, ni le temps pour le faire.

3 Relever le comportement de la majorité des clients de Valérie Moreau. Donner les raisons de ce comportement.

THÈME 1

De l'individu à l'acteur

CHAPITRE 2

LES FONCTIONNEMENTS INDIVIDUELS

Question » Comment un individu devient-il acteur dans une organisation ?

Finalités » Caractériser les comportements individuels au sein des groupes. Identifier les bonnes pratiques de gestion de l'identité numérique.

Notions » Personnalité, émotion, perception, attitude, contrôle de soi, comportement, compétences, identité numérique.

Contexte

COCOON & MOI

Cocoon & moi
ARTISAN COIFFEUR
Valérie Moreau

Valérie Moreau a ouvert en 2008 une SARL qu'elle a financée avec des capitaux propres. Il s'agit de **Cocoon & moi** un salon de coiffure situé aux Herbiers, une ville de Vendée de 15 000 habitants. Elle emploie 3 personnes qualifiées et expérimentées : Franck, Émilie et Jessica.

Valérie Moreau et son équipe sont à l'écoute des désirs de tous les individus pour leur donner les meilleurs conseils. Son salon a été aménagé pour améliorer le confort et la tranquillité de ses clients ; elle souhaite qu'ils se détendent et prennent soin d'eux. Finalement, l'objectif de Valérie Moreau est de satisfaire au mieux ses clients.

Compléter le tableau de caractérisation de l'entreprise Cocoon & moi.

Les caractéristiques principales de l'organisation	
Type	
Statut juridique	
Nationalité	

Les autres caractéristiques de l'organisation	
Secteur d'activité	
Taille	
Champ géographique	
Ressources humaines	
Ressources financières	
Ressources matérielles	

I ATTITUDE ET COMPORTEMENT : DES NOTIONS DIFFÉRENTES MAIS COMPLÉMENTAIRES

Valérie Moreau souhaite offrir toujours plus de services à ses clients. Elle se demande si un soin de massage de la tête serait pertinent. Elle décide donc d'adresser un sondage à l'ensemble de ses clients.

Document 1 **Un extrait des résultats du sondage**

Seriez-vous prêt à faire un massage de la tête dans mon salon de coiffure ?

Oui 80 %

Non 20 %

Pour un massage de la tête de 30 minutes, combien seriez-vous prêts à dépenser ?

70 % des clients ont répondu entre : « 25 et 30 € ».

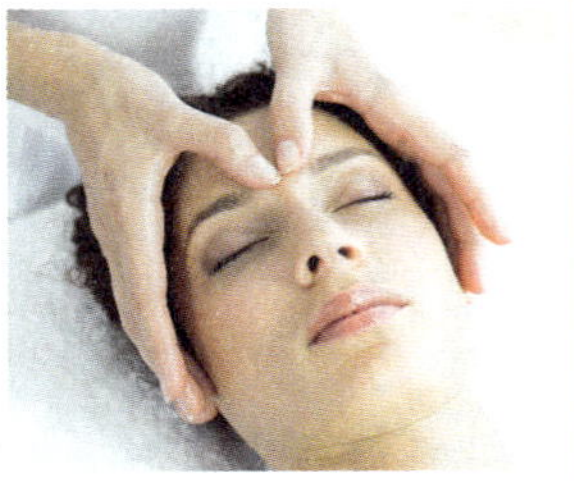

Les termes attitude et comportement sont souvent mal utilisés et employés à la place l'un de l'autre.

L'attitude est un état d'esprit positif ou négatif qui n'est pas observable par les autres. Par exemple Sofiane aime beaucoup le sport (il a une attitude positive).

Le comportement est la traduction concrète de l'attitude d'une personne en action. Par exemple pour Sofiane, son attitude se manifestera par une implication très forte en cours d'EPS.

Parfois, pour des raisons matérielles ou environnementales, l'attitude et le comportement sont en désaccord. Par exemple, Adrien n'aime pas beaucoup le sport (il a une attitude négative) ; en EPS il a tendance à arriver toujours en retard et à ne pas faire d'efforts (c'est son comportement habituel). Mais cette année, il passe le baccalauréat et il sait qu'il doit avoir une bonne note à l'examen, alors il s'investit davantage et arrive même dans les premiers (comportement qui n'est pas en lien avec son attitude vis-à-vis du sport).

https://eqrcode.co/a/71kqc8

Attitude et comportement

1 Qualifier l'attitude des clients de Valérie Moreau concernant les massages de la tête.

2 Expliquer comment cette attitude devrait se traduire en termes de comportement.

Valérie Moreau s'est formée dans le massage Shiatsu qui consiste à masser la tête, le visage et le cou pour évacuer toutes les tensions accumulées. Elle décide de lancer ce nouveau service sous un format de 30 minutes au prix de 29 €. Finalement, seulement 30 % de ses clients ont testé ce nouveau service. Valérie Moreau se demande pourquoi et elle décide d'interroger ses meilleurs clients. Les réponses communiquées sont les suivantes : le massage les intéresse, le prix est attractif mais ils n'ont pas le budget, ni le temps pour le faire.

3 Relever le comportement de la majorité des clients de Valérie Moreau. Donner les raisons de ce comportement.

Les clients qui ont testé le massage Shiatsu de Valérie Moreau sont très satisfaits. Elle décide donc de communiquer sur cette activité pour attirer de nouveaux clients.

Les sociologues Milton Rosenberg et Carl Hovland ont mis en évidence trois **composantes de l'attitude** :
- une composante **cognitive** qui renvoie aux connaissances, aux croyances d'un individu ;
- une composante **affective** qui concerne les sentiments et les émotions d'un individu ;
- une composante **conative** qui est la prédisposition d'un individu à agir.

Document 2 — Le blog de Youngmum

Claire est une maman d'une enfant de 3 ans. Depuis qu'elle est de nouveau enceinte, elle tient un blog à destination de jeunes mères comme elle. Elle habite les Herbiers et a entendu la publicité de Valérie Moreau sur la radio Alouette. Elle s'est rendue dans le salon Cocoon & moi pour faire un massage Shiatsu ; elle raconte son expérience :

« Hello, hier je me suis rendue chez Cocoon & moi, un salon de coiffure de ma ville qui propose un nouveau service : le massage Shiatsu. Eh bien les filles, j'en ressors complètement détendue et relaxée, j'ai ADORÉ. Pourtant, ma journée avait mal commencé car ma petite canaille ne voulait pas se préparer pour aller à l'école et que ma réunion de travail avait été très stressante… Je suis arrivée au salon, Mme Moreau m'a accueillie et m'a installée pour mon massage. Et là, le bonheur a commencé, elle a appuyé sur des points de ma tête, ce qui m'a apaisé tout en me redynamisant : 30 minutes de pur bonheur. Pour celles qui habitent la ville des Herbiers, je recommande ce salon. Pour les autres, cherchez si un salon de coiffure à côté de chez vous le pratique… En tout cas, j'y retournerai prochainement, c'est sûr… ».

4 **Identifier les composantes de l'attitude de Claire vis-à-vis du massage Shiatsu proposé par Valérie Moreau.**

....

....

....

....

5 **Suite à son expérience de message, conclure sur l'attitude de Claire et sur son impact concernant son comportement.**

....

....

....

6 **Compléter le schéma suivant à partir des analyses précédentes :**

En général, le comportement est .... avec l'attitude

.... =

État d'esprit positif ou négatif
vis-à-vis d'une personne
ou d'une chose

Comportement =

....

....

....

Mais pour des raisons matérielles, financières ou sociales,
le comportement peut-être .... de l'attitude

II PERCEPTION

Valérie Moreau a informé ses clients via son site web de la mise en place du massage Shiatsu et de la possibilité d'en offrir un pour la fête des mères.

Document 3 Un échange avec les clients

Jonathan est client de Cocoon & moi. Il s'est rendu sur le site web pour prendre un rendez-vous et a vu l'information sur le massage Shiatsu. Il souhaite en savoir plus car il pense que cela serait une bonne idée de cadeau pour sa maman. Il se déplace au salon pour son rendez-vous et au moment de payer, il en profite pour demander de plus amples renseignements.

Jonathan : J'ai vu que vous proposiez un massage Shiatsu. Pouvez-vous m'en dire plus ?
Valérie : C'est un massage de 30 minutes du visage, du cou et des cheveux. L'objectif est d'appuyer sur des points de pression précis pour détendre les personnes.
Jonathan : Quel est son prix ?
Valérie : 29 euros la séance. C'est un massage très agréable, les clientes l'apprécient beaucoup.
Jonathan : Comment dois-je faire pour réserver ?
Valérie : Je vais vous établir une carte cadeau et votre maman aura 6 mois pour prendre un rendez-vous.
Jonathan : Très bien, je vais vous en prendre un alors.

Après avoir pris la commande de Jonathan, Valérie va s'occuper de Clara qui l'attendait en lisant une revue.
Valérie : Nous allons pouvoir passer au shampoing.
Clara : Très bien. J'ai entendu que vous proposiez des massages. C'est 30 euros pour 6 minutes ? Je n'ai pas très bien compris.
Valérie : Non c'est 29 euros pour 30 minutes de massage, et un délai de 6 mois pour la carte cadeau qui l'accompagne.
Une autre cliente, Louise se fait coiffer par Franck.
Franck : Vous avez entendu les informations concernant le massage Shiatsu ?
Louise : Quel massage ? Euh non… J'étais concentrée sur votre travail sur mes cheveux.

La perception est un processus par lequel un individu traite les informations qu'il reçoit de son environnement via ses sens. Elle se déroule en quatre étapes principales :
- **l'attention :** le cerveau procède à une sélection parmi les informations sensorielles qu'il reçoit, il opère des choix ;
- **l'interprétation :** les informations sélectionnées préalablement sont décodées en fonction notamment des connaissances et des expériences passées de l'individu ;
- **la compréhension :** le cerveau donne un sens aux informations qu'il a perçues ;
- **la mémorisation :** l'individu va décider de ce qu'il va ou non conserver dans sa mémoire.

7 Compléter le tableau suivant qui détaille les étapes du processus de perception pour chacun des clients.

Étapes du processus	Niveau	Pour Jonathan	Pour Clara	Pour Louise
ATTENTION	Forte			
	Moyenne			
	Nulle			
INTERPRÉTATION	Bonne			
	Mauvaise			
	Inexistante			
COMPRÉHENSION DU MESSAGE	Juste			
	Erronée			
MÉMORISATION	Totale			
	Partielle			
	Aucune			

8 Expliquer pourquoi les clients n'ont pas eu la même perception du message.

III ÉMOTIONS ET CONTRÔLE DE SOI

L'émotion est une réaction soudaine et temporaire de l'individu qui est liée soit à un événement positif soit à un événement négatif. Elle est à l'origine du comportement d'un individu dans un contexte donné.

Il existe six émotions primaires : **la joie, la colère, la peur, la tristesse, le dégoût, et la surprise**.

Document 4 — Quelques situations vécues par les salariés de Cocoon & moi

Situation 1 : Franck vient d'apprendre que sa petite amie ne pourra pas venir le voir pour le week-end à cause de son travail. Cela le peine car il ne l'a pas vue depuis deux semaines. Il est d'humeur morose et ne parle quasiment pas avec les clients, contrairement à son habitude.

Situation 2 : Jessica a failli avoir un accident de voiture avant d'arriver au salon. Elle a été très effrayée et n'arrive pas à se concentrer de la matinée.

Situation 3 : Émilie vient d'écouter son répondeur, elle est convoquée au lycée de son fils car il a été insolent avec un de ses professeurs. Elle est très agacée car ce n'est pas la première fois. Frank lui fait remarquer qu'elle n'a pas rangé son matériel. Émilie qui, d'habitude conserve son calme, hausse le ton et injurie Franck. Les clients du salon sont sous le choc. Franck est remonté contre elle. Valérie Moreau n'ayant pas apprécié le comportement d'Émilie, la convoque le soir même pour la sermonner.

9 Compléter le tableau suivant.

Situation	Émotion ressentie	Impact sur le comportement du salarié concerné
1		
2		
3		

10 Conclure sur les situations précédentes.

Au quotidien, l'individu est soumis à différentes émotions. Ces changements émotionnels ne sont pas toujours faciles à gérer sur son lieu de travail. L'individu doit faire preuve de **contrôle de soi** c'est-à-dire qu'il doit être capable de gérer ses réactions quelle que soit la situation vécue. Pour cela, il doit identifier ses émotions, les anticiper et les canaliser. Cette maîtrise permettra à l'individu d'avoir un comportement plus adapté au monde professionnel et de nouer de meilleures relations avec ses collègues ou ses clients par exemple.

11 Identifier les conséquences du comportement d'Émilie dans la situation 3.

12 Conseiller Émilie pour qu'elle ne reproduise pas ce type de comportement.

IV PERSONNALITÉ

Le salon de coiffure Cocoon & moi connaît un développement de sa clientèle. Pour faire face à cette nouvelle demande, Valérie Moreau a engagé Franck il y a 6 mois.

La personnalité résulte de la combinaison de plusieurs traits de caractère : ceci permet d'expliquer qu'elle est unique pour chaque individu. Il n'existe pas de bonne ou de mauvaise personnalité, toutes les personnes sont simplement différentes. Il existe plusieurs traits de personnalité :

- **extraversion :** s'applique à des individus enthousiastes, sociables, aimant le contact et s'exprimer. Son contraire est l'**introversion** ;
- **autonomie :** s'applique à des personnes indépendantes, n'ayant pas besoin des autres, qui aiment entreprendre, qui sont des dominants. Son inverse est la **soumission** ;
- **stabilité :** les individus sont calmes, détendus ; ils se contrôlent, ils inspirent confiance car leur comportement est constant. Son contraire est **l'instabilité** ;
- **logique :** se dit de personnes qui réfléchissent avant d'agir, se laissent guider par leur raison et pas par leurs émotions. Quelqu'un qui n'est pas logique est dit **affectif**.

Document 5 — **Le portrait de Franck**

Franck a 20 ans. C'est un très bon technicien, il sait aller vers les autres et discute facilement avec les clients. Mais il est lunatique et a des réactions très changeantes. Il ne prend pas suffisamment d'initiatives, Valérie Moreau doit souvent lui rappeler ce qu'il doit faire. Enfin, il prend des décisions de façon impulsive, sous le coup de l'émotion, et même s'il le regrette après, c'est trop tard.

Valérie Moreau veut encore lui donner une chance. En effet, à 20 ans, elle était plus instable, moins autonome. Aujourd'hui, c'est une personne calme et très indépendante.

13 **Placer un curseur sur chaque flèche suivante pour identifier les principaux traits de personnalité de Franck.**

Extraversion ⟷ Introversion

Autonomie ⟷ Soumission

Stabilité ⟷ Instabilité

Logique ⟷ Affectif

14 **Imaginer la réaction de Franck face à un client mécontent.**

....

....

15 **Expliquer pourquoi Valérie Moreau veut donner une autre chance à Franck.**

....

....

....

....

V IDENTITÉ NUMÉRIQUE

Valérie Moreau souhaite recruter un nouveau coiffeur qui saurait également pratiquer la technique du massage Shiatsu. Elle diffuse une annonce à Pôle emploi. Après avoir reçu plusieurs candidatures, elle retient deux personnes : Sarah et Jallel. Elle sait que la loi stipule qu'elle ne peut pas refuser de candidats à cause de détails personnels et souhaite respecter la vie privée de ses salariés. Cependant, elle a déjà été déçue précédemment par des candidats ayant falsifié leur CV et ne veut pas faire d'erreur dans son recrutement. Elle se rend donc sur les réseaux sociaux professionnels pour vérifier les informations fournies par les candidats.

L'identité numérique d'un individu est tout d'abord la façon dont celui-ci s'identifie pour utiliser une ressource numérique (accès par identifiant, pseudo et mot de passe).

C'est également l'ensemble des traces numériques d'un individu sur Internet. Ces traces peuvent être classées en trois catégories :
- les informations que l'individu décide de partager volontairement (profil sur les réseaux sociaux, messages postés, photos publiées…) ;
- les traces de navigation laissées par l'individu par son adresse IP[1] (qui permet de connaître les sites visités, l'heure de connexion, les mots-clés utilisés…) et par les cookies (qui sont des petits fichiers texte déposés sur l'ordinateur de l'internaute lorsqu'il se rend sur un site web) ;
- les informations sur l'individu diffusées par une tierce personne (photos de classe, organigramme d'une entreprise…).

L'identité numérique est l'image que l'individu va renvoyer de lui sur Internet. Il doit vérifier cette identité car ces données sont à la portée de tous et peuvent constituer un risque pour la protection de sa vie privée.

Dans le monde de l'entreprise, il est important d'avoir une bonne réputation et donc de maîtriser son identité numérique. Par exemple, les professionnels du recrutement ont pris l'habitude d'utiliser le « *Name Googling* » pour en savoir plus sur les candidats en recherchant des informations sur eux via le moteur de recherche Google.

[1] *Numéro d'identification de chaque appareil connecté à un réseau utilisant le protocole Internet.*

Document 6 Le résultat de la recherche de Valérie Moreau

Sarah	Jallel
- **Présence sur les réseaux sociaux :** LinkedIn.	- **Présence sur les réseaux sociaux :** LinkedIn et Viadeo.
- **Photo de profil :** 	- **Photo de profil :** 
- **Statut professionnel annoncé :** en stage (alors que le CV stipule que Sarah est en CDI depuis 1 an).	- **Statut professionnel annoncé :** en CDI depuis 2 ans dans un salon de coiffure (comme stipulé dans le CV).
- **Études :** détentrice d'un baccalauréat professionnel de coiffure (en accord avec le CV).	- **Études :** détenteur d'un baccalauréat professionnel de coiffure (en accord avec le CV).
- **Compétences :** coiffure, technicienne en couleur et massage Shiatsu (en accord avec le CV).	- **Compétences :** coiffure, spécialiste des lissages et massage Shiatsu (en accord avec le CV).
- **Loisirs :** sortir, séries (dans le CV : lecture, boxe).	- **Loisirs :** cuisine, natation (en accord avec le CV).
- **Contacts :** de nombreux contacts avec tout type de profil (coiffeurs, informaticiens…).	- **Contacts :** quelques professionnels de la coiffure.

16 Comparer les informations recueillies par Valérie Moreau concernant Sarah et Jallel. Conclure.

17 Prodiguer des conseils à Sarah à propos de son identité numérique sur LinkedIn.

À RETENIR

LES FONCTIONNEMENTS INDIVIDUELS

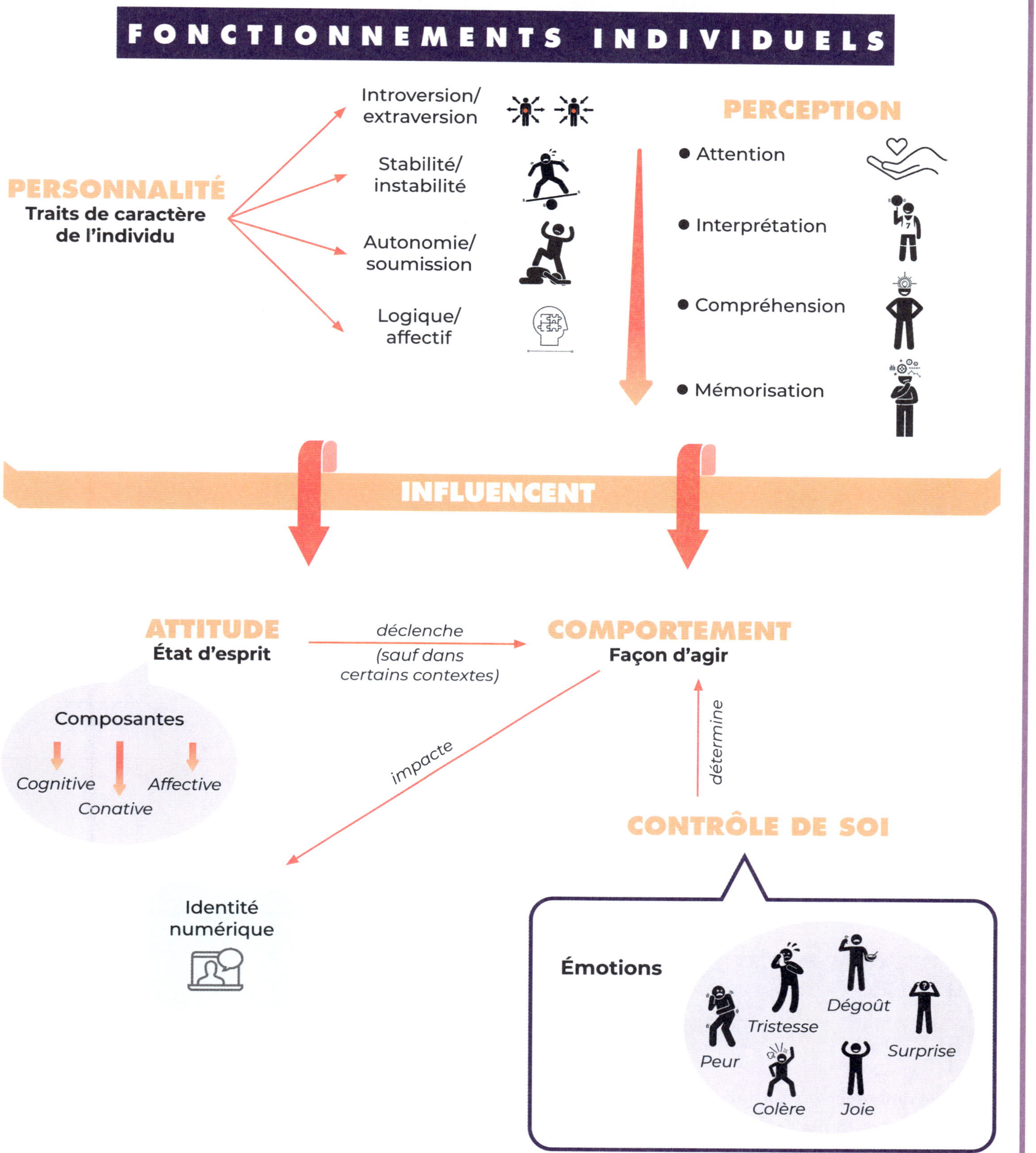

» LIEN AVEC LE MANAGEMENT

Groupe organisé • Ressources humaines

Tester ses connaissances

Se tester en ligne
https://eqrcode.co/a/f13CRR

Réaliser les mots croisés

Horizontalement :

1. C'est la première étape du processus de perception.
2. C'est la façon d'agir d'un individu observable par les autres.
3. Il en existe 6 primaires.
4. Sur Internet, il faut faire attention à son identité…
5. C'est le contraire de logique dans les traits de personnalité.

Verticalement :

A. C'est le contraire de la tristesse.
B. C'est un des traits de caractère.
C. Est composé de 4 étapes dont la compréhension et la mémorisation.
D. C'est une des composantes de l'attitude qui impacte le niveau de connaissances des individus.
E. Elle est souvent en cohérence avec le comportement.

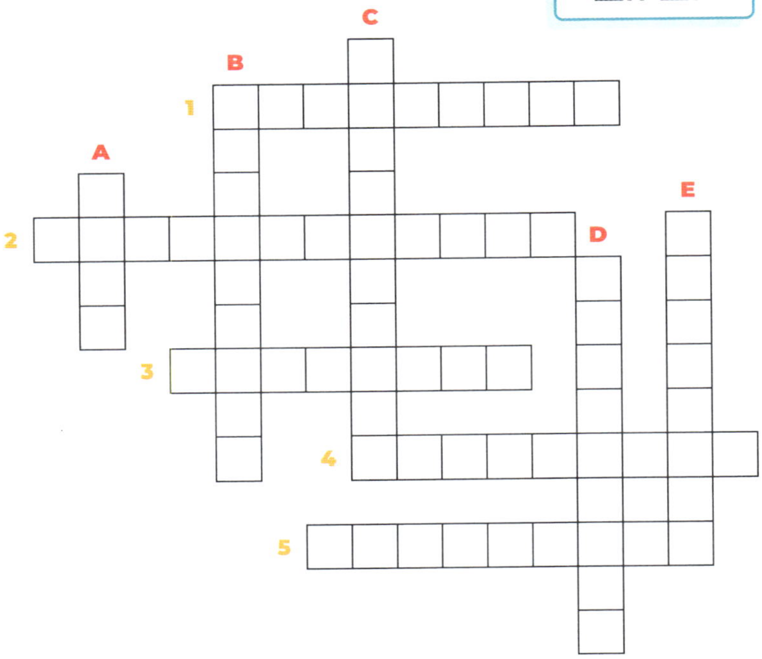

Vrai ou faux ?

Affirmations	Vrai	Faux	Justifications
Il est juste de dire « en répondant, j'ai vu que tu avais eu une mauvaise attitude ».	☐	☐	
Les émotions influencent le comportement des individus.	☐	☐	
Lorsqu'un individu voit son niveau de connaissances se modifier, c'est la composante conative de son attitude qui est impactée.	☐	☐	
Le contrôle de soi est indispensable dans le domaine professionnel.	☐	☐	

Rédiger sa synthèse

1. Quelle différence y a-t-il entre l'attitude et le comportement ?
2. Comment se forme l'attitude ?
3. Quelles sont les quatre étapes du processus de perception ?
4. Qu'est-ce que la personnalité ? Quels sont les traits de caractère ?
5. Qu'est-ce que les émotions ? Comment impactent-elles le contrôle de soi ?
6. Pourquoi et comment un individu doit-il gérer son identité numérique ?

Se mettre en activité

Activité 1 Distinguer l'attitude du comportement

1. Repérer pour chacune des données ci-dessous s'il s'agit d'attitude ou de comportement.
2. Relier chaque attitude avec le comportement adéquat.
3. Chercher les raisons pour lesquelles :
   - un salarié motivé, qui aime les challenges, ne s'investirait pas complètement dans son travail ;
   - un salarié qui soutient ses collègues licenciés ne participerait pas au mouvement de grève.

Données	Attitude ou comportement ?
1. J'apprécie mon collègue avec qui je travaille au quotidien.	
2. Je demande à mon chef la mise en place du tri sélectif pour le papier au bureau.	
3. Je travaille tard pour rendre le meilleur dossier et être choisi pour représenter le nouveau client.	
4. Je suis opposé au licenciement de mes collègues alors que l'entreprise fait des bénéfices.	
5. Je pense qu'il faut faire attention à l'environnement pour notre avenir et celui de nos enfants.	
6. Mon collègue ne se sent pas bien, il veut rentrer plus tôt mais il a un dossier à terminer, je lui propose de le terminer pour lui afin qu'il aille se reposer.	
7. J'aime le sport car il faut se dépasser pour réussir.	
8. Je fais grève pour soutenir mes collègues licenciés.	

Activité 2 Apprécier la personnalité et le comportement d'un individu

Laëticia travaille depuis 5 ans comme responsable de communication pour une marque de running très tendance. Laëticia est très appréciée dans son entreprise car elle est toujours d'humeur égale, elle échange facilement avec les autres, elle réfléchit avant de prendre des décisions et elle sait prendre des initiatives quand cela est nécessaire. Demain, elle doit se rendre aux États-Unis pour communiquer sur leur marque lors du marathon de New York. Elle appréhende ce voyage car elle n'aime pas prendre l'avion, elle a peur des accidents aériens ; or c'est le seul moyen possible pour se rendre là-bas. Laëticia est dans l'avion, celui-ci a décollé depuis déjà 30 minutes. Le stress l'envahit, elle transpire et tremble. Une hôtesse de l'air vient lui demander si elle a besoin de quelque chose, Laëticia a envie de crier « sortir de l'avion » mais elle se retient et répond simplement « non merci ».

1. Retrouver les traits de caractère de Laëticia.
2. Identifier l'attitude de Laëticia concernant l'avion.
3. Conclure sur la cohérence entre l'attitude de Laëticia relative à l'avion et son comportement avant et pendant le vol.
4. Repérer l'émotion ressentie par Laëticia durant le vol. Identifier de quoi a fait preuve Laëticia avec l'hôtesse de l'air.

Activité 3 Maîtriser son identité numérique

Activité sur poste informatique

Le numérique fait partie de notre quotidien, mais il faut savoir bien l'utiliser et veiller à la bonne maîtrise de sa propre identité numérique.

1. Ouvrir le jeu sérieux https://donneespersonnelles.rdvconso.org/ et jouer. Prendre des notes des différentes actions réalisées et des résultats de celles-ci pour chacun des chapitres.
2. Conclure avec l'ensemble de la classe.
3. Pratiquer le *Name Googling* sur vous-même. Constater et commenter les résultats.
4. Par groupe de 2 (voire 3 si nécessaire), réaliser avec un traitement de texte une fiche conseils sur la gestion de l'identité numérique.

Activité 4 Faire le lien entre les émotions et le comportement

1. Identifier les émotions que cherchent à faire ressentir les concepteurs de ces publicités.
2. Repérer les composantes de l'attitude que ces affiches cherchent à modifier.

PUBLICITÉ N° 1

PUBLICITÉ N° 2

Excès de vitesse

https://eqrcode.co/a/2MIN71

Stop à l'abandon

https://eqrcode.co/a/C1D2cZ

Activité 5 Appréhender le processus de perception

2 Fiche méthode

Activité sur poste informatique

Voici les logos de plusieurs entreprises connues :

Logo n° 1

Logo n° 2

Logo n° 3

Logo n° 4

1. Décrire chaque logo sur une feuille en 1 ou 2 lignes.
2. Comparer le résultat avec le reste de la classe.
3. Dresser un bilan de cette comparaison.
4. Faire une recherche sur internet pour rechercher le sens des logos.

THÈME 1

De l'individu à l'acteur

CHAPITRE 3

LES INTERACTIONS INDIVIDU-GROUPE ET LA COMMUNICATION INTERPERSONNELLE

Question » Comment un individu devient-il acteur dans une organisation ?

Finalités » Caractériser les comportements individuels au sein des groupes.
Décrire, caractériser et analyser les situations de communication à partir de leurs composantes.

Notions » Caractéristiques des groupes, identité et statut dans les groupes, référence et appartenance aux groupes, communication interpersonnelle.

Contexte

DAT SECURITY

Yoann Dutreuil est le dirigeant de **DAT SECURITY**, une société spécialisée dans la protection des chantiers et des biens pour les particuliers et les professionnels, basée à Mérignac (33).
Aujourd'hui, DAT SECURITY, est le numéro 1 de la protection de chantier en Gironde. La société surveille plus de 50 chantiers en permanence, elle compte parmi ses clients de gros acteurs du bâtiment. DAT SECURITY, surveille également les biens des professionnels et des particuliers en posant des alarmes. Yoann développe de nouveaux produits innovants pour répondre aux attentes de ses clients, ce qui le différencie de ses concurrents.

Créée en janvier 2011, cette entreprise employait seulement un directeur commercial. Yoann Dutreuil, en plus de son rôle de dirigeant assurait d'autres activités telles que les installations et le suivi des chantiers.
Très rapidement, Yoann a recruté du personnel pour faire face à ses besoins. Il dirige désormais une équipe de 3 personnes : Céline en tant que directrice commerciale, Fabienne comme assistante de gestion et Christian, technicien.
Pour répondre à la demande de ses nombreux clients, Yoann Dutreuil envisage de recruter un nouveau technicien.

Les caractéristiques principales de l'organisation	
Type	Entreprise privée
Secteur d'activité	Tertiaire : protection des chantiers et des biens pour les particuliers et les professionnels
Taille	Très petite entreprise
Champ géographique	Local. Région : Nouvelle Aquitaine

Les autres caractéristiques de l'organisation	
Statut	SASU
Nationalité	Française
Ressources humaines	3 salariés
Ressources financières	Apports du propriétaire : capitaux propres
Ressources matérielles	Locaux implantés à Mérignac (33700)

I CARACTÉRISTIQUES DES GROUPES

Tous les lundis matin, Yoann Dutreuil réunit son équipe pour faire le point sur la semaine écoulée : Christian explique ses différentes interventions, Céline fait le point sur ses contacts clientèles. Ils évoquent également la concurrence, les devis en cours et Fabienne prend en note le déroulé de la réunion pour établir un compte rendu.

Suite à ces informations, Yoann Dutreuil dresse le bilan puis fixe des objectifs à chacun pour la semaine à venir.

Document 1 — Le lundi matin de Yoann

Comme tous les matins, Yoann se lève avec sa conjointe et sa fille. Ils déjeunent ensemble et discutent de l'organisation de leur prochain week-end. En effet, Yoann a décidé d'emmener toute sa famille au Puy du Fou, sa fille voulait y aller depuis longtemps.

Yoann se rend à la boulangerie pour acheter des croissants pour la réunion prévue du lundi matin, c'est un rituel qu'il a instauré pour plus de convivialité. 3 personnes attendent également d'être servies par la vendeuse.

Yoann arrive dans sa société et entre dans la salle de réunion où l'attendent ses salariés. Ils boivent un café avant d'entamer la réunion qui va durer 2 heures environ.

Pour qu'un **groupe social** soit formé, les caractéristiques suivantes doivent être réunies :

- **les personnes appartenant au groupe doivent poursuivre un objectif commun :** réaliser une activité, assurer la pérennité du groupe...
- **les individus doivent être conscients qu'ils appartiennent au même groupe** ;
- **une organisation doit être mise en place :** chaque individu a un rôle précis dans le groupe et respecte les règles du groupe ;
- **des interactions existent entre les membres du groupe :** en face-à-face, via des échanges téléphoniques ou par e-mail...

1 **Préciser, pour chacune des situations vécues par Yoann, s'il est en présence d'un groupe social. Justifier les réponses.**

Situations	Groupe : Oui/Non ?	Justifications
Yoann et sa famille		
Yoann et les personnes attendant à la boulangerie		
Yoann et ses salariés		

Il est possible de distinguer parmi **les types de groupes sociaux** :

- **les groupes primaires :** ils sont de petite taille et regroupent des personnes proches ayant des relations régulières et personnelles. *Exemple : les amis ;*
- **les groupes secondaires :** ce sont des groupes, généralement de taille plus grande, dans lesquels les relations sont plus impersonnelles, plus organisées. *Exemple : un club de sport.*

2 **Parmi les groupes de Yoann évoqués précédemment, distinguer les groupes primaires des groupes secondaires.**

3 **Repérer ce qui différencie ces groupes pour Yoann.**

II APPARTENANCE ET RÉFÉRENCE AUX GROUPES

Document 2 — Le parcours de Yoann Dutreuil

Lorsqu'il était plus jeune, Yoann Dutreuil ne voyait pas réellement l'intérêt de faire des études. Après la troisième, il a enchaîné plusieurs « petits » boulots dans lesquels il ne s'est pas épanoui.

À 19 ans, il a fini par trouver le domaine qui l'intéressait : la sécurité. Il a donc décidé de reprendre ses études pour passer le diplôme d'ERP1 (appelé aujourd'hui SSIAP)[1] qu'il a obtenu. Cette formation lui a permis de travailler en tant qu'agent de sécurité dans un centre commercial Carrefour afin de pouvoir intervenir en cas d'incendie.

Quelques années plus tard, Yoann a validé un nouveau diplôme, l'ERP2 (SSIAP 2 aujourd'hui) avec succès, puisqu'il est arrivé major de sa promotion. Ce diplôme lui a permis de devenir chef d'équipe. Il a ainsi pu apprendre les règles et les attentes de ce nouveau métier.

À 22 ans, Yoann a pour projet de créer son entreprise pour travailler pour son propre compte et prendre ses propres décisions. Pour atteindre ses objectifs, il a observé ses supérieurs, il est devenu encore plus organisé, a pris plus d'initiatives, des qualités indispensables lorsque l'on souhaite diriger son entreprise. Yoann a finalement passé le dernier diplôme l'ERP3 (SSIAP 3), un diplôme compliqué mais lui permettant d'évoluer professionnellement. Il a ainsi pu devenir directeur adjoint d'une entreprise de gardiennage, cela lui a permis de développer une expérience dans un autre domaine que la sécurité incendie.

Fort de toutes ces expériences, Yoann a finalement accompli son rêve en ouvrant en 2011 DAT SECURITY. Il s'investit pleinement dans son rôle de directeur ce qui participe au succès de son entreprise.

À 38 ans, c'est un homme comblé tant personnellement que professionnellement.

[1] **SSIAP :** Sécurité incendie et secours à la personne

Un groupe d'appartenance est un groupe dont fait partie l'individu. Il a des relations avec les membres de ce groupe. Le groupe d'appartenance dicte à l'individu son comportement.

Un groupe de référence est un groupe auquel l'individu aimerait appartenir, qu'il prend comme modèle de conduite et dont il cherche à adopter les comportements. En général, ce groupe permet à l'individu d'évoluer.

4 Citer au moins 4 groupes d'appartenance pour Yoann Dutreuil.

5 Identifier les groupes de référence de Yoann lorsqu'il avait 19 ans, puis 22 ans.

6 Expliquer comment ces différents groupes ont influencé le comportement de Yoann.

III STATUT ET IDENTITÉ

Document 3 **Un rendez-vous entre Yoann et un nouveau client**

Yoann Dutreuil fait beaucoup plus jeune que son âge, ce qui a tendance à le desservir parfois. Par exemple, il y a quelques jours, il avait rendez-vous avec un nouveau client, M. Fabre, qui souhaitait avoir des renseignements sur les prestations proposées par l'entreprise.

Celui-ci est arrivé au siège social de DAT SECURITY, Yoann l'attendait dans le hall d'entrée. M. Fabre l'a salué puis il lui a dit qu'il avait un rendez-vous avec le directeur. Lorsque Yoann lui a dit que c'était lui, il a été très surpris et lui a répondu qu'il pensait qu'il était technicien car il s'attendait à voir quelqu'un de plus âgé. Yoann ne se formalise plus de ce type de réactions.

Même s'il a l'air jeune, il a l'expérience nécessaire dans le métier pour être chef d'entreprise. Il a fait ses preuves avec plusieurs de ses clients et ses salariés le prennent très au sérieux.

D'ailleurs M. Fabre a été rassuré par les compétences et la rigueur de Yoann, non seulement il a signé un contrat avec DAT SECURITY mais il a également félicité Yoann pour son professionnalisme.

Le statut est la position qu'occupe l'individu dans un groupe. Il dépend de sa fonction, de sa place dans la hiérarchie de l'organisation. De plus, le statut oriente le comportement de l'individu au sein du groupe.

L'identité sociale est la reconnaissance de ce qu'il est, par lui-même ou par les autres. C'est la place qu'il occupe dans ses différents groupes d'appartenance à savoir son âge, sa nationalité, son statut, ses loisirs...

L'identité sociale est la somme de :

- **l'identité individuelle :** c'est la manière dont l'individu se perçoit ;
- **l'identité collective :** c'est la façon dont les autres définissent l'individu.

Quelle que soit son identité sociale, l'individu a besoin que celle-ci soit positive.

7 **Identifier les différents statuts de Yoann au cours de son parcours professionnel (se référer au document 2).**

8 **Décrire la façon dont M. Fabre a perçu l'identité de Yoann Dutreuil au début de leur rencontre.**

9 **Qualifier l'identité sociale actuelle de Yoann Dutreuil.**

Document 4 — L'organigramme de la société DAT SECURITY au 1er janvier N

Yoann DUTREUIL
Directeur

- **Fabienne CRIART** — Assistante
- **Céline LAFARGE** — Directrice commerciale
- **Christian SERDAN** — Technicien

Document 5 — Les rôles des membres de DAT SECURITY

Chaque membre de DAT SECURITY joue un rôle très important :

Céline démarche les clients en leur expliquant toutes les caractéristiques de l'offre de DAT SECURITY, elle s'adapte à leurs besoins et attentes. Elle doit aussi fidéliser les clients ; pour cela elle réalise des bilans régulièrement avec Christian. Elle s'occupe également des devis et des bons de commande. Elle transmet toutes ces informations à Yoann.

Christian suit les chantiers et répond aux demandes des clients : il sait les conseiller et les rassurer. Il rédige des rapports quotidiens à Yoann et il doit pouvoir le joindre rapidement en cas de problème. Il doit également nettoyer son véhicule à la fin de la semaine et déposer tous les outils dans la salle technique.

Fabienne traite toute la partie administrative, elle assiste tous les autres membres de l'entreprise.

Yoann contrôle les actions de ses salariés et valide leurs tâches. Ainsi, il peut leur donner des conseils judicieux pour améliorer leur performance. Il établit les plannings d'intervention grâce aux informations fournies par Céline. Yoann vérifie également tous les vendredis le matériel déposé par Christian. Il seconde ses collaborateurs en cas de besoin.

10 **Expliquer comment le statut de chaque membre de l'organisation DAT SECURITY influence son comportement au sein du groupe en complétant le tableau suivant.**

Individu	Statut	Impact sur le comportement au sein du groupe
Céline		
Christian		
Fabienne		
Yoann		

IV COMMUNICATION INTERPERSONNELLE

Dans une organisation, les interactions sont très nombreuses et la communication interpersonnelle est indispensable au bon fonctionnement de celle-ci, c'est le cas pour DAT SECURITY.

Pour faire face à l'augmentation de sa clientèle, Yoann Dutreuil a décidé de recruter un nouveau technicien. Le 16 septembre, il reçoit en entretien 2 candidats potentiels dans son entreprise.

Document 6 — L'extrait de l'entretien avec le premier candidat

Mathieu a rendez-vous à 10 h 00. Pour l'occasion, il s'est habillé de façon très classique avec un pantalon noir, une chemise blanche et des chaussures de ville. Il se présente pour son entretien à 09 h 50, Fabienne le reçoit. À 10 h 00, elle l'accompagne dans le bureau de Yoann Dutreuil.

Yoann *(en tendant la main à Mathieu)* **:** « Bonjour, vous êtes Mathieu c'est ça ? »

Mathieu : « Bonjour. Oui, tout à fait. »

Yoann : « Veuillez vous asseoir s'il vous plaît. »

Mathieu : « Je vous remercie. »

Yoann : « Pouvez-vous vous présenter en quelques mots ? »

Mathieu : « Oui. Je m'appelle Mathieu, j'ai 28 ans. J'ai obtenu mon diplôme à l'âge de 22 ans et depuis je travaille comme technicien dans la même entreprise de sécurité à Grenoble. Mais je souhaite me rapprocher de ma conjointe qui habite Bordeaux, c'est pour cette raison que je postule au poste que vous proposez. »

Soudain Fabienne frappe à la porte, elle doit faire signer un document important à Yoann.

Yoann : « Excusez-moi pour le dérangement. »

Mathieu : « Pas de soucis, je sais que vous devez être très occupé... »

Yoann : « Bien. Que savez-vous de DAT SECURITY ? »

Mathieu : « Je sais que vous avez ouvert en 2011 et que vous êtes réputé dans la région pour votre sérieux, votre professionnalisme ainsi que vos innovations. »

Yoann : « Très bien. Pourquoi est-ce que je devrais vous embaucher, à votre avis ? »

Mathieu : « Si je vous suis bien, vous voulez connaître mes qualités. [Yoann hoche la tête]. Eh bien, je dirais que je suis quelqu'un de très sérieux avec de l'expérience et les compétences nécessaires pour occuper le poste proposé et je suis très efficace dans mon travail. »

Yoann *(souriant)* **:** « Je vais encore vous poser quelques questions puis vous faire passer un test de compétences en vous donnant des exemples de scénario et vous me donnerez la réponse qui vous semble la plus adéquate à chaque fois »…

L'entretien se poursuit ainsi jusqu'à 11 h 30.

Document 7 — L'extrait de l'entretien avec le deuxième candidat

Fabrice a rendez-vous à 14 h 00. Il s'est habillé comme à son habitude avec un jean, un tee-shirt et des baskets. Il arrive avec 25 minutes de retard. Fabienne l'accueille et l'accompagne immédiatement dans le bureau de Yoann Dutreuil qui l'attend.

Yoann : « Bonjour, vous êtes Fabrice c'est ça ? »

Fabrice : « Ouais, c'est ça. »

Yoann : « Asseyez-vous. »

Fabrice s'avachit dans le siège.

Yoann : « Je vous écoute… »

Fabrice : « Qu'est-ce que vous voulez que je vous dise… »

Yoann *(agacé)* **:** « Je ne sais pas, vous pourriez peut-être déjà m'expliquer les raisons de votre retard. »

Fabrice *(en grimaçant)* **:** « Ah ouais. Ben franchement, c'est pas facile de trouver votre boîte, en plus j'ai galéré pour me garer. Vous n'avez pas de parking ? »

Yoann : « Si, mais il est réservé au personnel. »

Le téléphone de Fabrice sonne et celui-ci prend le temps de lire le SMS qu'il vient de recevoir.

Yoann *(énervé)* **:** « Vous auriez pu éteindre votre téléphone, c'est un entretien professionnel. »

Fabrice *(en levant les yeux au ciel)* **:** « Oui c'est vrai, mais cela arrive à tout le monde d'oublier d'éteindre son téléphone. »

Yoann : « Bon, pourquoi devrais-je vous embaucher ? »

Fabrice : « Parce que je suis le meilleur dans le métier. »

Yoann : « C'est-à-dire ? »

Fabrice : « Je suis un très bon technicien, j'interviens rapidement chez les clients. Avec moi tout roule… »

Yoann décide de ne pas vraiment approfondir l'entretien avec Fabrice car il ne souhaite pas l'embaucher, celui-ci se termine à 15 h 00.

La communication interpersonnelle est un échange d'informations entre deux individus mis en relation, qui sont ainsi en interaction (influence réciproque entre deux individus).

La communication interpersonnelle s'analyse selon plusieurs composantes :

- **les acteurs :** l'émetteur (à l'origine du message), le récepteur (celui qui reçoit le message) ;
- **le canal :** voie de transmission du message qui peut être écrit, oral ou électronique ;
- **le support :** il est fonction du canal ; pour un canal oral, le support peut être le face-à-face ou le téléphone ;
- **le contexte :** il se décompose en :
  - **contexte relationnel :** professionnel, amical…
  - **contexte spatial :** lieu de la communication ;
  - **contexte temporel :** moment et durée de l'échange ;
  - **bruits :** qui nuisent au déroulement de la communication ;
- **le message :** le contenu de l'information échangée ;
- **les enjeux :** ils sont toujours informationnels (transmission d'information) mais peuvent également être relationnels (créer une relation), identitaires (défendre sa personnalité) et d'influence (inciter l'autre à agir).

11 Analyser les situations de communication en présentant les composantes de la communication.

COMPOSANTES	Document 6	Document 7
Acteurs et rôles		
Canal		
Support		
Contexte	Relationnel :	Relationnel :
	Spatial :	Spatial :
	Temporel :	Temporel :
	Bruits :	Bruits :
Message		
Enjeux de la communication pour les candidats		

Le bon déroulement de la communication est fonction notamment de l'utilisation :

- **des signes verbaux :** il s'agit du registre de langage (soutenu, courant, familier) ;
- **des signes non verbaux :** l'apparence, la posture (la façon de se tenir), les gestes, le regard, les mimiques, l'intonation et le débit de la voix ;
- **de l'empathie :** c'est la capacité d'un individu à se mettre à la place de l'autre pour mieux le comprendre ;
- **de l'écoute active :** c'est le fait d'écouter attentivement l'autre en prenant le temps notamment de le questionner et de reformuler ses propos.

12 **Relever les éléments qui permettent de conclure à l'efficacité de la communication entre Mathieu et Yoann.**

13 **Repérer les erreurs commises par Fabrice lors de sa communication avec Yoann.**

À RETENIR

LES INTERACTIONS INDIVIDU-GROUPE ET LA COMMUNICATION INTERPERSONNELLE

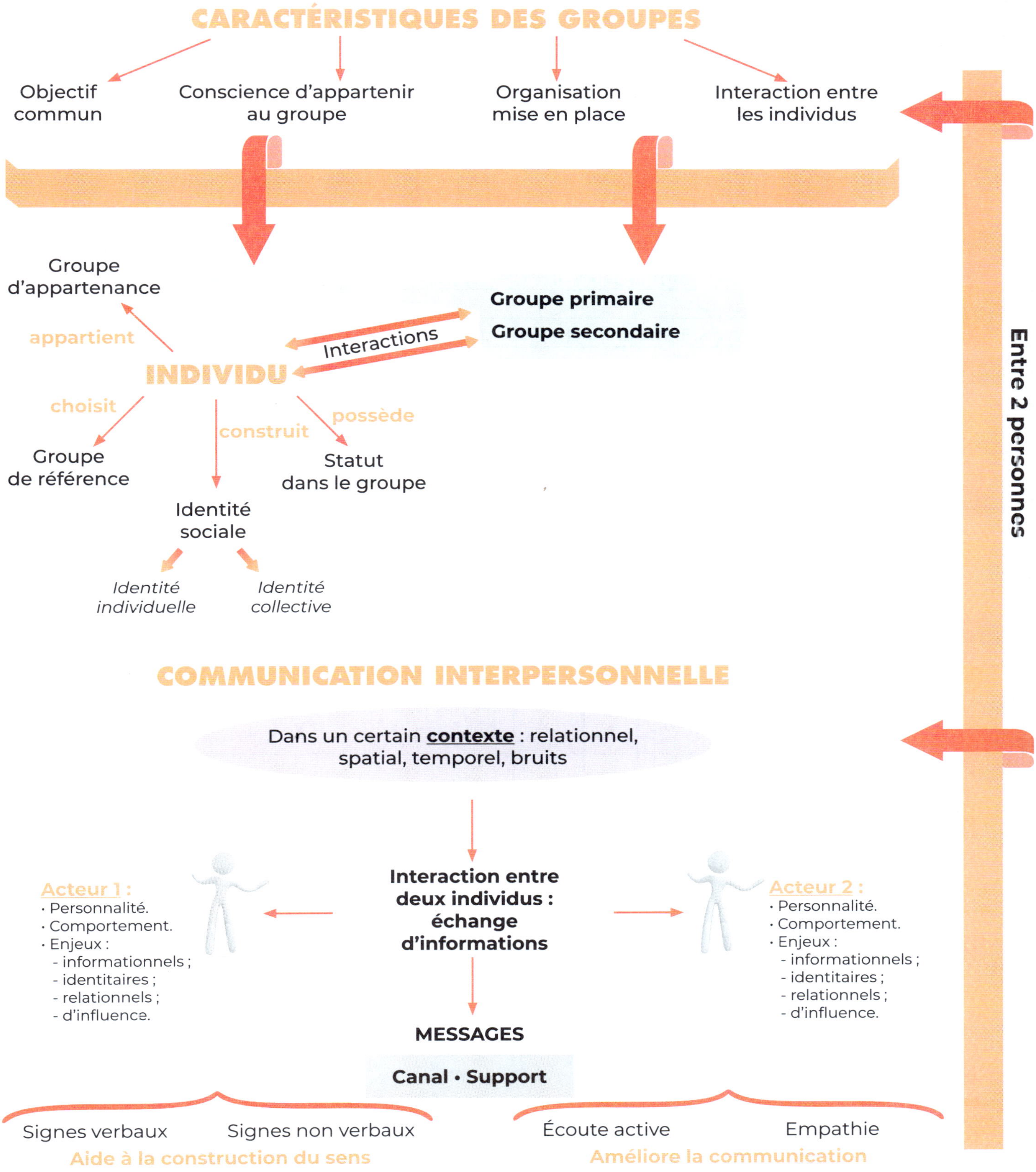

LIEN AVEC LE MANAGEMENT

Groupe organisé • Organisation • Ressources humaines

Tester ses connaissances

Se tester en ligne
https://eqrcode.co/a/42GUZ2

Trouver le mot mystère

Trouver la notion qui est reliée à chaque explication. Retenir la première lettre de la notion, puis remettre les lettres dans l'ordre pour trouver le mot mystère.
Indice : le mot mystère est commun à la notion de groupe et de communication interpersonnelle.

☐☐☐☐☐☐☐☐☐☐☐

Explications	Notion à trouver	Lettre
Un des contextes de la communication interpersonnelle qui permet de connaître le moment de celle-ci.		
Il peut être écrit, oral ou électronique.		
C'est ce qui est échangé durant la communication interpersonnelle.		
Il y a des signes verbaux et… verbaux.		
Les personnes ne souhaitent pas avoir une identité sociale de ce type.		
C'est le groupe auquel l'individu aimerait appartenir.		
Un des enjeux de la communication qui est toujours présent.		
Il est un support pour le canal oral qui est utilisé lorsque les acteurs de la communication sont éloignés.		
C'est le groupe dont l'individu est membre.		
Ceux qui appartiennent au même groupe doivent en suivre un commun.		
Important pour que la communication se déroule bien.		

Vrai ou faux ?

Affirmations	Vrai	Faux	Justifications
Votre classe est un groupe.	☐	☐	
Un groupe secondaire est un groupe de petite taille dont les relations sont proches et intimes.	☐	☐	
Le statut est la position qu'occupe l'individu dans un groupe.	☐	☐	
L'identité sociale est composée de l'identité individuelle et collective.	☐	☐	
Trois personnes échangent des informations professionnelles : il s'agit d'une communication interpersonnelle.	☐	☐	
Il y a 4 types d'enjeux lors d'une communication interpersonnelle : informationnels, personnels, rationnels et d'influence.	☐	☐	

Rédiger sa synthèse

1. Quelles caractéristiques doivent être réunies pour qu'un groupe social soit formé ?
2. Quelles sont les différences entre un groupe d'appartenance et un groupe de référence ?
3. Qu'est-ce qu'un statut et comment celui-ci influence-t-il l'identité de l'individu ?
4. Qu'est-ce que la communication interpersonnelle ?
5. Quelles sont les composantes de la communication interpersonnelle ?
6. Comment améliorer le fonctionnement de la communication interpersonnelle ?

Se mettre en activité

Activité 1 Travailler la notion de groupe

Florian est un jeune homme de 20 ans. Il a obtenu son baccalauréat et a quitté le foyer familial pour suivre les études qui l'intéressaient, mais il retourne tous les week-ends dans sa famille.

Aujourd'hui en deuxième année de BUT Techniques de commercialisation à l'IUT de La Rochelle, il est dans une promo de 35 étudiants nommée les « IUT TECH2 ». Tous sont très motivés pour obtenir leur diplôme. Florian est le représentant de la classe avec sa camarade Claire ; ils ont été élus à la majorité au premier tour. Florian a créé un groupe Snapchat pour échanger encore plus facilement avec tous les étudiants de l'« IUT TECH2 ».

Après l'obtention de son BUT, Florian espère se spécialiser dans un Master en communication. Il sait que le niveau d'exigence est important, alors il a pris contact avec des étudiants de ce master pour comprendre les attendus de celui-ci et ainsi augmenter ses chances d'être sélectionné.

Florian réalise des vidéos humoristiques qu'il poste sur Youtube ; il rêverait d'avoir autant de vues que le célèbre Youtubeur Squeezie. Il s'est d'ailleurs rendu dans le salon Vidéo City à Paris cette année pour voir les nouvelles tendances des Youtubeurs. Des milliers de personnes se sont déplacées au salon, certaines pour faire comme Florian, d'autres, par curiosité, d'autres pour essayer de voir un Youtubeur célèbre.

1. **Relever un endroit dans lequel Florian n'est pas seul, mais qui ne constitue pas un groupe pour lui. Justifier la réponse.**
2. **Identifier et caractériser les groupes qui font partie de la vie de Florian.**
3. **Démontrer que la classe IUT TECH2 est un groupe.**
4. **Expliquer comment le groupe « Master en communication » influence le comportement de Florian.**

Activité 2 Analyser les composantes de la communication interpersonnelle, le statut et l'identité de l'individu

Djamila Zaidi travaille depuis 7 ans comme commerciale dans l'entreprise Édita spécialisée dans la distribution de matériel informatique pour les professionnels. Elle aime beaucoup son travail et s'investit énormément. Elle ne néglige pas pour autant sa famille, c'est une maman de deux enfants âgés respectivement de 6 et 9 ans.

À partir de l'annexe 1 :

1. **Relever le statut de Djamila dans l'entreprise Édita.**
2. **Préciser, pour chacun des moments de la journée de Djamila, s'il s'agit d'une communication interpersonnelle en justifiant la réponse.**
3. **Expliquer comment le statut de Djamila, Éric, Arnaud et Corentin impacte leur comportement dans la situation 6.**
4. **Repérer la technique utilisée par Arnaud pour améliorer la communication avec Djamila et Éric.**

À partir de l'annexe 2 :

5. **Analyser les composantes suivantes de la communication entre Djamila et Corentin : acteurs, message, canal, support et contexte. Présenter la réponse dans un tableau.**
6. **Identifier les enjeux de Corentin au cours de la communication.**
7. **Qualifier l'identité sociale de Djamila dans cette situation.**

Annexe 1 Déroulement de la journée de Djamila

Nous sommes le jeudi 1er octobre :

1. 09 h 00 : Djamila arrive dans les locaux de l'entreprise Édita. Elle assiste à une réunion du service commercial avec son chef et ses deux collègues, Éric et Arnaud, pour faire le bilan des ventes du mois de septembre.
2. 10 h 30 : Djamila a rendez-vous avec son responsable de service, Corentin Fontenit, pour son entretien annuel dans le bureau de celui-ci. Elle est sereine, elle sait qu'elle a réalisé du bon travail et ses clients sont satisfaits. En effet, elle a obtenu une moyenne de 9,2/10 aux questionnaires de satisfaction envoyés par l'entreprise après chaque commande réalisée par les commerciaux.
3. 12 h 00 : À la fin de son entretien, Djamila se dirige vers la salle de repos pour déjeuner. Un collaborateur est installé, il termine son café et quitte la pièce sans dire un mot.
4. 14 h 00 : Djamila a rendez-vous chez un client qui a besoin d'équiper son personnel avec des tablettes. Elle discute longuement avec lui pour comprendre ses besoins et ses attentes et arrive à conclure la vente.
5. 17 h 00 : Djamila revient dans l'entreprise et appelle Stéphane, le comptable, pour savoir s'il a reçu le paiement de Mme Clairet. Il lui répond qu'il l'a réceptionné le matin même.
6. 17 h 30 : Avec Éric et Arnaud, ses deux collègues, Djamila discute des vacances. Elle aimerait prendre des vacances la semaine de Noël. Arnaud dit qu'il veut également prendre ses vacances à cette période. Éric lui aussi explique qu'il envisage de partir durant cette même semaine. Djamila explique qu'elle voudrait être en vacances avec ses enfants, ce qu'elle n'a pas fait l'année précédente. Éric campe sur ses positions. Une tension commence à s'installer dans le groupe. Arnaud n'a pas d'enfant et comprend que Djamila veuille profiter de sa famille, il lui dit donc qu'il reportera ses vacances en février. Djamila le remercie et l'ambiance s'améliore. Si Arnaud n'avait pas fait des concessions, Corentin Fontenit aurait dû intervenir pour trancher.

Annexe 2 Extrait de l'entretien annuel de Djamila

Corentin : Djamila, je suis vraiment satisfait de votre travail cette année.

Djamila : Je vous remercie.

Corentin : Vous avez toujours atteint vos objectifs de vente et vos clients sont très satisfaits de votre travail. Cela fait 7 ans que vous travaillez pour nous et vous ne nous avez jamais déçus. J'ai donc discuté avec la direction et nous avons voulu vous récompenser.

Tout d'un coup, un bruit de marteau-piqueur interrompt Corentin.

Corentin : Ah, ces travaux ! Vivement qu'ils soient terminés. Je disais que nous souhaitions donc vous récompenser. Vous serez augmentée de 2 % cette année. Je vous demanderais de garder toute discrétion sur cette augmentation vis-à-vis de vos collègues qui n'ont pas eu autant. Je les verrai par la suite et leur expliquerai la situation.

Djamila : Certainement. Je vous remercie en tout cas.

Corentin : Essayons de voir ensemble vos objectifs pour l'année à venir.

Djamila : Oui, très bien.

Activité 3 Analyser l'efficacité de la communication interpersonnelle

Dominique Ferro, un nouveau client, a rendez-vous dans un cabinet d'expert-comptable pour obtenir davantage de conseils pertinents. Il est reçu par Camille Martin, le gérant du cabinet.

1. **Suivre les consignes données par votre professeur pour jouer la communication entre Camille Martin et Dominique Ferro.**
2. **Conclure avec l'ensemble de la classe.**

CHAPITRE 4

LES INTERACTIONS INDIVIDU/ORGANISATION

Question » Comment un individu devient-il acteur dans une organisation ?

Finalités » Repérer ce qui, dans les relations, révèle la culture et les valeurs de l'organisation.

Notions » Cultures, normes, codes, rituels, attribution, représentations, stéréotypes, réseaux sociaux d'entreprise, fiche de poste, profils de compétences, hiérarchie.

Contexte

SASUVIS

Depuis plus de vingt ans, la société **SASUVIS** (SASU au capital de 280 000 euros) est installée à Bron. L'entreprise propose à ses clients professionnels (écoles, banques, assureurs, hôtels, restaurants, entreprises, mairies…) des solutions audiovisuelles (équipement de salles de réunion, de halls d'accueil, de couloirs, d'ascenseurs) pour renforcer l'image de l'entreprise, développer un travail collaboratif.

Les caractéristiques principales de l'organisation	
Type	Entreprise privée
Secteur d'activité	Tertiaire : distributeur de solutions audiovisuelles
Financement	Privé
Taille	PME
Champ géographique	National

Les autres caractéristiques de l'organisation	
Statut	Entreprise de droit privé, SASU
Nationalité	Française
Ressources humaines	51 salariés
Ressources financières	Apport du propriétaire Capital social de 280 000 €
Ressources matérielles	Locaux implantés à Bron (métropole lyonnaise)

Dans le cadre du développement de son entreprise, le dirigeant, Romain MARTIN vient de recruter Apolline au poste de comptable service clients. Elle travaillera sous la responsabilité de Corinne FAVRE, RAF (responsable administratif et financier).
À travers sa nouvelle fonction, Apolline va devoir interagir avec les acteurs en place, s'approprier les éléments culturels de la société, s'inscrire dans un organigramme.

Donner des exemples de situations qui permettront à Apolline d'interagir avec des collaborateurs internes.

Découvrir

I NORMES, VALEURS, COMPOSANTES DE LA CULTURE DE L'ORGANISATION

À chaque recrutement, Romain MARTIN, responsable des ressources humaines (RRH) et Anthony LEBRUN, responsable du service concerné, proposent un programme d'intégration sur mesure au nouvel entrant.

Le planning d'intégration de la première semaine de travail d'Apolline est terminé (document 1). Il lui sera communiqué par Corinne FAVRE, RAF, dès son premier jour de travail, à 8 h. Apolline travaillera 35 h par semaine selon les modalités prévues dans son contrat de travail.

> **Les cultures :** chaque organisation construit sa propre culture fondée à la fois sur des savoirs, des pratiques déterminées par des normes, des valeurs partagées par ses membres. La culture guide, aide les individus à s'approprier les outils de gestion, renforce leur sentiment d'appartenance.
>
> Chaque culture est transmise par les interactions qui existent entre les individus, eux-mêmes issus et porteurs de cultures différentes.
>
> De ce fait, les cultures organisationnelles évoluent. Il existe autant de cultures que d'organisations.

Document 1 — La semaine 40 : extrait du planning d'intégration de la 1re semaine de travail d'Apolline

LUNDI	8 h - 9 h	9 h - 10 h	10 h - 11 h	11 h - 12 h	Déjeuner
	Accueil. Visite des locaux. Planning d'intégration.	Petit-déjeuner au showroom (café, viennoiseries). Présentation des équipes.	Présentation de SASUVIS (organigramme, histoire, produits, stratégie, culture).	Présentation du règlement intérieur, du livret d'accueil. Mise à jour du dossier du salarié.	Déjeuner au showroom avec les équipes invitées pour l'occasion.
COLLABORATEUR ACCOMPAGNANT	**Corinne**		**Romain**	**Anthony**	

MARDI	8 h - 9 h	9 h - 10 h	10 h - 11 h
	Point sur l'information pour récupérer les éléments liés à la connectivité, pour présenter la charte informatique, les logiciels, les RSE (réseaux sociaux de l'entreprise).		Présentation de la fiche de poste de travail.
COLLABORATEUR ACCOMPAGNANT	**Saleem**		**Corinne**

MERCREDI	8 h - 9 h
	Présentation des objectifs de travail.
COLLABORATEUR ACCOMPAGNANT	**Corinne**

JEUDI	8 h - 9 h
	Présentation des objectifs de travail.
COLLABORATEUR ACCOMPAGNANT	**Corinne**

VENDREDI	8 h - 9 h	DÉJEUNER	14 h - 15 h	16 h - 17 h
	Présentation des objectifs de travail.	Déjeuner au showroom avec les équipes et la direction.	Réunion hebdomadaire par service.	Bilan.
COLLABORATEUR ACCOMPAGNANT	**Corinne**			**Corinne**

Corinne

Romain

Anthony

Saleem

Légende : les éléments de l'intégration sont représentés dans cet extrait de planning.
Le programme d'intégration s'étale sur le premier mois de travail. Chaque semaine, un planning est communiqué à la nouvelle recrue par son responsable de service, également nommé tuteur du nouveau salarié (le tuteur a pour mission d'accompagner, de former le nouvel entrant à son poste de travail).
Apolline effectue les tâches liées à son poste de travail aux autres moments de la semaine.

1 Préciser le rôle d'un planning d'intégration pour un nouveau salarié dans une entreprise.

Document 2 Ce que nous partageons

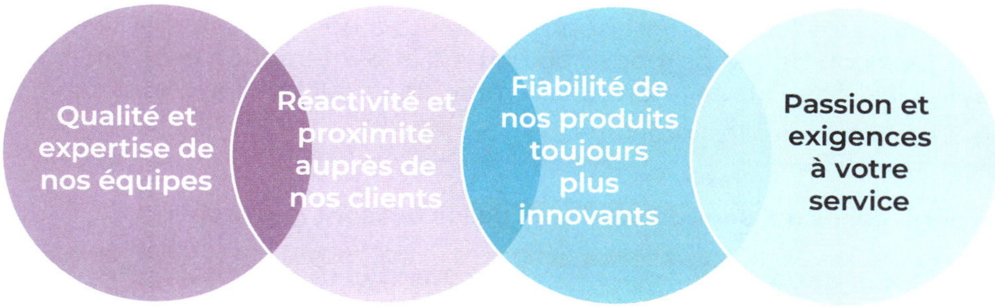

2 À l'aide des documents 1 et 2, donner des exemples de valeurs issues de l'entreprise.

Valeurs ou idées communes, croyances partagées par les individus.	

3 Identifier ce qui différencie les normes et les valeurs de manière générale.

Apolline est ravie de sa première journée de travail, elle est rassurée par la qualité des échanges et des informations reçues.

4 Expliquer ce qu'apporte la culture d'entreprise à Apolline.

II CODES, RITUELS COMME AUTRES COMPOSANTES DE LA CULTURE DE L'ORGANISATION

Apolline observe le comportement des acteurs qui travaillent dans l'entreprise. Elle désire se conformer aux codes et aux rituels de l'entreprise.

Les codes regroupent un ensemble de signes dont la signification est connue, partagée par les membres d'un groupe qui se sentent proches et solidaires (exemple : port d'un badge, tenue vestimentaire).

Un rituel ou **rites** correspond à un comportement qui se répète à des moments et lors de circonstances prévisibles. La façon de se comporter au cours d'une interaction est régie par des conventions auxquelles les individus se réfèrent (exemple de rituel : se dire « Bonjour »).

Codes et rituels émanent de la culture des individus.

5 Parmi les situations suivantes, repérer celles qui sont des codes et celles qui sont des rituels.

Situations professionnelles	Code	Rituel	Justifications
Chaque jour, les collaborateurs se saluent pour se dire « Bonjour » puis « Au revoir ».	☐	☐	
Avant la crise sanitaire, quel que soit le statut du collaborateur, employé, cadre, responsable de service, dirigeant, chacun se saluait en se faisant la bise. Désormais, chacun utilise le « check ».	☐	☐	
La pratique du tutoiement est adoptée par tous les collaborateurs de l'entreprise.	☐	☐	
Tous les vendredis à midi, les salariés ont l'habitude de se retrouver au showroom pour déjeuner ensemble.	☐	☐	
Tous les vendredis, de 14 h à 15 h, Romain anime une réunion pour faire le bilan de la semaine et proposer un moment d'expression pour ceux qui souhaitent prendre la parole.	☐	☐	
En raison du showroom, la tenue vestimentaire est soignée dans l'entreprise. Chaque jour des prospects ou des clients se présentent dans l'entreprise.	☐	☐	

6 Montrer que les codes et les rituels favorisent les relations professionnelles.

7 Retrouver la notion qui rassemble codes, rituels, normes et valeurs d'une organisation.

Les normes ← Qui suis-je ? .... → Les codes

Les valeurs ← → Les rituels

III ATTRIBUTION, STÉRÉOTYPES ET REPRÉSENTATIONS

Le lundi après-midi, un échange s'installe dans le salon détente autour d'un café entre Corinne, Anthony et Apolline. Cette dernière est amenée à présenter son parcours professionnel.

Document 3 Le parcours professionnel d'Apolline

Apolline est titulaire du BAC STMG depuis au moins 3 années car elle a validé un BTS et a signé un CDI dans une autre entreprise. De ce fait, elle n'a pas passé le bac actuel.

Anthony : J'imagine que de passer des ressources humaines à la comptabilité n'a pas été facile.
Apolline : C'est un choix que je ne regrette pas. J'ai travaillé pour réussir mes études et décrocher des stages intéressants. Un mois après l'obtention de mon diplôme, j'ai signé un CDI dans l'entreprise où j'avais réalisé mon stage de seconde année.
Anthony : À quoi attribues-tu cette opportunité ?
Apolline : Je me suis investie dans les tâches qui m'étaient confiées lors de mes stages. J'ai travaillé avec sérieux tout en développant de l'autonomie et de la rigueur. J'écoutais et j'appliquais les conseils de mon tuteur entreprise. J'ai aussi un bon relationnel, je pense que cela a facilité mon intégration dans l'entreprise.
Corinne : L'autonomie, la rigueur, l'écoute, le relationnel sont des qualités exigées pour le poste auquel tu es affectée. *(Apolline termine son café, quitte le salon afin de retourner à son poste de travail. L'échange se prolonge entre Anthony et Corinne qui ajoute en souriant)* Nous, les comptables, sommes dotés de qualités que n'ont pas les commerciaux.
Anthony *(sur le ton de l'humour)* **:** C'est bien connu, les comptables sont sérieux, rigoureux mais peu fantaisistes, peu créatifs et les commerciaux sont beaux parleurs, dotés d'un relationnel puissant, toujours prêts à vendre pour gagner de l'argent. Beau cliché ! *(Il ajoute d'un ton plus sérieux)* J'ai lu une étude récente sur la représentation sociale du métier de commercial. Cette profession est actuellement dévalorisée par les jeunes car ce métier souffre de nombreux stéréotypes. Les recruteurs recherchent aujourd'hui des commerciaux formés, à des postes évolutifs, bien rémunérés.
Corinne : Peut-être, mais il me semble que cela reste un métier difficile.

8 Souligner dans le document 3 les réussites d'Apolline.

9 Relever les attributions causales pouvant expliquer les réussites d'Apolline.

L'attribution causale : c'est une tendance naturelle chez l'individu qui va attribuer des causes, rechercher des explications aux comportements qu'il observe chez les autres (exemple : humeur, geste...) et sur lui-même (exemple : causes de ses échecs). Il s'agit d'une représentation sociale individuelle.

Attributions internes : causes provenant de facteurs internes, de soi-même (travail, volonté...).	**Attributions externes :** causes provenant de facteurs externes (hasard, chance, aide d'un tiers).

10 Citer les stéréotypes s'appliquant généralement aux comptables et aux commerciaux.

Les stéréotypes sont des « opinions toutes faites » transmises sans réflexion, des clichés, des caricatures, d'un groupe à l'égard d'un autre groupe sur des caractéristiques personnelles, des comportements (exemple : tous les adolescents sont des rebelles).

11 Expliquer les conséquences négatives que les stéréotypes peuvent avoir sur les relations professionnelles chez SASUVIS.

Une représentation désigne l'action, le fait, de se représenter quelque chose, une idée.

La représentation sociale est une manière d'interpréter le monde, de penser notre réalité quotidienne. C'est une forme de connaissance sociale qui guide le comportement des individus.

12 **Expliquer pourquoi Corinne identifie ainsi le métier de commercial.**

13 **Retrouver ce que souhaite démontrer Anthony par son exemple sur la représentation sociale du métier de commercial.**

IV RÔLE DES RÉSEAUX SOCIAUX D'ENTREPRISE DANS LES INTERACTIONS INDIVIDU/ORGANISATION

La culture de l'entreprise SASUVIS est aussi digitale. Dans le cadre de son programme d'intégration, Saleem, informaticien, présente à Apolline le RSE (réseau social de l'entreprise) qui va l'aider à mieux appréhender ses nouveaux outils de gestion et méthodes de travail.

Document 4 **Le RSE**

Saleem : Pour valoriser sa marque et développer les relations commerciales, SASUVIS est présente sur Facebook et LinkedIn pour les ressources humaines.

Apolline : Parfait, je connais ces RSE. J'avais déposé mon dossier de candidature sur LinkedIn et c'est par ce biais que j'ai été contactée.

Saleem : Super ! En interne, les RSE vont aussi t'aider. Cela va te permettre d'avoir accès aux ressources de base de l'entreprise comme notre charte graphique, l'organigramme, les fiches des projets en cours. Tu vas comprendre plus rapidement notre logique de travail en place.
De plus, les RSE vont t'aider à faire connaissance avec tes nouveaux collaborateurs, même ceux avec lesquels tu ne travailles peut-être pas directement. Alors bienvenue dans notre communauté.

Apolline : Merci. Je connais Facebook à des fins personnelles et non à des fins professionnelles.

Saleem : C'est facile. Pour appartenir à notre communauté, tu vas devoir créer ton profil. Tu pourras ensuite poser des questions et tout membre de la communauté pourra te répondre directement, quel que soit son service, son statut dans l'entreprise. Pour nous, les RSE permettent l'entraide, le partage de nos pratiques et la valorisation de nos compétences. Tiens, voici notre charte des réseaux sociaux chez SASUVIS.

Apolline : Merci beaucoup pour toutes ces informations.

14 **Observer les différents apports que le RSE de SASUVIS va fournir à Apolline et montrer que ces éléments vont faciliter son intégration au sein de l'organisation.**

15 **Identifier les modifications des relations de travail induites par les RSE.**

V FICHE DE POSTE, PROFIL DE COMPÉTENCES, HIÉRARCHIE DANS UNE RELATION DE TRAVAIL

Corinne FAVRE reçoit Apolline dans son bureau afin de lui présenter sa fiche de poste.

Les compétences font référence à la capacité d'un individu à mobiliser ses savoirs, savoir-faire, savoir-être pour réaliser une tâche dans un contexte professionnel particulier.

Le profil de compétences est une présentation des compétences qui sont requises dans un poste au sein d'une entreprise. Il ne traite pas des tâches à effectuer mais des compétences nécessaires pour les réaliser.

Document 5 La fiche de poste

FICHE DE POSTE - Comptable service clients					
Positionnement hiérarchique	**Extrait de l'organigramme**	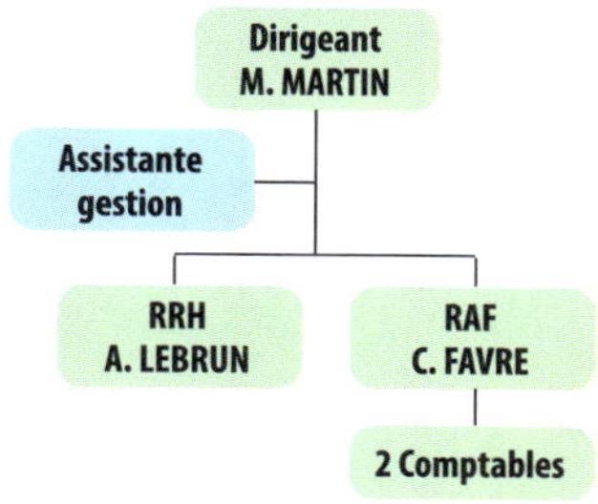			
	Grade/statut	Statut employé			
Architecture du poste	**Missions du poste**	➢ Assurer le suivi administratif et comptable. ➢ Contribuer à la gestion du personnel.			
	Activités et tâches du poste de travail	➢ Assurer la comptabilité des clients. ➢ Gérer les opérations avec la banque. ➢ Participer à la gestion des données du personnel. ➢ Prendre part aux activités de gestion. ➢ Suivre l'évolution de la réglementation comptable, sociale et fiscale.			
	Temps de travail	➢ 35 h hebdomadaires/7 h par jour.			
	Accès au poste	Expérience de 5 ans exigée dans le domaine de la comptabilité. BTS Comptabilité et Gestion – DUT GEA.			
Compétences du poste	**Profil de compétences exigées pour le poste de travail**	**Savoirs**	➢ Connaissances en comptabilité, en fiscalité, en droit social.		
		Savoir-faire	➢ Analyser les données, les restituer, traiter les anomalies. ➢ Suivre une procédure, mettre en œuvre des indicateurs de contrôle et de suivi. ➢ Élaborer et suivre un budget. ➢ Maîtriser le PGI[1] SAGE.		
		Savoir être	➢ Autonomie. ➢ Rigueur.	➢ Méthode. ➢ Esprit d'initiative.	➢ Écoute. ➢ Bon relationnel.
Signature du titulaire du poste Fait à : .... le :			**Signature du supérieur hiérarchique** Fait à : .... le :		

[1] *Un PGI (progiciel de gestion intégré) est la traduction en français du terme ERP (Enterprise Resource Planning). C'est un outil informatique qui permet de piloter une entreprise dans tous ses domaines de gestion : comptabilité, ressources humaines, gestion commerciale ou encore gestion documentaire. Il s'appuie sur une base de données commune à tous les services de l'entreprise. Sage est un exemple de PGI.*

16 Identifier le positionnement hiérarchique du poste.

....

....

....

17 Relever les compétences attachées à ce poste en les soulignant dans le document 5.

18 **Montrer que la « fiche de poste » constitue un outil de communication entre les individus et l'organisation.**

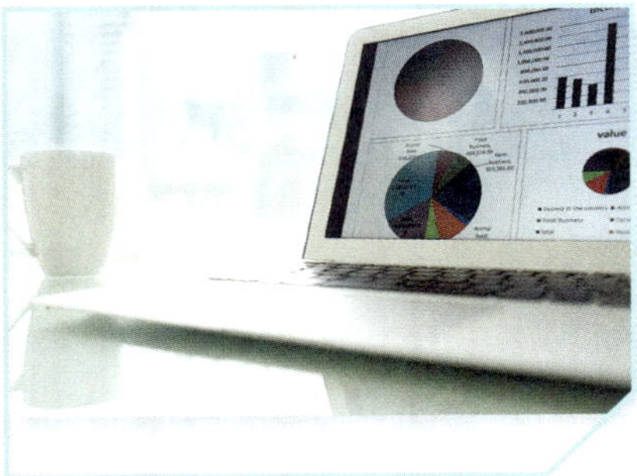

Pendant l'entretien, Corinne FAVRE aborde les savoir-faire mentionnés dans la fiche de poste du comptable service clients. Apolline précise alors qu'elle ne maîtrise pas le PGI SAGE.

19 **Proposer des actions permettant à Apolline de maîtriser le PGI de l'entreprise.**

À RETENIR

LES INTERACTIONS INDIVIDU-ORGANISATION

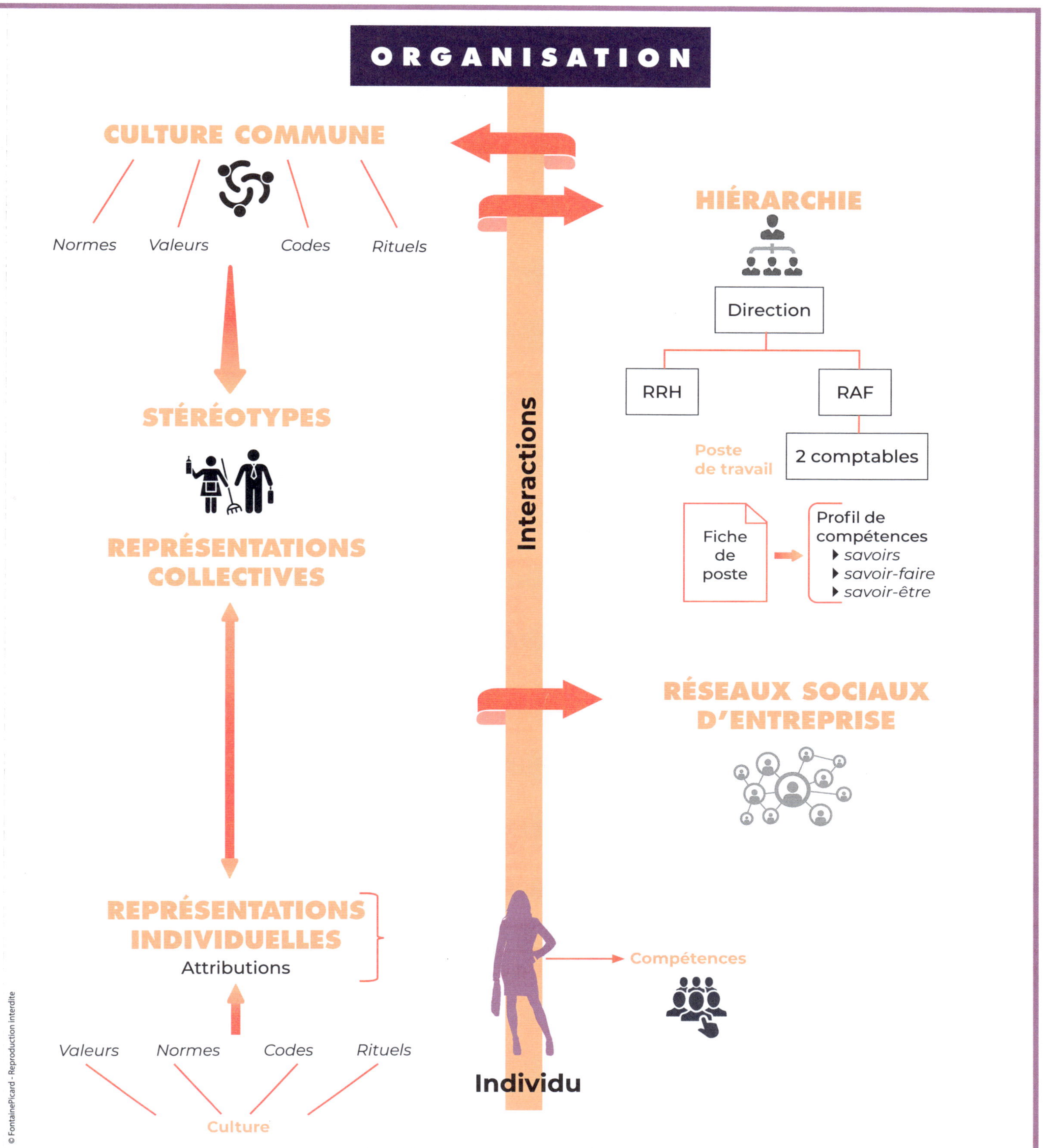

LIEN AVEC LE MANAGEMENT

Action collective • Intérêts individuels et collectifs • Groupe organisé • Conflits et consensus

Tester ses connaissances

Se tester en ligne
https://eqrcode.co/a/WpR0L4

Vrai ou faux ?

Affirmations	Vrai	Faux	Justifications
Les compétences d'un individu correspondent aux savoirs issus de sa formation.	☐	☐	
Les compétences de l'individu s'acquièrent lors des formations, des expériences professionnelles.	☐	☐	
Le profil de compétences est la liste des compétences de l'individu.	☐	☐	
La fiche de poste intègre le profil de compétences du poste de travail.	☐	☐	

Qui suis-je ?

Placer les mots suivants : attribution, code, norme, représentations, rituel, stéréotype.

Propositions	Réponses
Les personnes âgées n'utilisent pas Internet.	
En tant que pompier volontaire depuis 1 an, Fabrice accompagne Pierre pour la vente de calendriers. À chaque visite, ils reçoivent un accueil très chaleureux. L'image collective des pompiers est très positive en France.	
Lors de son entretien d'embauche, Ryan a fait attention d'avoir une tenue vestimentaire soignée afin de mettre toutes les chances de son côté.	
Myriam fait le point sur son parcours professionnel. Elle fait la liste de ses réussites puis recherche les causes de ses réussites.	
À chaque début de cours, Mathilde doit faire l'appel et noter les élèves en retard ou absents à son cours de français.	
La vie en entreprise est rythmée selon des habitudes, des modalités de fonctionnement partagées par le groupe. La pause-café journalière en constitue un.	

Rédiger sa synthèse

1. Pourquoi la notion de culture s'aborde-t-elle au pluriel ?
2. Quelles sont les composantes d'une culture d'entreprise ?
3. Que signifient les notions suivantes : attribution, représentations, stéréotypes ?
4. Quels sont les impacts des RSE (réseaux sociaux d'entreprise) dans les relations entre les individus et les organisations ?
5. En quoi les outils de gestion « fiche de poste » et « profil de compétences » constituent-ils des supports de communication entre les individus et les organisations ?
6. Que signifie la notion de « hiérarchie » ? Comment la hiérarchie influence-t-elle les interactions entre les individus et leur organisation ?

Activité 1 Se représenter la culture d'entreprise chez Carrefour

Culture d'entreprise Carrefour

https://eqrcode.co/a/skLSpL

1. Noter trois mots pour exprimer votre représentation de la culture de l'entreprise Carrefour.
2. Prendre connaissance des questions 3 et 4 puis visionner la vidéo.
3. Relever les mots-clés évoqués par le personnel de l'entreprise pour caractériser la culture de l'entreprise.
4. Citer des éléments visuels, issus de la vidéo, qui expriment également la culture de l'entreprise Carrefour.
5. Prendre connaissance des informations contenues dans l'annexe et préciser si les valeurs du groupe sont relayées par les salariés de Carrefour interrogés dans la vidéo.
6. Conclure en précisant si ces informations permettent de modifier la représentation initiale concernant Carrefour.

Annexe Valeurs du groupe

Nos Valeurs

Ensemble, nous avons un rêve : faire de Carrefour une entreprise **reconnue et aimée pour aider ses clients et consommateurs à profiter d'une meilleure qualité de vie tous les jours**.

Pour atteindre ce rêve, nous faisons notre métier, chaque jour en étant : engagés, attentionnés et positifs.

Ces **trois valeurs** nous unissent tous à nos clients et consommateurs et reflètent notre personnalité. Nous cherchons et trouvons pour eux les meilleures solutions possibles chaque jour.

Engagés

Nous sommes engagés. Des professionnels engagés. Des citoyens engagés. Nous agissons sans cesse pour dépasser les attentes de chacun, pour apporter plus de valeur et trouver de nouvelles solutions, pour une meilleure qualité de vie.

Attentionnés

Nous sommes attentionnés. Attentifs à nos clients et à nos consommateurs. Nous sommes à leur écoute, en permanence. Nous les accueillons dans nos magasins et répondons à leurs attentes avec bienveillance, convivialité et précision.

Positifs

Nous sommes positifs. Nous abordons tous les défis avec énergie et enthousiasme, avec des idées neuves. Nous contribuons à enchanter la vie de nos clients et de nos consommateurs. Pour eux, pour nos collaborateurs, pour la planète, nous voulons le meilleur pour aujourd'hui et pour demain.

http://www.carrefour.net/fr

Activité 2 Interagir via la culture d'entreprise et les réseaux sociaux

Activité sur poste informatique

https://sydo.fr

1. Découvrir le site de l'entreprise Sydo.
2. Retrouver les éléments qui relèvent de la culture de l'entreprise et les RSE mobilisés pour interagir, puis présenter vos analyses dans un diaporama.

Activité 3 Relever les stéréotypes dans les métiers

Représentation des métiers

https://eqrcode.co/a/GM3Nly

1. Noter ce qui vous étonne dans la vidéo concernant la campagne de recrutement pour la mairie de Paris, l'affiche sur le forum des métiers, l'affiche pour le recrutement en gendarmerie.
2. Confronter vos remarques en petits groupes et restituer une synthèse à l'oral en nommant un porte-parole.

Activité 4 Se représenter les stéréotypes

À bas les stéréotypes !

https://eqrcode.co/a/FNgl9Y

1. Rappeler ce qu'est un stéréotype.
2. Citer trois stéréotypes présentés dans la vidéo ci-contre.
3. Illustrer le stéréotype de l'étudiant en prépa. scientifique, en école d'art, en école de commerce (en petits groupes d'élèves), et présenter vos réponses.
4. Comparer vos réponses trouvées avec celles des autres membres de la classe, dégager une synthèse (similitudes et différences).
5. Individuellement, exprimer votre propre représentation des études supérieures.

Activité 5 Évaluer les codes et rituels au lycée

1. Faire l'inventaire des codes et des rituels que vous respectez au lycée.
2. Préciser si ces codes et rituels étaient différents au collège, à l'école primaire.
3. Retrouver, en tant qu'individu, ce que ces codes et ces rituels peuvent apporter.

Activité 6 Identifier un profil de compétences et repérer les liens hiérarchiques

Une entreprise recherche un assistant administratif et commercial homme ou femme. Ce nouveau poste sera rattaché au directeur commercial. Une annonce de recrutement va être publiée sur son site web et sur celui de Pôle emploi.

- Retrouver le profil de compétences dans l'annonce de recrutement.

Annexe

Assistant administratif et commercial (H/F)
En recherche d'un nouveau projet en Assistanat administratif et commercial ?
Vous avez une expérience en mise à jour et développement d'outils commerciaux ?
Ce projet est pour vous !

Acteur majeur de l'intervention après sinistre, fort d'un réseau de 12 agences en Normandie, nous avons l'ambition de nous implanter nationalement d'ici 2020.

Dans ce cadre, nous recrutons un Assistant administratif et commercial H/F.

Vous interviendrez dans un contexte de développement et d'implantation d'un outil commercial afin de garantir une base de données fluide.

Vos principales missions :

- Participation à la mise en place et au développement du nouveau logiciel commercial.
- Saisie des tarifs et de la base de données clients.
- Accompagnement des collaborateurs dans la prise en main du logiciel.
- Réception des appels du service.
- Gestion du courrier.
- Suivi et traitement des demandes de prestation via les portails intranet.

Issu(e) d'une formation minimum BAC +2, vous maîtrisez parfaitement les outils bureautiques et êtes reconnu(e) pour votre aisance relationnelle, votre polyvalence, votre dynamisme et votre capacité à gérer plusieurs projets.

Ce poste est à pourvoir dès que possible, une première expérience de 12 mois minimum sur une fonction similaire est requise sur ce poste.

Si ce poste correspond à vos attentes, merci de nous adresser votre CV sous format Word ou PDF.

Type de contrat : CDI / Salaire : entre 1 800 € et 2 000 € brut/mois.

THÈME 1

De l'individu à l'acteur

CHAPITRE 5

LES PHÉNOMÈNES RELATIONNELS

Question » Comment un individu devient-il acteur dans une organisation ?

Finalités » Décrire, caractériser et analyser les situations de communication à partir des phénomènes relationnels qu'elles contribuent à développer.

Notions » Relations formelles et informelles, argumentation et influence, relation d'autorité, leadership, motivations/incitations, aptitude à gérer les conflits. Conflits et consensus au sein de l'organisation.

Contexte

Transports MARMETH

Transports MARMETH est une PME familiale fondée en 1941 par André MARMETH et détenue par la famille MARMETH.
L'activité est essentiellement orientée vers des activités de transport de produits chimiques en citerne, de livraison sur chantiers avec des véhicules auto-déchargeables, de livraison à domicile de produits lourds ou volumineux (abri de jardin, piscine, serre, chalet, SPA, sauna, etc.) et de logistique.

Arnaud MARMETH, actuel directeur général, est toujours en recherche de performance. Chaque homme, chaque matériel, chaque équipement fait l'objet de remises en question régulières en vue d'améliorer la sécurité des biens et des personnes et la sécurité du public.

L'entreprise mise sur son capital humain pour rester un acteur incontournable du marché du transport, ce qui participe au bon climat relationnel de la PME.

Citer les valeurs de l'entreprise à partir de la consultation du site web de l'entreprise Marmeth.

L'entreprise Marmeth

www.marmeth.com

Découvrir

I NORMES, VALEURS, COMPOSANTES DE LA CULTURE DE L'ORGANISATION

En accord avec les valeurs de l'entreprise, les relations professionnelles sont basées sur le respect et la loyauté.

Les relations naissent à partir des interactions entre les individus. Dans les organisations, il coexiste deux types de relations :
- **les relations formelles** sont basées sur des rapports professionnels prévus et contrôlés par la hiérarchie dans le cadre des activités de travail. Les individus échangent entre eux en fonction de leur statut, pour effectuer des tâches dans un cadre organisé ;
- **les relations informelles** se développent de manière spontanée entre les individus, selon les affinités. Elles échappent au circuit officiel, elles ne sont pas actées par la hiérarchie.

1 **Préciser si les situations suivantes correspondent à des relations formelles ou à des relations informelles.**

Situations professionnelles	Relations formelles	Relations informelles	Justifications
❶ Sophie, assistante administrative remet en main propre une convocation écrite à Jérôme Dupuis, chauffeur, pour son entretien professionnel (entretien obligatoire tous les 2 ans visant à accompagner le salarié dans son évolution professionnelle).	☐	☐	
❷ Tous les membres du service administratif se cotisent pour offrir un cadeau pour la naissance de Nathan, le fils de Victorine. Cette assistante comptable vient d'adresser à ses collègues un faire-part de naissance.	☐	☐	
❸ Victorine est reçue en entretien par son employeur afin de percevoir une prime de gratification pour la naissance de son enfant, conformément à l'accord professionnel d'entreprise.	☐	☐	
❹ Malik, chauffeur routier est en mission en Norvège. Il dispose d'un système informatique embarqué dans son poids lourd. Lors d'une pause, il consulte sa messagerie. Son manager le met en garde sur sa consommation d'énergie.	☐	☐	
❺ À son retour au siège à Nantua, Malik confie à Serge, un chauffeur routier avec qui il travaille depuis plus de 10 ans qu'il va devoir suivre une formation à l'éco-conduite. Il lui avoue qu'il aurait préféré repartir en mission.	☐	☐	
❻ Lors d'une pause-café, les mécaniciens, passionnés par les nouvelles techniques, échangent sur les caractéristiques techniques des moteurs Euro 5 et Euro 6, plus respectueux de l'environnement.	☐	☐	

II ARGUMENTATION ET INFLUENCE

L'argumentation est une technique de communication qui a pour objet de convaincre l'autre. Elle fait appel à la raison, on parle également d'argumentation logique.

L'argumentation passe par la présentation **d'arguments**. Il s'agit d'idées mises en forme et qui s'appuient sur des exemples, des preuves pour illustrer les propos.

L'individu peut utiliser différentes sortes d'arguments :

- **l'argument d'autorité :** difficilement contestable, il est fondé sur le savoir d'un spécialiste reconnu dans sa discipline, sur des chiffres issus de sources fiables, sur des règles et des normes partagées par un groupe ;
- **l'argument de communauté :** il s'appuie sur une croyance commune ou des valeurs partagées par les membres d'un groupe. Les individus expriment des idées identiques sur certains sujets ;
- **l'argument de cadrage :** il consiste à présenter une idée en accentuant certains aspects de la réalité et en minorant les autres ;
- **l'argument d'analogie :** il s'agit de rechercher l'accord de son interlocuteur par comparaison avec une autre situation jugée similaire.

Exemple : pour convaincre un individu de réduire sa consommation de tabac, voire d'arrêter de fumer, il est possible de construire une argumentation sur les méfaits du tabac :

- *argument d'autorité : « toutes les statistiques sur le cancer de la gorge et des poumons » ;*
- *argument de communauté : « en plus, c'est aussi dangereux pour les personnes de son entourage » ;*
- *argument de cadrage : « ça coûte cher, ça prend du temps, il faut aller dehors, beaucoup d'inconvénients pour peu de plaisir ! » ;*
- *argument d'analogie : « mon amie qui a arrêté de fumer il y a deux ans, ne tousse plus le matin... Je ne sais pas ce que tu en penses... ».*

Comme chaque jour, la vie de la PME familiale est rythmée par de nombreuses situations professionnelles.

Document 1 — Les situations professionnelles

Situation 1 : extrait d'un entretien commercial

Le client : Dites-moi pourquoi je devrais choisir votre entreprise plus qu'une autre ?

Le responsable LDD (livraison directe à domicile) : Notre qualité repose avant tout sur le savoir-faire de nos hommes. Depuis 75 ans, la société Transports MARMETH a développé une expertise dans plusieurs domaines, dont la logistique. Les produits vendus sur Internet doivent être livrés à temps chez le particulier.

Situation 2 : extrait de la convocation à l'entretien professionnel remise à Jérôme

Objet : Convocation à l'entretien professionnel

Monsieur,

Nous vous rappelons que le Code du travail prévoit un entretien d'évolution professionnel tous les 2 ans. Dans ce cadre, nous aimerions tenir cet entretien de trente minutes ce **4 février à 15 h 30**. […]

Situation 3 : extrait d'un échange sur la sécurité au travail

Le responsable qualité et sécurité : 9 accidents du travail sur 10 surviennent à l'arrêt du véhicule au cours des opérations de chargement/déchargement du camion.
Comme la plupart de nos concurrents, nous investissons dans la formation aux gestes et postures pour réduire ces risques professionnels.

Situation 4 : extrait d'une réunion de direction pour réduire l'impact environnemental

Le responsable du parc : « le respect de l'environnement fait partie des valeurs de notre entreprise. En tant que transporteur de longue distance, le choix du gaz naturel comme carburant est une solution moins polluante et qui permet de réduire le niveau sonore des camions ».

2 Identifier les arguments présentés dans les situations professionnelles du document 1.

Situations	Types d'argument	Justifications
Situation 1		
Situation 2		
Situation 3		
Situation 4		

L'influence, c'est le fait d'amener un individu à partager son opinion en mettant en œuvre une stratégie.

Les individus se font influencer et influencent les autres dans chaque situation de communication.

L'influence résulte donc des interactions entre les personnes. Pour influencer son interlocuteur, les individus développent des stratégies, utilisent des moyens pour modifier le comportement de l'autre, c'est ce que l'on appelle les ressorts de l'influence.

On distingue :

- **l'appel à la logique, à la raison ou l'argumentation logique :** il s'agit de s'appuyer sur des arguments renforcés par des preuves, l'objectif est de convaincre par la raison ;
- **l'appel à l'affectif ou à l'émotion :** il s'agit de s'appuyer sur les sentiments de l'autre, sur des émotions que l'on cherche à susciter. Par exemple, la séduction, la flatterie, l'empathie génèrent des émotions positives pouvant entraîner l'autre à adhérer à une opinion, à adopter un comportement ;
- **l'appel au sentiment d'appartenance :** il s'agit de s'appuyer sur la culture du groupe, les valeurs, les normes et les modes de vie pour influencer l'autre et modifier son comportement.

→ Les ressorts de l'influence utilisent l'argumentation pour influencer.

Monsieur MARMETH est convaincu qu'il faut davantage développer la relation entre l'école et les entreprises. Chaque année, il recrute des stagiaires en contrat d'apprentissage.

Invité dans un lycée professionnel un vendredi à 14 h, il présente son entreprise et ses métiers du transport et de la logistique à des jeunes de 17 ans. Son objectif est de partager sa passion, de susciter des vocations… Il a demandé à Géraldine, conducteur routier depuis 6 ans, de l'accompagner pour témoigner en tant que femme.

Par ailleurs, il propose aux lycées de visionner une courte vidéo sur le métier de conducteur de transport de marchandises.

https://eqrcode.co/a/n07OrP

Conducteur/trice de transport de marchandises

Document 2 — Des témoignages auprès de lycéens sur le métier du transport et de la logistique

De nombreux témoignages ont lieu dont ceux-ci :

❶ Géraldine : « J'adore mon métier. Je pars chaque lundi et je reviens le vendredi. J'ai une vie de liberté. Je sillonne les routes de France, d'Europe, je voyage, je découvre des paysages magnifiques, je rencontre des gens formidables. Assise dans la cabine de mon camion, en hauteur j'ai une impression d'espace, d'indépendance… ».

❷ Monsieur MARMETH : « C'est un secteur d'activité qui recrute. La e-logistique est en plein essor en raison du développement du e-commerce. 90 % des livraisons effectuées en France se font par le secteur routier. Aujourd'hui, ce sont plus de 900 millions de colis qui sont acheminés sur une année ».

❸ Monsieur MARMETH : « Vous êtes en formation pour apprendre un métier et pour gagner votre vie. Dans mon entreprise, je mets tout en œuvre pour offrir de bonnes conditions de travail à mes salariés. Mes chauffeurs routiers ont des salaires très attractifs. Certes, ils réalisent de nombreuses heures de travail, mais ils peuvent avoir des rémunérations supérieures au personnel du pôle administratif. S'ils le souhaitent, ils peuvent évoluer en interne dans l'entreprise ».

3 **Retrouver les ressorts de l'influence utilisés dans le témoignage de la vidéo, par Géraldine, puis par Monsieur MARMETH, pour influencer les lycéens à se diriger dans le secteur du transport.**

Témoignage dans la vidéo : …………………………………………

Témoignage ❶ : …………………………………………

Témoignage ❷ : …………………………………………

Témoignage ❸ : …………………………………………

III RELATION D'AUTORITÉ ET LEADERSHIP

L'autorité est liée au pouvoir d'un individu, à sa capacité à commander, à faire exécuter quelque chose, à se faire obéir. **Le leader** est le chef, c'est celui qui détient l'autorité.

La relation d'autorité se caractérise par le pouvoir qu'un individu peut exercer sur un autre individu, ou sur un groupe d'individus. Les interactions se font sur un mode « domination-soumission ».

Le dominé exécute les ordres donnés, ou encore ajuste son comportement ou ses opinions en fonction des directives données par le dominant.

Le leadership, c'est la capacité d'un individu à influencer les autres dans l'atteinte d'objectifs poursuivis par le groupe. Pour exercer son rôle, le leader doit être accepté par tous. On différencie :

- **le leadership de droit :** son autorité est institutionnelle, son influence dépend du pouvoir défini dans l'organigramme. Son autorité est imposée ;
- **le leadership de fait :** son autorité est liée à sa personnalité, son influence dépend de son charisme, de ses qualités personnelles et de ses relations dans le groupe. Son autorité est reconnue.

Les liens hiérarchiques entre les salariés de la PME sont représentés dans un organigramme.

Document 3 — Un extrait de l'organigramme

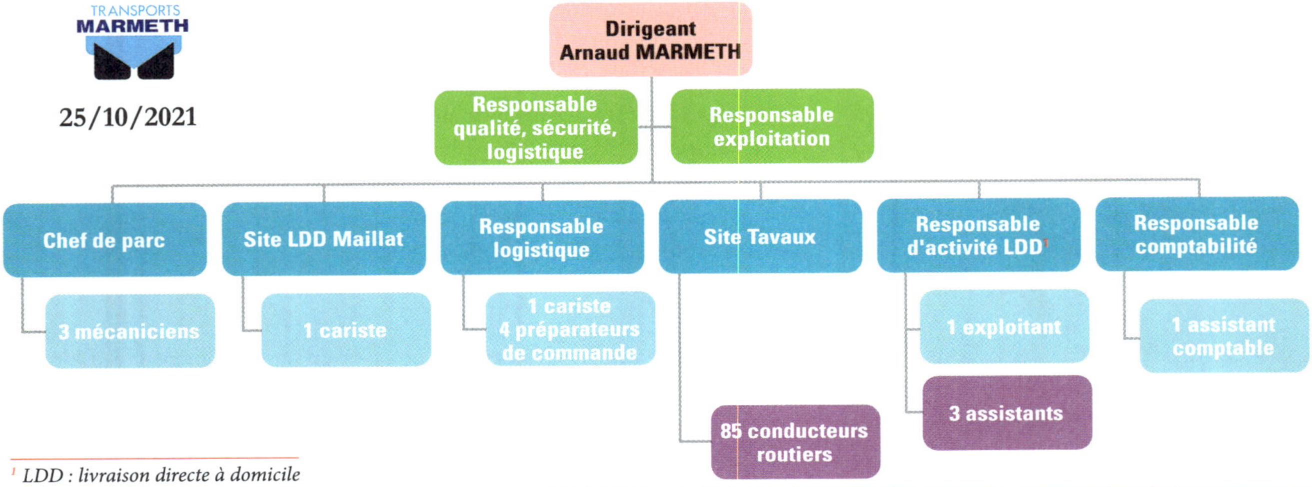

[1] LDD : *livraison directe à domicile*

4 Expliquer dans quelle mesure l'organigramme matérialise les relations d'autorité de l'entreprise.

5 Illustrer la relation d'autorité sur le mode « domination-soumission » dans la situation suivante.

Monsieur MARMETH demande à présent à Géraldine de participer à un forum des métiers pour témoigner de son expérience de conducteur routier en tant que femme.	**Dominant :** **Dominé :** **Justification :**

À la suite de la conférence réalisée dans l'école, Arnaud MARMETH a recruté Naime, une élève de baccalauréat professionnel pour un stage de 3 semaines dans le service logistique. Le responsable logistique étant en déplacement, c'est Albert, un préparateur commandes qui se charge de présenter le fonctionnement du service et les tâches à réaliser par la nouvelle stagiaire.
Albert est apprécié par tous ses collègues de travail. Homme de terrain, il est considéré comme une personne compétente, efficace, force de propositions et influente auprès de la direction. Doté d'un certain charisme, ses collègues se rallient à ses idées sur la plupart des sujets.

6 Retrouver les individus disposant d'un leadership de droit, d'un leadership de fait.

7 Citer les personnes qui ont une relation d'autorité sur Naime.

IV MOTIVATIONS ET INCITATIONS DE L'INDIVIDU

La motivation au travail est un facteur clé de la réussite de l'organisation.
La motivation précède l'action, c'est une force qui met l'individu en mouvement et qui l'amène à se comporter de manière à satisfaire son (ou ses) objectif(s).
La motivation dépend de **facteurs internes** qui sont propres au comportement, à la personnalité de l'individu et de **facteurs externes** qui sont liés à l'environnement de travail de l'individu (reconnaissance sociale, conditions de travail, rémunération, culture d'entreprise, tâches confiées...).

Soucieux d'améliorer la performance de son entreprise, le dirigeant consulte un rapport récent publié par Randstad sur la motivation du conducteur routier.

Document 4 — Un extrait d'un rapport sur la motivation d'un conducteur routier

Les sources de motivation du conducteur routier :

❶ Motivation liée aux relations → ❷ Motivation liée au travail → ❸ Motivation liée à l'entreprise → ❹ Motivation liée à l'autonomie → ❺ Motivation liée à la rémunération

❶ 90 % de conducteurs sont satisfaits par l'aspect relationnel du métier, par le contact client.

❷ 84,10 % des conducteurs sont satisfaits du véhicule qu'ils conduisent et 83,10 % de la diversité des tâches.

❸ 58 % des conducteurs souhaitent continuer leur métier dans le secteur.

❹ 46 % des conducteurs sont venus dans ce métier pour l'autonomie, le niveau de responsabilité confié par l'employeur.

❺ 40 % des conducteurs pensent que leur métier est un métier dans lequel on gagne correctement sa vie.

8 **Expliquer pourquoi la motivation est primordiale à la réussite de l'entreprise Transports MARMETH.**

9 **Préciser, d'après le rapport, si les sources de motivation du conducteur routier dépendent davantage de facteurs internes ou de facteurs externes. Justifier.**

L'incitation est ce qui pousse un individu à agir, à penser, à juger de telle ou telle façon.
Les incitations à agir peuvent être d'origine matérielles (récompense, salaire, développement des compétences) ou immatérielles (valeurs partagées, tradition préservée, prestige).

10 **Énoncer pour chacune des incitations au travail suivantes s'il s'agit d'incitations matérielles ou immatérielles.**

Incitations	Types d'incitation	Justifications
Transports MARMETH investissent 50 000 euros dans la formation chaque année. Le développement des compétences est directement lié à la stratégie de l'entreprise. Les salariés sont formés à l'outil informatique présent dans tous les véhicules, à l'écoconduite, à la sécurité routière...	**Matérielle** ☐ **Immatérielle** ☐	
Arnaud MARMETH propose une prime de panier à 56 € par jour.	**Matérielle** ☐ **Immatérielle** ☐	
La solidarité, l'entraide sont des valeurs fortes parmi les conducteurs routiers. Géraldine sait qu'elle peut compter sur ses collègues en toutes circonstances (notamment pour le chargement de son véhicule). En raison de la bonne ambiance, elle reste fidèle à son employeur.	**Matérielle** ☐ **Immatérielle** ☐	

V CONFLITS ET CONSENSUS AU SEIN DE L'ORGANISATION

Un conflit surgit lors d'un rapport de force entre individus ou groupes au sujet de leurs désirs, de leurs besoins, de leurs principes, de leurs valeurs.

Les personnes en conflit poursuivent souvent le même objectif mais sont en désaccord sur les moyens à mettre en œuvre pour l'atteindre.

La forme du conflit peut évoluer entre les individus. Au départ, le conflit est latent (non déclaré), les protagonistes adoptent une attitude fermée, puis le conflit devient ouvert lorsqu'il éclate, les individus expriment verbalement avec plus ou moins de violence leur point de vue.

Il existe plusieurs types de conflits, parmi lesquels :
- **les conflits d'intérêts :** ils surgissent lorsque les intérêts personnels, les avantages des individus sont menacés. *Exemple : la prime du 13e mois de salaire est supprimée* ;
- **les conflits d'identité :** ils naissent lorsque les compétences d'un individu sont remises en cause par une autorité, un collaborateur, un événement. *Exemple : dessaisir un cadre d'une mission* ;
- **les conflits de pouvoir :** ils apparaissent lorsque le pouvoir, la zone d'influence, le poste d'un individu est menacé. *Exemple : la nomination ou la promotion d'un collaborateur concurrent* ;
- **les conflits d'idéologie :** ils surgissent quand des idées, des valeurs s'opposent et qu'aucun compromis n'est possible. *Exemple : un salarié refuse de serrer la main aux femmes.*

Le responsable logistique, Stéphane Pagneux vient de subir une intervention chirurgicale. Il sera immobilisé pendant plusieurs mois. Pour assurer son remplacement, la direction a recruté en contrat à durée déterminée Ludovic, titulaire d'un master 2 en management logistique et transport. Il dispose d'une expérience professionnelle de 2 ans. Au moment de la pause déjeuner, une discussion s'engage entre des membres du service logistique.

Document 5 — Un échange entre des membres du service logistique

Albert : Mes relations sont plus que tendues avec le nouveau responsable. Il manque d'expérience. Cela fait 3 fois qu'il me convoque pour que je lui explique comment on travaille. Il critique sans cesse notre organisation alors que ça roule. Notre niveau de satisfaction clientèle est au plus haut. Il me fait perdre mon temps.

Farah : C'est le monde à l'envers ! Je ne comprends pas pourquoi ce n'est pas toi qui assures le remplacement de Stéphane. En plus, on s'entend tous super bien.

Albert : Je ne suis pas cadre, et je ne veux pas le devenir. La direction m'a demandé si je souhaitais évoluer dans l'entreprise. J'ai refusé.

Ryan : Va voir la direction et explique le problème. Je suis d'accord avec toi. On voit qu'il ne maîtrise pas tout. Je n'aime pas non plus son attitude, il nous prend de haut.

Albert : C'est vrai que ce malaise dure depuis un mois maintenant, il faudrait mettre les choses à plat avant que cela s'envenime. Tu as raison, je vais aller voir la direction.

11 Analyser le conflit au travers des éléments suivants :

Éléments d'analyse	Identifications	Justifications
Source du conflit	Liée à l'entreprise ☐ Liée aux individus ☐	
Forme du conflit	Conflit latent ☐ Conflit ouvert ☐	
Type de conflit	Conflit d'intérêts ☐ Conflit d'identité ☐ Conflit de pouvoir ☐ Conflit d'idéologie ☐	

Aptitude à gérer les conflits : lorsqu'un conflit éclate, il faut développer un comportement, utiliser une méthode qui vise à résoudre le désaccord.

❶ **Identifier la nature des conflits**
- Repérer les signes précurseurs, les éléments déclencheurs et les phénomènes amplificateurs (ex. : plaintes excessives sur le restaurant d'entreprise...).
- Identifier la source du conflit, la forme et le type de conflits.

❷ **Désamorcer un conflit**
- Entendre, comprendre les demandes, les revendications, les attentes de chacun par des entretiens individuels.
- Mobiliser les techniques de communication : questionner, écouter, reformuler, argumenter.

❸ **Trouver un consensus (un accord)**
- Mettre les parties en face-à-face pour confronter les points de vue en présence du chef d'entreprise ou d'un responsable pour aider à trouver un terrain d'entente.
- Proposer une ou plusieurs solution(s) acceptée(s) par les parties, la (les) notifier par écrit.
- Assortir l'engagement d'actions précises, vérifiables dans le temps.

Albert prend rendez-vous auprès du dirigeant pour faire part des problèmes rencontrés. Son intention est de trouver des solutions pour débloquer la situation. Le chef d'entreprise l'écoute attentivement en prenant des notes. Il pose également un certain nombre de questions pour mieux comprendre la situation. Albert énumère des faits, il utilise des arguments de cadrage pour rester objectif.

12 **Citer les techniques de communication utilisées par les deux hommes pour traiter le conflit.**

13 **À ce stade, préciser les actions que le dirigeant doit mettre en place pour désamorcer le conflit et trouver un consensus.**

Les effets des conflits sur les individus varient en fonction des personnalités, du contexte (culture, valeurs, normes), des sources du conflit, des attitudes développées par les membres.

Le conflit est destructeur si les personnes concernées ne cherchent pas à le résoudre en déployant des méthodes adaptées. Le climat d'anxiété, la situation de blocage que génère le conflit risque de s'aggraver, jusqu'à un point de rupture.

Le conflit est constructeur si le conflit résulte d'un dysfonctionnement et que les membres cherchent à s'adapter, à évoluer. Dans ce cas, il permet d'avancer, il aura des effets producteurs, positifs pour l'entreprise. La cohésion sera renforcée.

Grâce au recours hiérarchique lié à l'intervention du dirigeant pour gérer le conflit, Ludovic et Albert ont trouvé un terrain d'entente.

Ce lundi matin, pour la première fois, Ludovic rejoint le personnel du service logistique lors de la pause-café. Il remercie Albert pour son honnêteté et lui déclare qu'il le considère comme un homme de confiance. Il explique aux autres membres du service qu'il a besoin d'eux pour faire fonctionner le service.

14 **Identifier les effets du conflit dans cette situation.**

À RETENIR

LES PHÉNOMÈNES RELATIONNELS

ORGANISATION

LEADERSHIP DE DROIT

Relation d'autorité

Relation formelle

- Directeur général
  - *Assistante de gestion*
  - *RCH*
  - *RAF*
    - *2 comptables*

Relation informelle

LEADERSHIP DE FAIT

Assistante de gestion + *Comptable*

- Motivation
- Incitation

INFLUENCE

RESSORTS DE L'INFLUENCE

- Appel à l'affectif
- Appel au sentiment d'appartenance
- Appel à la logique, à la raison, argumentation logique

→ *Argumentation*

YES / NO

CONFLITS

- *Conflit d'intérêts*
- *Conflit d'identité*
- *Conflit de pouvoir*
- *Conflit d'idéologie*

Aptitude à gérer les conflits

→ *Consensus*

LIEN AVEC LE MANAGEMENT

Action collective • Intérêts individuels et collectifs • Groupe organisé • Démarche stratégique • Conflits et consensus

Tester ses connaissances

Se tester en ligne
https://eqrcode.co/a/tEk2VZ

Qui suis-je ?

Replacer les éléments suivants : argument de cadrage, argument d'autorité, appel aux sentiments d'appartenance, appel à l'affectif ou à l'émotion, relation d'autorité, relation formelle, relation informelle, motivation, incitation, leadership de fait.

	Retrouver les mots
1. Adrien demande à Agathe de rédiger au plus vite le compte rendu de réunion. Agathe exécute l'ordre selon la relation qui la lie à son supérieur hiérarchique.	
2. Kévin, Yvan, Fabrice, Océane et Marion travaillent dans la même entreprise. Ils s'entendent bien. Régulièrement, ils prennent leur pause-café ensemble.	
3. Mathilde est commerciale. Elle réalise chaque mois les meilleures ventes. Tous ses collègues l'apprécient, elle est reconnue pour son efficacité, son professionnalisme.	
4. Ce mois-ci, Mathilde a dépassé ses objectifs de vente, elle percevra une prime de 700 €.	
5. Les salariés sont heureux de découvrir leur nouveau lieu de travail : un bâtiment neuf high-tech qui devrait offrir d'excellentes conditions de travail et permettre au personnel de se surpasser.	
6. Phénomène d'influence qui fait qu'Anna devra modifier ses habitudes de travail. Elle adoptera les mêmes normes que le groupe auquel elle appartient.	
7. Selon l'organigramme, Rodolphe travaille en collaboration avec Nicolas.	
8. Anna souhaiterait acquérir un bien au meilleur prix. Elle flatte son interlocuteur pour arriver à ses fins.	
9. En tant qu'agent immobilier, Jessica présente à son client les avantages d'investir dans un logement locatif du type « Studio » dans une ville universitaire. Elle ne présente pas les inconvénients.	
10. Selon un expert financier, investir dans la pierre constitue encore un placement peu risqué.	

Rédiger sa synthèse

1. Quelles différences faites-vous entre des relations formelles, informelles, d'autorité ?
2. Qu'est-ce que l'argumentation ?
3. Quels arguments connaissez-vous ?
4. Quels ressorts de l'influence connaissez-vous ?
5. Domment distinguer les notions de leadership de droit et de leadership de fait ?
6. Quelles distinctions faites-vous entre motivation et incitation au travail ?
7. Qu'est-ce qu'un conflit ? Quels types de conflits connaissez-vous ?
8. Comment gérer les conflits ?

Activité 1 Caractériser les relations entre les acteurs d'une communication, les types d'arguments, les ressorts de l'influence

Installée en centre-ville, la librairie **BLANCHE CARTE** est tenue par une jeune femme sympathique et dynamique, Stéphanie, qui fait partager ses coups de cœur.

La librairie **BLANCHE CARTE** propose un assortiment de livres dans un panel varié : romans, livres de poche, beaux livres, livres scolaires, livres jeunesse…

BLANCHE CARTE, c'est aussi une papeterie avec un choix de fournitures scolaires et de bureau. Stéphanie emploie trois salariés, Alexandre, Sylvain, Charlotte. En tant que gérante, Stéphanie s'occupe en plus de la gestion comptable de sa librairie, de la gestion des stocks (commandes, inventaire, retour des invendus. .).

Gérante Stéphanie

- Employé Alexandre
- Employé Sylvain
- Employé Charlotte

Plusieurs fois par an, Stéphanie organise des séances de dédicaces avec des auteurs locaux.

1 **Caractériser les situations suivantes et justifier les réponses :**

Situations	Relation formelle	Relation informelle	Relation d'autorité
Stéphanie a recruté Charlotte à mi-temps pour conseiller la clientèle, encaisser les ventes réalisées, ranger les livres.			
Lors d'une pause, Alexandre fait part de sa dernière lecture à Sylvain.			
Alexandre et Sylvain offrent un cadeau à Charlotte qui vient de se marier.			
Stéphanie demande à Alexandre de la seconder dans l'organisation de la prochaine séance de dédicaces.			

2 **Retrouver les ressorts de l'influence pour chacune des situations décrites ci-après :**

Situations	Ressorts de l'influence
En partenariat avec une association, à raison d'une fois par mois, Stéphanie organise dans sa librairie des ateliers de lecture et d'écriture pour des personnes défavorisées. Tous partagent des valeurs d'entraide et de solidarité.	
En décembre, Stéphanie mettra en place l'Opération « Arrondi Solidaire » : les clients sensibilisés aux conditions des plus démunis pourront arrondir leur ticket de caisse à l'euro supérieur, pour soutenir l'action de l'association.	
Stéphanie est inquiète car elle vient de recevoir un courriel de son expert-comptable. Pour répondre à une obligation légale, ce dernier viendra vérifier les comptes le 10 janvier. Stéphanie a pris du retard dans la gestion comptable de sa librairie, elle doit planifier de nombreuses heures de travail pour mettre ses comptes à jour.	

Activité 2 Relever les sources de la motivation et les incitations au travail

Camille est responsable d'une agence de voyages située à Paris. Ce matin, elle accueille Laura, lycéenne qui doit interroger un responsable d'entreprise sur la motivation au travail dans le cadre de son cours de sciences de gestion et numérique (annexe).

1. **Relever les facteurs internes et les facteurs externes, sources de la motivation.**
2. **Identifier la vision de la motivation dans cette agence de voyages.**
3. **Rechercher les effets de la motivation pour les salariés, pour l'employeur.**
4. **Retrouver les incitations matérielles et immatérielles au travail.**

Annexe Interview de Laura

Laura : *Quelles sont les qualités qui retiennent votre attention lorsque vous recrutez un candidat ?*

Camille : Le dynamisme, l'envie d'apprendre, la curiosité, le relationnel.

Laura : *Comment évaluez-vous le niveau de motivation de vos salariés et de vos stagiaires ?*

Camille : Un salarié non motivé ne va pas au bout des choses, il va manquer de rigueur, il va régulièrement regarder sa montre ou consulter son téléphone. Il n'est pas intéressé par le contenu du travail.

Quand une personne est motivée, elle est investie dans son travail et ne voit pas le temps passer.

Laura : *Selon vous, les conditions de travail peuvent-elles favoriser la motivation du salarié dans son travail ?*

Camille : Si le salarié se sent bien dans son entreprise, il sera forcément plus motivé et il pourra prendre des initiatives. De ce fait, je fais en sorte d'offrir des conditions de travail favorables à mes salariés, nous travaillons dans la bonne humeur. Chez nous, la motivation doit passer par la satisfaction de notre clientèle. Je m'explique. Un client heureux reviendra nous voir, il véhiculera une bonne image de notre entreprise. Nous serons fiers du travail accompli et de notre notoriété, ce qui est une source de motivation.

Laura : *Comment incitez-vous vos salariés à adhérer à vos nouveaux projets, à se dépasser ?*

Camille : La rémunération est un élément essentiel mais pour moi ce n'est pas le plus important. Je verse des primes aux meilleurs vendeurs de voyages. Je pense que si vous interrogez mes salariés, ils vous diront qu'ils apprécient surtout la relation de confiance installée entre nous. Ils sont autonomes dans leur travail et je leur fais confiance.

Activité 3 Créer un pitch

Qu'est-ce qu'un pitch ?

https://eqrcode.co/a/iQTzot

Le professeur principal demande de présenter la section STMG lors de la journée Portes Ouvertes du lycée.
NB : penser à s'adresser aussi bien à des élèves de seconde qu'à leurs parents.

Prendre connaissance de la technique du pitch afin de s'en inspirer pour créer un discours. Visionner la vidéo jointe et consulter l'annexe 1.

1. **Rechercher des arguments (idées et exemples) pour présenter les atouts de la section STMG.**
2. **Mettre en forme l'argumentation réalisée en vue d'une présentation orale et rédiger un pitch de 2 minutes.**
3. **Tester le pitch créé en groupe de 3 élèves. Chaque élève présente son pitch aux autres membres du groupe qui vont l'évaluer à l'aide de la grille jointe (annexe 2).**

Annexe 1

Le pitch, vient des États-Unis et signifie littéralement « le lancé ». Il s'agit d'une technique de présentation courte et synthétique (de quelques secondes à une dizaine de minutes) d'un projet, d'une activité en mettant en avant ses avantages.

L'objectif est de captiver, d'intéresser un auditoire en l'interpellant, en lui donnant envie d'en savoir plus, en le convaincant.

Un bon pitch répond à la règle des 4C.

Cohérence (suite logique d'idées)	**C**larté (simple, réponse aux attentes de vos interlocuteurs)
Concision (aller à l'esentiel)	**C**rédibilité (illustrer les idées, donner des exemples)

Pitch

Une structure possible d'un pitch :

- se présenter ;
- présenter sa section ;
- donner des atouts, des points forts de la section STMG, les illustrer par des exemples.

Une attitude adaptée pour le pitch :

- un langage corporel adapté (détendu, souriant) ;
- un registre de langage en lien avec la situation ;
- un ton, un débit convaincant.

Annexe 2

Grille d'évaluation du pitch

Prénom et nom de l'élève :

Date :

Critères	--	-	+	++
Durée du pitch.				
Argument pertinent.				
Type d'argument utilisé.				
Organisation logique des idées.				
Qualité de l'expression.				
Registre du langage conforme.				
Gestuelle adaptée (mains, mimiques, regard…).				
Ton convaincant.				
Débit et volume de la voix cohérents.				

Conseils :

Activité 4 Analyser les conflits et argumenter

Une association d'aide à la personne a développé une gamme de services pour répondre aux besoins spécifiques des familles.

Les conditions de travail sont difficiles, des tensions naissent entre les salariés de l'association.

La responsable organise des entretiens individuels pour identifier les problèmes. Elle recueille les témoignages suivants (annexe).

1 Identifier, pour chaque témoignage, la (ou les) source(s) du conflit.

2 Déterminer le type de conflit pour chaque situation.

Pour traiter les problèmes liés aux absences et aux retards des salariés, la direction a décidé de mettre en place un système de badge. Lorsqu'un intervenant arrive au domicile d'une famille, il badge au moment de son arrivée et de son départ. Cette technologie permet de comptabiliser avec exactitude le temps de travail.

3 Proposer deux arguments pour que les salariés adhèrent à ce nouveau système.

Annexe Témoignages de quatre salariés

Josiane : « Ma relation avec Amandine est difficile. Elle est régulièrement absente et quand elle travaille, elle arrive souvent en retard. Elle ne fait pas sa part de travail auprès des familles ».

Sylvie : « Ce mois-ci, j'ai réalisé 15 heures supplémentaires alors que j'avais exprimé le souhait de travailler moins. Je n'ai plus de vie de famille. J'ai appris que vous aviez accordé un congé à Corinne. J'avoue que cela m'agace car moi, je suis contrainte de travailler plus ».

Karine : « Je travaille dans l'association depuis plus de 15 ans. J'ai demandé deux semaines de congé pour m'occuper de mon enfant malade et cela m'a été refusé. Je ne comprends pas votre mode de management ».

Juliana : « Je suis démotivée car je souhaitais évoluer vers un poste d'animateur de personnes âgées et la direction vient de confier ce poste à une de mes collègues. Je me sens trahie car le recruteur connaissait mes ambitions ».

Activité 5 Analyser les relations entre les acteurs, la source, le type de conflit

Dans une entreprise de menuiserie de 11 salariés située dans l'Ain, des conflits surgissent chaque année au moment de l'élaboration du planning des congés d'été.

Le gérant, Claude DUMONT, ne souhaite pas s'en occuper. Il délègue cette tâche à son assistante administrative et commerciale, Carmen. Elle ne fait pas partie de la direction et ne dispose pas de relation d'autorité sur les autres salariés de l'entreprise.

Dans cette situation, son travail est de recueillir les vœux des salariés pour les congés puis de les communiquer au chef d'entreprise, seul décideur.

1. **Caractériser le type de relation qui unit les acteurs dans la situation précédente.**
2. **Citer les acteurs qui disposent d'un leadership. Préciser lesquels.**
3. **Identifier la (ou les) source(s) et le type de conflit opposant les salariés. Justifier la réponse.**
4. **Qualifier le type d'argument utilisé par Karim lorsqu'il dit : *« Comme tu l'as dit, c'est le patron qui décide, pas toi ».***

Cette année, la réunion suivante s'organise.

Annexe 1 Réunion sur les congés payés

Carmen est secrétaire et animatrice de la réunion. Elle démarre la réunion :

Carmen : Pour ma part, je ne peux pas faire autrement, je prendrai mes congés les semaines 29, 30 et 31. Cela vous laisse des possibilités.

Karim, le comptable *(d'un ton ferme)* : Personnellement, je désire aussi en vœu 1 les semaines 29, 30 et 31. Merci de le prendre en note.

Carmen : Et toi Marc ?

Marc, l'aide comptable *(énervé)* : Les semaines 30 et 31 m'intéressent aussi.

Carmen : Moi, je suis chargée de rendre compte de notre concertation, c'est Monsieur DUMONT qui tranchera. Et toi Mariam, quelles sont les dates qui t'intéressent ?

Mariam, la standardiste *(pour calmer les tensions)* : Je vais pouvoir m'arranger avec mon mari, je vais prendre les semaines 25, 26 et 27.

Carmen : Non, elles sont déjà prises, prends les semaines 32, 33 et 34 et on en parle plus.

Karim : L'objectif de cette concertation est de transmettre nos vœux, pas de remplir le planning des congés, ni d'obéir à tes ordres. Comme tu l'as dit, c'est Claude Dumont qui décide, pas toi. Contente-toi de prendre en note nos vœux.

Marc : Je suis d'accord avec Karim.

Mariam : Moi aussi.

Carmen : Quel manque de coopération ! Dans ce cas, je dirai à Monsieur DUMONT que la réunion n'a servi à rien.

Karim : Tu as raison sur ce point. Je t'enverrai mes vœux par courriel. J'ai perdu assez de temps, je retourne à mon bureau, j'ai du travail (il quitte la pièce).

Marc et Mariam suivent Karim et retournent à leurs postes de travail.

Activité 5 (suite)

Le gérant Claude souhaite mettre un terme au conflit qui oppose Carmen et Karim.

Il propose une nouvelle procédure pour la mise en place des congés dans l'entreprise. Des règles objectives comme l'ancienneté du salarié, la situation maritale, le nombre d'enfants à charge seront prises en compte pour déterminer qui sera prioritaire en matière de congé.

5 **Vérifier que la nouvelle procédure permet de traiter du conflit selon la méthode RESTE.**

Annexe 2 Méthode RESTE

Cette méthode pérennise les effets positifs de la gestion du conflit et permet d'établir un contrat de confiance.

Étapes de la méthode RESTE	Application au cas
R : Réaliste ➤ Quels sont les intérêts des parties ?	
E : Écrit ➤ Quelle trace pour matérialiser l'accord (e-mail ou papier) ?	
S : Spécifique ➤ Quel est l'engagement ? Quelles sont les actions ? Sont-elles précises, vérifiables, observables ?	
T : Temporel ➤ Quand prévoir des entretiens pour évaluer la situation ?	
E : Équitable ➤ Est-ce que les intérêts réciproques des personnes sont pris en compte ?	

CHAPITRE 6

L'ACTIVITÉ DE TRAVAIL ET L'ÉVALUATION DE L'ACTIVITÉ HUMAINE

Question » Comment concilier gestion efficace des ressources humaines et coût du travail ?

Finalités » Distinguer l'approche par la qualification de l'approche par la compétence.
Évaluer le coût global du travail avec les charges.
Mesurer l'activité de travail à l'aide d'indicateurs pertinents.
Évaluer la productivité du travail.
Établir un lien entre les conditions de travail et le comportement des membres de l'organisation.

Notions » Conditions de travail, compétences et qualification.
Tableaux de bord, indicateurs d'activité et de productivité, rémunération et coût du travail.

Contexte

IMPRIMERIE TCOL

L'imprimerie TCOL implantée en région Rhône-Alpes depuis 2004, réalise des travaux d'impression en Offset[1] et en numérique. Cette entreprise familiale est également spécialisée dans la fabrication et l'impression d'étiquettes en tous genres.
La PME rencontre des difficultés sur les plans social et économique.
Au niveau social, Régis DUPONT, conducteur sur machine, souffre d'une lombalgie[2], contractée lors d'activités de manutention répétées (port et chargement de papier). Il est en arrêt maladie pour une durée de 60 jours.
En raison du contexte économique, Albert GITZHOFFER, gérant de l'entreprise envisage de développer une nouvelle stratégie basée sur le web. Il effectue une activité de veille et prend connaissance de la vidéo suivante :

La chaîne de fabrication d'une imprimerie

https://eqrcode.co/a/0AZWWZ

À partir de la vidéo :

1 Noter les tâches du processus de l'impression pour traiter les commandes et servir les clients.

2 En déduire les risques encourus pour la santé et la sécurité des salariés lors de la production de travaux d'impression.

[1] *Procédé d'impression par lequel une plaque de métal gravée n'est pas reportée directement sur le papier, mais sur un cylindre recouvert à partir duquel l'encre est transférée sur le papier.*

[2] *Douleur intense, au niveau des vertèbres lombaires.*

I CONDITIONS DE TRAVAIL

En tant qu'employeur, Albert GITZHOFFER a pour obligation de préserver la santé et la sécurité des travailleurs, en évaluant les risques professionnels et en proposant des améliorations des conditions de travail. Dans ce cadre et à la suite de l'arrêt maladie de Monsieur DUPONT, il s'entretient avec le responsable de l'atelier Edgar CHARRIER pour établir un diagnostic de la situation professionnelle.

Document 1 L'extrait de l'entretien

Edgar CHARRIER : Les cadences de travail sont impossibles à tenir, sans compter les délais de livraison qui sont trop courts. *(Un court silence s'installe).* C'est clair que cela entraîne du stress et de la fatigue pour le personnel. Le moral des ouvriers n'est pas au beau fixe depuis l'arrêt de travail de Régis. Certains râlent, se plaignent, d'autres prolongent leur pause.

Albert GITZHOFFER : Effectivement, j'ai conscience que les salariés sont exposés à des contraintes physiques exigeantes. Le métier suppose de porter des charges lourdes, d'être en contact avec des produits chimiques, des solvants. Par ailleurs, l'environnement de travail est bruyant. Est-ce que tous les salariés portent bien les bouchons antibruit ?

Edgar CHARRIER : Pas toujours, je le reconnais.

Albert GITZHOFFER : Les consignes de sécurité doivent être respectées. Je vais planifier une formation pour sensibiliser tous les acteurs de l'entreprise à la préservation de leur santé. Je ne souhaite pas gérer d'autres arrêts maladie. *(Il fait pivoter son ordinateur et présente un extrait d'étude relatif aux risques professionnels dans l'imprimerie).*

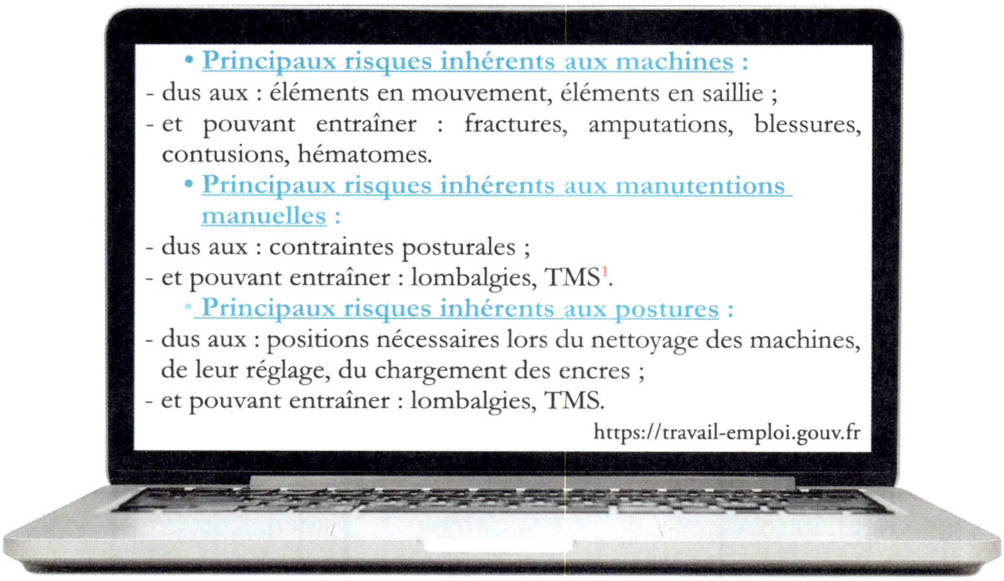

- **Principaux risques inhérents aux machines :**
- dus aux : éléments en mouvement, éléments en saillie ;
- et pouvant entraîner : fractures, amputations, blessures, contusions, hématomes.
- **Principaux risques inhérents aux manutentions manuelles :**
- dus aux : contraintes posturales ;
- et pouvant entraîner : lombalgies, TMS[1].
- **Principaux risques inhérents aux postures :**
- dus aux : positions nécessaires lors du nettoyage des machines, de leur réglage, du chargement des encres ;
- et pouvant entraîner : lombalgies, TMS.

https://travail-emploi.gouv.fr

[1] *TMS : les troubles musculo-squelettiques (lésions articulaires dues au travail répétitif) regroupent de nombreuses pathologies des tissus mous (muscles, tendons, nerfs).*

1 **Présenter l'obligation qui pèse sur l'employeur concernant les conditions de travail.**

2 **Retrouver les exemples qui illustrent les contraintes d'ordre physique et environnemental, organisationnel, psychologique, social. Justifier.**

Situations	Justifications
Contraintes d'ordre physique et environnemental (lieu de travail, travail sur machine).	
Contraintes d'ordre organisationnel (rythme de travail, horaires).	
Contraintes d'ordre psychologique (santé mentale des salariés, stress).	
Contraintes d'ordre social (management pratiqué, politique de rémunération...).	

3 **Proposer une définition des conditions de travail.**

À présent, Albert GITZHOFFER informe le personnel de l'entreprise qu'une action de formation sur la santé et la sécurité au travail, aura prochainement lieu. Le document est présenté sur le tableau d'affichage. Les salariés accueillent positivement cette démarche de prévention des risques professionnels. Le moral des équipes s'améliore.

Document 2 La note de service (document qui véhicule des ordres)

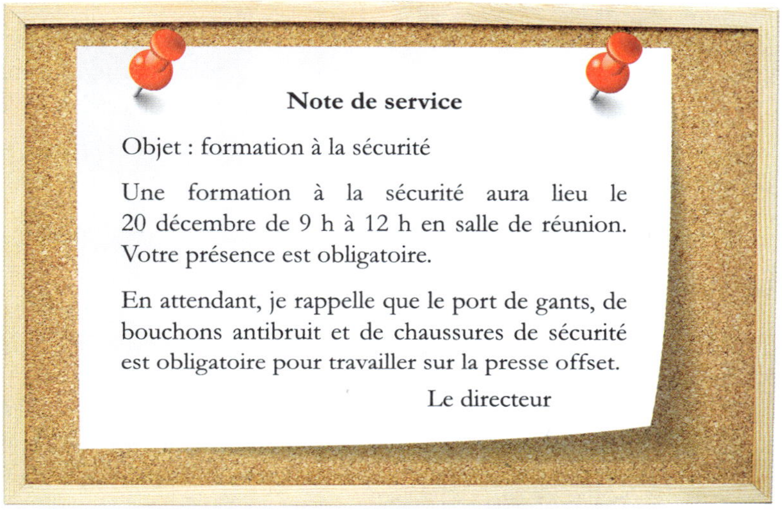

Note de service

Objet : formation à la sécurité

Une formation à la sécurité aura lieu le 20 décembre de 9 h à 12 h en salle de réunion. Votre présence est obligatoire.

En attendant, je rappelle que le port de gants, de bouchons antibruit et de chaussures de sécurité est obligatoire pour travailler sur la presse offset.

Le directeur

4 **Rechercher pourquoi les salariés accueillent positivement l'action de formation planifiée par l'employeur.**

Les salariés portent désormais les EPI (équipements de protection individuelle) : gants, bouchons antibruit et chaussures de sécurité.

5 **Établir le lien entre les conditions de travail et le comportement des acteurs (employeur, salariés) dans cette situation.**

II ACTIVITÉ DE TRAVAIL, COMPÉTENCES ET QUALIFICATION

Une activité de travail désigne un ensemble de tâches organisées entre elles, exécutées par un ou plusieurs salariés, permettant d'aboutir à un résultat. Ces tâches sont observables, on parle aussi de « geste métier ».

L'activité de travail requiert des compétences et une qualification professionnelle.

Les compétences font référence à la capacité d'un individu à mobiliser ses savoirs, savoir-faire et savoir-être afin de réaliser une tâche professionnelle.

Le savoir correspond aux connaissances, le savoir-faire aux moyens et méthodes qui permettent l'accomplissement d'une tâche, le savoir-être à un mode de comportement (exemple : savoir-être d'un comptable : la rigueur).

La qualification professionnelle désigne les aptitudes, expériences acquises par un salarié dans le cadre de sa formation initiale (formation de base dispensée à l'école et reconnue par des diplômes) et de sa vie professionnelle. Certaines qualifications nécessitent l'obtention d'un diplôme. D'autres peuvent s'acquérir par l'expérience.

Albert GITZHOFFER contacte Pôle emploi pour recruter en contrat à durée déterminée (CDD) un conducteur sur machine. La communication téléphonique suivante s'installe.

Document 3 — L'extrait de la communication téléphonique

Le chargé de recrutement : Entendu, j'ai noté la durée du CDD. Quelles sont les tâches qui seront confiées au conducteur de machine ?

Albert GITZHOFFER : Il faudra s'occuper du réglage et de la régulation des machines à imprimer offset selon les règles de sécurité. Le poste nécessite aussi de connaître les impératifs de production. Il faut être capable de changer les encres, de s'occuper de la maintenance de la machine. La personne devra maîtriser les techniques de finition. Elle travaillera en équipe de 13 heures à 20 h 50 avec une pause de 20 minutes sur une base de 35 heures/semaine.

Le chargé de recrutement : Pouvez-vous me préciser le profil attendu ?

Albert GITZHOFFER : Idéalement, être titulaire d'un BTS Communication et industries graphiques ou équivalent et justifier d'une première expérience d'un an minimum en tant que conducteur offset/machines d'impression. Je recherche quelqu'un doté d'un bon esprit d'équipe, autonome, rigoureux et méthodique.

6 **À partir de cette communication téléphonique, identifier les compétences et la qualification professionnelle requise pour l'activité de travail.**

Intitulé de l'activité de travail :		
Compétences requises :		
Savoir :	**Savoir-faire :**	**Savoir être :**
Qualification requise :		

III RÉMUNÉRATION ET COÛT DU TRAVAIL

Jean GIORDANO, jeune diplômé, est recruté en CDD en remplacement du conducteur de machine.

Pour faciliter son intégration dans l'entreprise, Jean a bénéficié d'une formation de deux jours sur machine et d'une formation d'une journée à la santé et à la sécurité au travail. Ces actions ont été planifiées dès sa deuxième semaine de travail. Par ailleurs, tous les membres du personnel bénéficient de chèques-vacances.

La rétribution du salarié désigne ce que le salarié reçoit en échange du travail fourni. Elle peut englober plusieurs éléments :
- le salaire : **la rémunération** et les prestations fournies par l'employeur dans le cadre du contrat de travail (exemple : voiture de fonction) ;
- **des avantages**, **matériels** (exemple chèques-déjeuners) et **immatériels** (compétences acquises dans le travail, formations…), qui n'ont pas le caractère de rémunération.

7 **Présenter les éléments de la rétribution de Jean GIORDANO.**

Lors d'une pause, Jean apprend qu'un conducteur sur machine perçoit une prime d'ancienneté de 20 € par mois, ce qui augmente son niveau de salaire.

Document 4 **L'extrait de la grille des salaires issue de la convention collective de l'imprimerie**

Le temps de travail mensuel est de 151,67 heures.

Groupe (exemple de métier)	Salaire minimum mensuel
3A (comptable)	2 020
4 (conducteur de machine)	1 807
5C (maquettiste)	1 657

www.graphiline.com

8 **Calculer le salaire horaire du conducteur de machine.**

9 **Trouver les critères qui expliquent les différences de salaire dans l'imprimerie TCOL.**

Le dirigeant reçoit Jean en entretien pour lui remettre son premier bulletin de salaire. Jean en prend connaissance (document 5). Il remarque plusieurs éléments comme la ligne « Total des cotisations », une colonne qui s'intitule « part salariale » et une autre « part patronale ».

Les cotisations sociales sont des prélèvements sur les salaires, aussi appelées charges sociales. Elles participent au financement des prestations sociales.

Les cotisations sociales salariales sont dues par le salarié. Les cotisations sociales patronales sont dues par l'employeur sur les salaires versés.

Le prélèvement à la source correspond au paiement de l'impôt sur le revenu de l'année en cours. Il est opéré par l'employeur directement sur le bulletin de salaire.

Document 5 Le bulletin de salaire simplifié de Jean Giordano

BULLETIN DE PAIE

Période : du 01/10/2020 au 31/01/2020

Paiement par virement le : 31/10/2020

EMPLOYEUR

Nom : TCOL
Adresse : 32 rue des artisans - 69004 Lyon
N° APE : 222C
N° SIRET : 33256746000038
Convention Collective : IMPRIMERIES DE LABEUR ET INDUSTRIES GRAPHIQUES

SALARIÉ

Nom et Prénom : GIORDANO Jean
Adresse : 6 bis rue des chats - 69004 Lyon
N° de Sécurité sociale : 19710690…
Début du contrat : 01/10/2020
Emploi : Conducteur de machine
Classification : 4

DÉSIGNATION	BASE	PART SALARIALE		PART PATRONALE	
		TAUX	MONTANT	TAUX	MONTANT
Salaire de base	151,67	11,91 €	1 807,00 €		
Absences non rémunérées	-				
Heures supplémentaires					
Prime					
Rémunération brute			**1 807,00 €**		
SANTÉ					
Sécurité sociale - Maladie Maternité Invalidité Décès	1 807,00 €	-		7,00 %	126,49 €
ACCIDENT DU TRAVAIL - MALADIE PROFESSIONNELLE	1 807,00 €	0,5 %	9,03 €	0,50 %	9,03 €
RETRAITE					
Sécurité sociale	1 807,00 €	0,40 %	7,23 €	1,90 %	34,33 €
FAMILLE - SÉCURITÉ SOCIALE	1 807,00 €	3,45 %	62,34 €	3,45 %	62,34 €
TOTAL DES COTISATIONS			**78,60 €**		**232,20 €**
IMPÔT SUR LE REVENU PRÉLEVÉ	1 728,39 €	4,50 %	77,78 €		

Net à payer avant impôt sur le revenu	Net à payer	Coût Salarial
1 728,39 €	1 650,61 €	2 039,20 €

10 Reporter les informations principales du bulletin de salaire dans les cellules du document 6.

Document 6 L'analyse des informations du bulletin de paie

Identification de l'employeur : ……………

Identification du salarié : ……………

Qu'est-ce qui les identifie de façon unique ? ……………

Période de travail à laquelle se rapporte le bulletin de paie ……………

Salaire de base : ……………
*Nb heures * taux horaire ou salaire mensuel*

Salaire brut : ……………
Salaire de base + suppléments (heures supplémentaires, prime…)

+ −

Cotisations patronales : ……………
Sommes calculées sur le salaire brut et payées par l'employeur aux organismes sociaux

Cotisations salariales : ……………
Sommes calculées sur le salaire brut et payées pour le salarié aux organismes sociaux par l'employeur

= =

Charge totale pour l'employeur : ……………

Salaire net avant impôt : ……………

−

Salaire net : …………… Somme perçue par le salarié

11 Retrouver les opérations pour calculer :

Le coût du travail du salarié	
Le salaire net à payer avant impôt	
Le salaire net à payer	

IV TABLEAU DE BORD ET INDICATEURS D'ACTIVITÉ ET DE PRODUCTIVITÉ

Le responsable de l'atelier établit l'indicateur d'activité de Jean GIORDANO sous une forme visuelle (document 7). Avant de communiquer les résultats aux opérateurs sur machine, il a pris l'habitude d'apposer des smileys sur les graphiques pour en faciliter la lecture, l'interprétation et pour mettre en évidence la performance de chaque collaborateur (niveau des résultats par rapport aux objectifs visés) au cours d'une période donnée.
À la lecture des résultats de Jean GIORDANO, il le convoque en entretien au terme de son premier mois de travail.

Le tableau de bord est un outil de gestion qui permet de poser des prévisions dans le temps pour contrôler l'atteinte d'un (ou des) objectif(s) fixé(s). Il se compose d'un ensemble d'indicateurs de même nature sélectionnés en fonction des situations d'analyse.
Un indicateur est une information chiffrée qui permet de mesurer une situation à un moment donné. Il est représenté sous forme de tableaux ou de graphiques.
Un indicateur d'activité de travail fournit des indications pour mesurer le volume de l'activité humaine et le climat social. Les principaux indicateurs d'activité sont répartis dans plusieurs familles :
- le volume d'activité : chiffre d'affaires, nombre de quantités produites, nombre de ventes...
- l'emploi : nombre de salariés en CDI, nombre de salariés en CDD, nombre de temps plein, de temps partiel, nombre de salariés handicapés, taux de rotation du personnel...
- la rétribution : rémunération moyenne, écart de salaire entre les hommes et les femmes...
- les conditions de travail : nombre d'accidents du travail, nombre d'absences...
- les relations professionnelles : nombre de conflits...

Document 7 L'indicateur d'activité de Jean GIORDANO

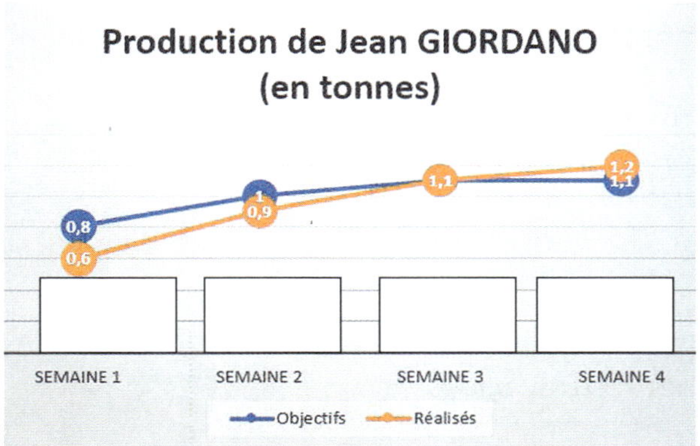

Rouge : objectif non atteint.
Orange : objectif atteint.
Vert : objectif dépassé.
Smileys à insérer sur le graphique pour donner du sens et encourager le salarié.

} **Zone à compléter par des smileys**

12 **Apposer sur le graphique pour chaque semaine, les smileys qui conviennent de manière à mettre en évidence la réalisation des résultats par rapport aux objectifs à atteindre.**

13 **Commenter l'activité de Jean GIORDANO sur les 4 semaines.**

Le dirigeant est en rendez-vous avec son comptable. Ils examinent l'évolution du chiffre d'affaires de l'entreprise. L'année 2020 a été difficile en raison de la crise sanitaire. L'entreprise est restée fermée du 17 mars au 11 mai 2020 et du 30 octobre au 1er décembre.

Document 8 L'indicateur de l'évolution du chiffre d'affaires

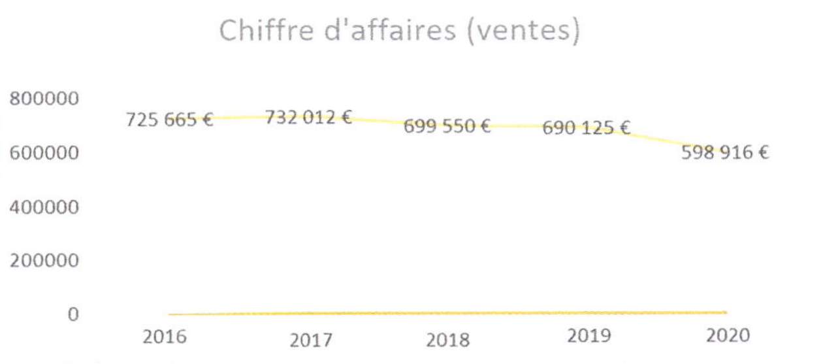

« NUSDG_06_03 »

14 **Identifier l'évolution du chiffre d'affaires et préciser l'intérêt de cet indicateur.**

Le taux de rotation représente la proportion de renouvellement des salariés dans une entreprise.

$$\text{Taux de rotation} = \frac{(\text{Nombre de départ} + \text{Nombre d'arrivées})/2}{\text{Effectif}} \times 100$$

Il faut calculer la moyenne des départs et des arrivées des salariés dans l'entreprise, que l'on divise par l'effectif présent en début de période. L'interprétation de cet indicateur est liée à la valeur du taux :
- taux faible < 5 % : les salariés restent dans l'entreprise, le climat social est bon ;
- taux élevé > 15 % : 15 % des salariés quittent l'entreprise ce qui traduit un mauvais climat social et des conditions de travail difficiles.

Document 9 Le taux de rotation du personnel

Années	2018	2019	2020
Nombre de départs	3	2	1
Nombre d'arrivées	3	2	1
Effectif global de l'entreprise	8	8	8
Calcul du taux de rotation			

« NUSDG_06_04 »

15 **Calculer le taux de rotation de 2018 à 2020 et interpréter les résultats.**

Les indicateurs de productivité mesurent l'efficacité de l'organisation.

La productivité compare la production réalisée et les quantités de facteurs de production utilisés pour réaliser cette production.

Les indicateurs de productivité dépendent des caractéristiques de l'organisation.

Exemple : le nombre de pièces fabriquées en une heure par une machine, le temps nécessaire mis par un laveur de carreaux pour nettoyer une baie vitrée (productivité horaire) ; le chiffre d'affaires réalisé par un vendeur ou par un employé (productivité par tête).

Pour mesurer l'activité de travail, il est possible de calculer :
- la productivité par tête = produits/nombre de salariés ;
- la productivité horaire du travail = produits/nombre d'heures travaillées.

« NUSDG_06_05 »

16 **Compléter le tableau de bord et commenter les résultats.**

Années	2016	2017	2018	2019	2020
Produits (ventes)	725 665,00 €	732 012,00 €	699 550,00 €	690 125,00 €	598 916,00 €
Salaires et charges	237 387,00 €	245 238,00 €	253 133,00 €	265 018,00 €	229 083,33 €
Nombre d'heures travaillées	11 172	12 768	12 768	12 768	10 640
Coût horaire					
Nombre de salariés	7	8	8	8	8
Productivité par tête					
Productivité horaire					

Commentaires et calculs :

À RETENIR

L'ACTIVITÉ DE TRAVAIL ET L'ÉVALUATION DE L'ACTIVITÉ HUMAINE

ÉVALUATION DE L'ACTIVITÉ HUMAINE

TABLEAU DE BORD

Indicateurs d'activité :
- Quantité vendue
- Taux de rotation

Indicateurs de productivité :
- Productivité par tête
- Productivité horaire

CONDITIONS DE TRAVAIL

Environnement de travail des salariés

ACTIVITÉ DE TRAVAIL

COMPÉTENCES QUALIFICATION

RÉTRIBUTION

ÉLÉMENTS MATÉRIELS = RÉMUNÉRATION

Pour l'organisation :
- coût du travail = *salaire brut + cotisations patronales*

Pour le salarié :
- salaire net avant impôt = *salaire brut - cotisations sociales salariales + impôts sur le revenu*

ÉLÉMENTS IMMATÉRIELS

Pour l'organisation :
- productivité

Pour le salarié :
- compétences acquises
- qualification

LIEN AVEC LE MANAGEMENT

Action collective • Ressources • Compétences • Critères d'évaluation et indicateurs • Tableaux de bord

Tester ses connaissances

Se tester en ligne
https://eqrcode.co/a/mXAUUE

Réaliser les mots croisés

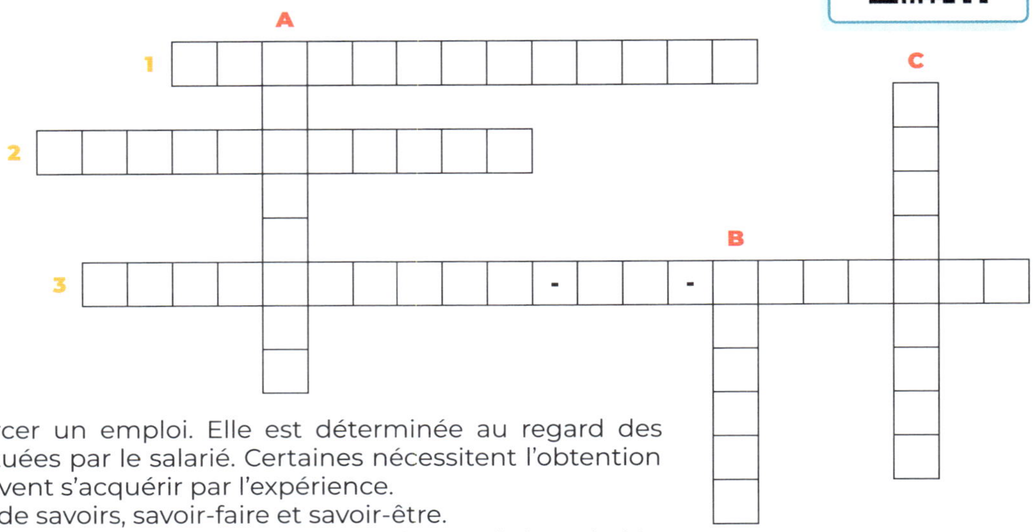

Horizontalement :

1. Aptitude du salarié à exercer un emploi. Elle est déterminée au regard des fonctions réellement effectuées par le salarié. Certaines nécessitent l'obtention d'un diplôme. D'autres peuvent s'acquérir par l'expérience.
2. Ce sont des combinaisons de savoirs, savoir-faire et savoir-être.
3. Elles désignent, d'une manière générale, l'environnement de travail des salariés.

Verticalement :

A. Ensemble d'actions identifiées, organisées entre elles par un ou plusieurs salariés pour obtenir un résultat.
B. Elles sont réalisées quotidiennement par les salariés dans le cadre de leur activité de travail.
C. Elle permet d'acquérir des connaissances, des compétences acquises. Elle commence à l'école puis se prolonge en entreprise.

Sélectionner la (ou les) bonne(s) réponse(s)

1. Le tableau de bord :

- ◇ **a.** regroupe des indicateurs de même nature.
- ◇ **b.** permet de contrôler l'atteinte des objectifs sur une période.
- ◇ **c.** est représenté sous forme de graphiques et/ou de tableaux.

2. La rétribution :

- ◇ **a.** est une notion plus large que la notion de rémunération.
- ◇ **b.** correspond aux frais de formation du personnel
- ◇ **c.** intègre des éléments matériels (par exemple : salaire) et immatériels (par exemple : formation).

3. Le coût du travail pour l'employeur :

- ◇ **a.** c'est le salaire de base + les cotisations sociales salariales.
- ◇ **b.** c'est le salaire brut + les cotisations sociales patronales.
- ◇ **c.** ce sont les cotisations sociales salariales + patronales.

Rédiger sa synthèse

1. Qu'est-ce qu'une activité de travail ?
2. Que revêt la notion de condition de travail ?
3. Quelles différences faites-vous entre compétence et qualification professionnelle ?
4. Qu'est-ce qu'un tableau de bord ?
5. Quelles sont les définitions des notions « indicateur d'activité » et « indicateur de productivité » ?
6. Quelles associations faites-vous entre « rémunération », « salaire brut », « salaire net », « charges sociales » et « coût du travail » ?

Activité 1 Enquêter sur une activité de travail

2 & 5 Fiches méthode

Activité sur poste informatique

En lien avec votre orientation scolaire, effectuer une recherche d'informations sur un métier du tertiaire qui suscite de l'intérêt. Vous avez deux possibilités pour collecter des données :

- possibilité 1 : réaliser une interview auprès d'un professionnel (création d'un guide d'entretien, contact téléphonique avec la méthode CROC ou contact par e-mail, collecte et restitution des informations sur le terrain) ;
- possibilité 2 : effectuer une recherche documentaire sur le web (consultation de témoignages de professionnels au travers de vidéos, de fiches métiers...).

Choisir la possibilité 1 ou 2, un métier, puis présenter la description du métier sélectionné en remplissant la fiche de poste jointe en annexe et dans les ressources numériques.

Compléter votre travail par toute information jugée pertinente sur la présentation du métier (témoignages vidéos, articles de presse, etc.).

Annexe Fiche de poste

FICHE DE POSTE		
Intitulé du poste :	Nom et prénom du titulaire du poste : Statut :	
Rattachement hiérarchique :		
Relations internes : Relations externes :		
Mission du poste :		
Activités du poste :		
Compétences requises :		
Savoir :	Savoir-faire :	Savoir-être :
Qualification requise :		
Conditions de travail :		

Activité 2 Découvrir les conditions de travail dans une PMI

L'amélioration des conditions de travail

https://eqrcode.co/a/334QJq

1. **Relever la nature des travaux opérés sur le bâtiment qui agissent sur l'amélioration des conditions de travail.**
2. **Rappeler la définition des conditions de travail puis préciser quels aspects des conditions de travail sont évoqués dans ce témoignage.**
3. **Retrouver les raisons qui ont conduit l'entreprise BTSI à réaliser des travaux.**

Activité 3 Calculer un taux d'absentéisme

« NUSDG_06_06 »

Des tensions entre le personnel naissent dans un supermarché implanté en région parisienne. Les heures supplémentaires ne sont pas toutes rémunérées, les primes versées sont en baisse. Les salariés manifestent leur mécontentement par des absences de plus en plus fréquentes. Le responsable du personnel procède au calcul de l'absentéisme (annexe).

1. **Calculer le taux d'absentéisme de l'enseigne pour les trois années et commenter les résultats.**
2. **Rechercher les conséquences de l'absentéisme dans les organisations.**

Annexe Taux d'absentéisme

$$\text{Taux d'absentéisme} = \frac{\text{Nombre d'heures d'absence}}{\text{Nombre d'heures de travail théorique}} \times 100$$

Certaines absences sont prévisibles et s'appuient sur des droits (congés payés). Cet indicateur permet de suivre les absences perturbatrices pour l'activité de l'entreprise (arrêt de travail, absences injustifiées…).

Années	2018	2019	2020
Nombre d'heures d'absences	1 800	1 990	2 324
Nombre d'heures travaillées	47 880	47 880	47 880
Taux d'absentéisme			

L'objectif de la direction est de ne pas dépasser un taux d'absentéisme de 3,5 %.

Activité 4 Compléter un tableau de bord

« NUSDG_06_07 »

Une garderie périscolaire d'une commune dans l'Ain existe depuis plus de 20 ans. Elle est née sous l'impulsion de parents sous la forme d'une association Loi 1901.
Le bureau compte actuellement 10 membres bénévoles et 2 salariés.
La garderie a pour vocation d'accueillir les enfants des écoles maternelle et primaire sans limite d'âge et se fait à la demande, soit régulièrement, soit occasionnellement.
Les tarifs sont les suivants :

- Une adhésion annuelle de 10,00 € est demandée à chaque famille pour 1 enfant, 14 € pour 2 enfants et plus.
- 1 heure de garde : 2,50 €.
- 2 heures de garde : 4,00 €.
- 3 heures de garde : 5,00 €.

L'association facture 5 € le quart d'heure de retard.

Les recettes proviennent également de la mairie et de la CAF (Caisse d'allocations familiales) afin de rémunérer le service offert par la garderie aux habitants de la commune.
La mairie met à disposition gratuitement la grande salle d'accueil et verse une subvention à la garderie.
L'association a besoin de fournitures pour les activités manuelles, les jeux proposés aux enfants et pour le goûter de Noël.
Les activités sont encadrées par deux animatrices rémunérées par l'association.

1 Identifier les recettes et les dépenses de l'association.

Christian, le trésorier de l'association, a élaboré un tableau de bord (**annexe**).

2 Compléter le tableau de bord et interpréter les résultats.

3 Préciser à quel type d'indicateur correspondent les recettes, les dépenses, le résultat, le coût horaire, la productivité par tête.

Annexe Tableau de bord

Années	2016	2017	2018	2019	2020
Produits (recettes)	15 044,00 €	16 098,00 €	17 390,00 €	17 760,00 €	18 215,00 €
Charges diverses	526,81 €	579,90 €	721,23 €	760,65 €	860,35 €
Salaires et charges sociales	13 640,00 €	14 500,00 €	15 420,00 €	15 720,00 €	15 940,00 €
Total des charges (dépenses)					
Résultat					
Nombre d'heures de travail des salariés	800	840	880	880	880
Coût horaire					
Nombre de salariés	2	2	2	2	2
Productivité par tête					

Activité 5 Calculer les primes sur salaire et rechercher des informations sur le système de rétribution

« NUSDG_06_08 »

Une entreprise produit et commercialise des meubles de salle de bains et de cuisine.

Elle embauche 50 personnes dont 5 commerciaux. Les salariés sont rémunérés selon un salaire de base à 1 650 € par mois.

Une prime mensuelle est calculée chaque mois en fonction des quantités vendues.

Produits	Prime si plus de 40 produits vendus	Prime si plus de 60 produits vendus
Meubles de SDB	100,00 €	Même prime que si plus de 40 produits : soit 100,00 €
Meubles de cuisine	80,00 €	150,00 €

Les cinq salariés ont réalisé les ventes suivantes :

Salariés	Sinh	Mathieu	Quentin	Céline	Ludivine
Meubles de salle de bains	61	45	32	43	40
Meubles de cuisine	95	42	61	62	71

L'entreprise a opté pour l'intéressement. Ce dispositif facultatif a été mis en place par voie d'accord entre l'entreprise et les représentants des salariés. L'intéressement consiste à associer collectivement le personnel aux résultats ou aux performances de l'entreprise.

L'accord a été conclu pour une durée de 3 ans.

La PME propose également de nombreux avantages à ses salariés comme des réductions pour le cinéma, pour des inscriptions à des clubs de sport, pour des séjours de vacances.

1. **Calculer le salaire brut de chaque salarié.**
2. **Identifier la rétribution des commerciaux.**
3. **Montrer en quoi le système de rétribution pratiqué par cette entreprise est motivant pour les salariés.**

Activité 6 Calculer la rémunération

« NUSDG_06_09 »

Charlotte est célibataire et sans enfant. Elle travaille comme serveuse dans une chaîne de restauration rapide. Elle a réalisé un nombre d'heures de travail supplémentaires au cours du mois de novembre (annexe 1). Elle est payée 10,50 € de l'heure sur la base de 35 h par semaine.

1. **Déterminer le nombre d'heures supplémentaires de Charlotte majorées à 10 %, 25 % et 50 %. Pour ce faire, compléter le tableau remis en annexe 1.**
2. **Calculer le montant d'une heure supplémentaire majorée à 10 %, à 25 %, à 25 % à partir de l'annexe 2 à compléter.**
3. **Calculer le montant total des heures supplémentaires qu'il faudra reporter dans le bulletin de salaire de Charlotte pour le mois de novembre.**

« NUSDG_06_10 »

4. **Compléter le bulletin de salaire simplifié afin de déterminer le salaire brut, le salaire net (annexe 3).**
5. **Déterminer le coût du travail du salarié pour l'employeur.**

Annexe 1 Heures supplémentaires

Novembre	Heures normales	Heures réalisées	Heures supplémentaires à 10 %	Heures supplémentaires à 25 %	Heures supplémentaires à 50 %
Semaine 1	35	37			
Semaine 2	35	42			
Semaine 3	35	39			
Semaine 4	35	44			
Semaine 5	7	7			
Total					

Règle de calcul : depuis la loi travail 2018, un accord d'entreprise ou de branche détermine le taux de majoration des heures supplémentaires. Ce taux ne peut être inférieur à 10 %.

Dans la restauration, la majoration est de 10 % jusqu'à 40 h, de 25 % jusqu'à la 43e heure et 50 % au-delà.

Annexe 2 Montants des heures supplémentaires

Taux horaire	Majoration	Taux	Taux majoré
10,5	De 36 h jusqu'à 40 h	10 %	
	De 41 h jusqu'à 43 h	25 %	
	À partir de 44 h	50 %	

Annexe 3 Extrait du bulletin de salaire simplifié

DÉSIGNATION	BASE	PART SALARIALE		PART PATRONALE	
		TAUX	MONTANT	TAUX	MONTANT
Salaire de base	151,67				
Absences non rémunérées	-				
Heures supplémentaires					
Prime					
Rémunération brute					
SANTÉ					
Sécurité sociale - Maladie Maternité Invalidité Décès		-		7,00 %	
ACCIDENT DU TRAVAIL - MALADIE PROFESSIONNELLE		0,5 %		0,50 %	
RETRAITE					
Sécurité sociale		0,40 %		1,90 %	
FAMILLE - SÉCURITÉ SOCIALE		3,45 %		3,45 %	
TOTAL DES COTISATIONS					
IMPÔT SUR LE REVENU PRÉLEVÉ		2,50 %			
Net à payer avant impôt sur le revenu	**Net à payer**			**Coût Salarial**	

Information : pour simplifier, prendre le salaire net comme base pour le calcul de l'impôt sur le revenu prélevé.

Cas pratique 1 — De l'individu à l'acteur

Jeu sérieux Pôle emploi : mon entretien d'embauche

Explications préalables

Mon entretien d'embauche est un jeu sérieux. Vous jouerez le rôle d'un personnage qui cherchera à se faire embaucher dans une entreprise.

Activité sur poste informatique

Le jeu se déroule en plusieurs étapes :
- **Étape 1 :** Lancement du site
- **Étape 2 :** Choix du personnage
- **Étape 3 :** Lancement du jeu
- **Étape 4 :** Entretien d'embauche avec le recruteur
- **Étape 5 :** Bilan de l'entretien

ÉTAPE 1 » Lancement du site

https://eqrcode.co/a/oSh58E

Pour commencer le jeu, suivez les consignes suivantes :
- Lisez et suivez les instructions de ce support.
- Lancez le site : **https://www.emploi-store.fr/portail/services/monEntretienDEmbauche**
- Utilisez une adresse e-mail valide pour vous créer un compte.
- Cliquez sur « C'EST PARTI » pour commencer le jeu : le chargement peut être un peu long, attendez...

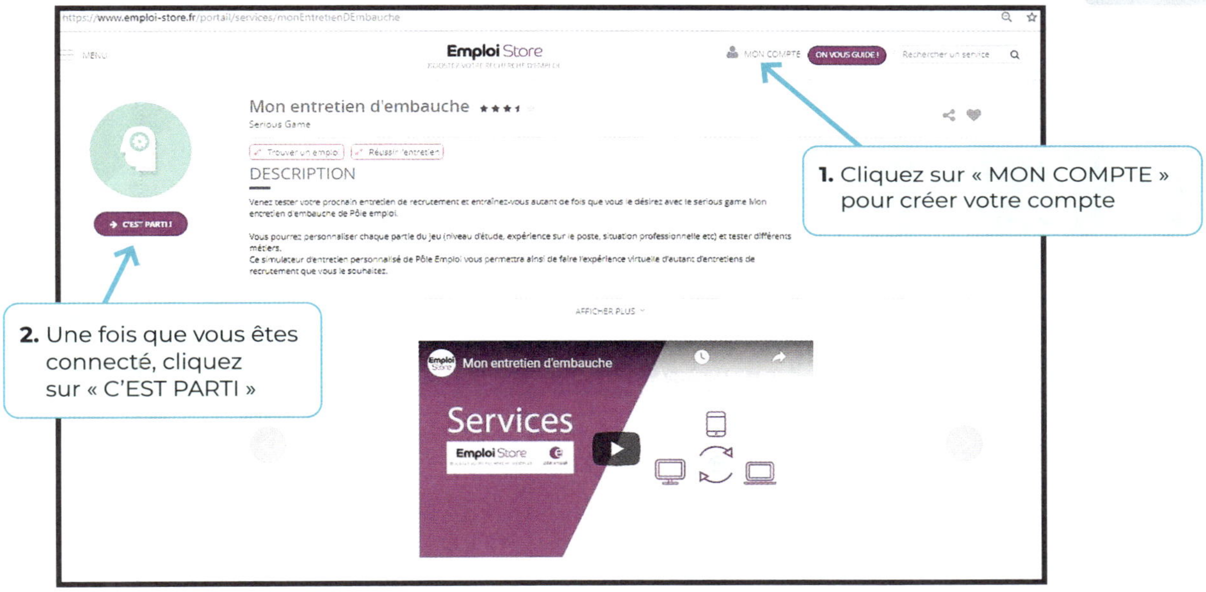

Une fois le jeu chargé, l'écran suivant apparaît :

ÉTAPE 2 » Choix du personnage

→ Choisissez le premier personnage (celui entouré).

→ Sélectionnez le métier de commercial.

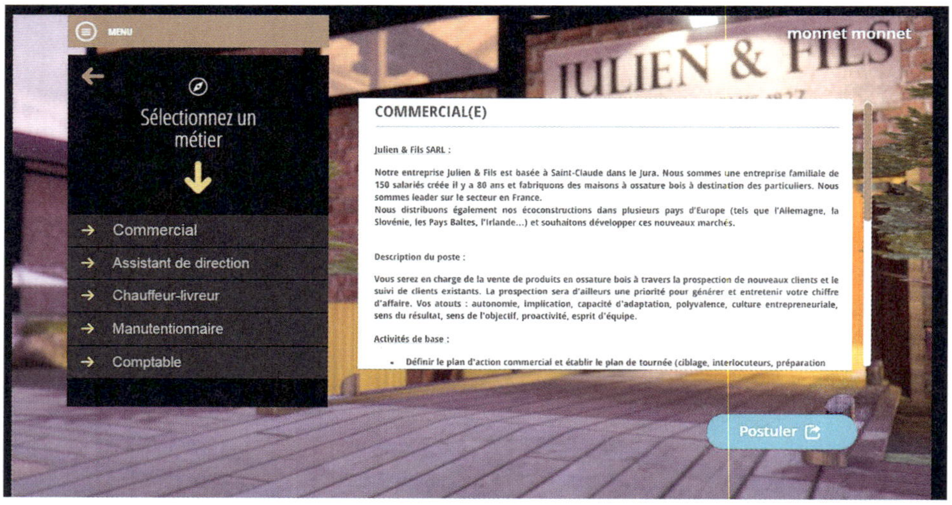

→ Lisez le descriptif de l'annonce et répondez aux questions suivantes.

QUESTION 1 : Expliquez pourquoi JULIEN ET FILS peut être considéré comme un groupe.

....

....

....

QUESTION 2 : Identifiez, pour l'annonce de commercial, les qualifications et les compétences nécessaires pour le poste.

Qualifications	Compétences

QUESTION 3 : Repérez les éléments de la rétribution pour ce poste.

QUESTION 4 : Déterminez le salaire minimum net (hors impôt sur le revenu) et le coût total du travail sachant que le salaire de base proposé est de minimum 1 520 €, que les charges sociales salariales s'élèvent à 23 % du salaire et les charges patronales à 41 % du salaire.

→ Cliquez sur « postuler ».

→ Complétez votre CV de la façon suivante :

Situation professionnelle :
- Je suis en recherche d'emploi
- En formation : oui
- Niveau d'étude : égal à l'annonce

- Commercial : débutant(e)
- Anglais : oui
- Sport : oui

→ Cliquez sur **Envoyer** : le jeu va débuter.

ÉTAPE 3 » **Lancement du jeu** Appel de la DRH et discussion avec une amie

→ **Explications du jeu :**

- Vous aurez à chaque fois plusieurs choix ; faites les choix qui vous semblent les plus à propos pour réussir l'entretien d'embauche : après chacune de vos réponses vous verrez si votre nombre de points augmente, stagne ou diminue.
- Le choix de vos réponses orientera la suite du jeu.
- L'objectif du jeu : arriver à la fin du jeu avec le meilleur bilan possible.

→ Pour chaque décision, complétez le tableau suivant.

Questions	Réponses	Justifications	Nombre de points
APPEL DE LA DRH POUR PRENDRE RDV			
Qu'avez-vous répondu à la personne qui vous a appelé lors de la prise de contact ?			
Comment réagissez-vous quant à la proposition de date d'entretien ?			
DISCUSSION AVEC UNE AMIE SUR LE FUTUR ENTRETIEN			
Votre amie vous dit qu'il faut en savoir plus sur l'entreprise : que lui répondez-vous ?			
Allez-vous partir en avance ?			
Comment allez-vous gérer votre téléphone portable ?			
Quelle sera votre tenue ?			

→ Répondez aux questions suivantes.

QUESTION 5 : Analysez les composantes de la communication entre vous et la Directrice des Ressources Humaines (DRH) de JULIEN & FILS SARL en complétant le tableau suivant :

COMPOSANTES	Communication entre vous et la DRH
Acteurs et rôles	
Canal	
Support	
Contexte	Relationnel :
	Spatial :
	Temporel :
	Bruits :
Message	
Enjeux de la communication pour vous	

QUESTION 6 : Identifiez le type de communication entre vous et votre amie.

QUESTION 7 : Expliquez la signification de l'échange suivant et son importance dans ce contexte : après votre discussion, votre amie vous rappelle, elle a oublié de vous dire de vérifier votre identité numérique.

Listez les conseils qu'il faut suivre pour préparer au mieux un entretien d'embauche :

ÉTAPE 4 » L'entretien

→ Une fois la discussion terminée, le jeu se poursuit. Selon vos choix précédents, vous aurez des informations qui peuvent vous être données sur l'entreprise, appuyez sur la flèche pour consulter les 4 fiches d'informations : les lire avec attention. Puis, fermez la croix en haut à droite.

→ L'entretien va commencer. À chacune de vos décisions, complétez le tableau suivant.

Questions	Réponses	Justifications	Nombre de points
Avez-vous obtenu des informations sur l'entreprise ?			
Finalement, comment vous êtes-vous habillé pour l'entretien ? Que pensez-vous de cette tenue ?			
Êtes-vous arrivé en retard à votre RDV ? Avez-vous trouvé sans problème ?			
Qu'est-ce qui vous a amené à postuler dans l'entreprise ?			
Votre profil correspond à notre annonce : donnez un exemple de ce que vous avez appris.			
Vous n'avez pas d'expérience : que répondez-vous ?			
Que savez-vous de l'entreprise ?			
Votre téléphone a-t-il sonné pendant l'entretien ? Si oui, que faites-vous ?			
Que répondez-vous lorsque la DRH s'excuse de s'être absentée ?			
Comment s'est passée la partie de l'entretien en anglais ?			
Avez-vous des enfants ? Répondez « Non ». Que répondez-vous si la recruteuse vous demande dans combien de temps vous voulez fonder une famille ?			
Parents, c'est déjà un travail en soi : que répondez-vous ?			
Quels sont vos qualités et vos défauts ?			

Questions	Réponses	Justifications	Nombre de points
Entrez-vous en conflit facilement avec les autres ?			
Quelles sont les contraintes d'un poste de commercial ? Définir le commercial idéal.			
Que mettez-vous en place pour améliorer votre performance ?			
Quelles limites un commercial ne doit-il pas dépasser ?			
Êtes-vous sensible à l'écologie ?			
Comment vendriez-vous le concept à vos proches ?			
Qu'est-ce que vous aimez dans le sport ?			
Avez-vous des questions à poser ?			
Si oui, quelles questions ?			
Quand seriez-vous disponible si vous avez le poste ?			
Avez-vous d'autres questions ?			
Que répondez-vous quand la DRH vous demande de garder votre téléphone à porter de main ?			
Avez-vous d'autres RDV de prévu ?			

→ Répondez aux questions suivantes.

QUESTION 8 : **Qualifiez les types de relation entre vous et Florence Lamy.**

QUESTION 9 : **Identifiez la valeur centrale de l'entreprise.**

QUESTION 10 : **Donnez des exemples d'arguments que vous avez utilisés au cours de l'entretien.**

ÉTAPE 5 » Le bilan

→ L'entretien est terminé. Le message suivant apparaît.

BILAN DE VOTRE SIMULATION

Attendez que le bilan se charge, cela peut prendre un peu de temps.

Puis votre coach apparaît avec vos résultats et des conseils.

BILAN	
Nombre de points obtenus ?	.... / .... points
Avez-vous obtenu un deuxième entretien ?	Oui ☐ Non ☐
Conduite de l'entretien	.... %
Communication/relationnel	.... %
Marketing personnel	.... %
Conseils de votre coach ?	

→ Regardez vos résultats question par question, pour cela faites « Imprimer » et « Enregistrer sous » vos résultats.

→ Analysez vos résultats : êtes-vous surpris des réactions de la recruteuse sur certaines de vos réponses ? Pourquoi ?

Établissez un résumé de ce que vous avez retenu de cette expérience :

GRAND QUIZ https://eqrcode.co/a/bU3lES

Testez et évaluez-vous sur tout le **THÈME 1**

THÈME 2

Numérique et intelligence collective

CHAPITRE 7

L'INFORMATION ET LE SYSTÈME D'INFORMATION

Question » En quoi les technologies transforment-elles l'information en ressource ?

Finalités » Repérer l'origine d'une information et les étapes de sa transformation.
Distinguer les données à caractère personnel et les contraintes de leur utilisation.
Manipuler les données ouvertes pour créer de l'information.

Notions » Donnée, information, connaissance ; données à caractère personnel ; mégadonnées, données ouvertes ; rôles, accessibilité et valeur de l'information ; système d'information.

Contexte

AilleurS

AilleurS est une agence de voyages basée à Lyon. Elle propose à ses clients des voyages insolites : Trekking au Népal, hôtels de glace en Finlande, randonnée en ski dans les montagnes de Norvège, stage de surf à Hawaï, kitesurf en Australie, raid en quad à Dubaï, survol du Grand Canyon en parapente...
Charlotte Magnin a créé l'entreprise il y a 10 ans. Le sérieux de l'agence et ses destinations originales fidélisent les clients qui reviennent chaque année. Sa réputation est bien ancrée, notamment dans les milieux du sport extrême.
Elle travaille avec une centaine de partenaires locaux dans plus de 40 pays.

1 Indiquer un des rôles de l'information évoqué dans la vidéo de présentation.

2 Préciser les qualités que l'information doit posséder pour « pouvoir faire les bons choix au bon moment ».

L'importance de l'information

https://eqrcode.co/a/IZzGuI

Découvrir

I DONNÉE - INFORMATION - CONNAISSANCE

Une donnée est un ensemble de symboles (mots, nombres, images, sons…). C'est un élément sorti de tout contexte. Une donnée seule ne permet pas de prendre de décision ou de faire une action.

Une information est une donnée à laquelle un sens et une interprétation ont été attribués. L'information permet la compréhension d'une situation ou d'un problème. Une information permet de prendre une décision.

La connaissance est le résultat d'une réflexion sur les informations analysées. Les informations sont comprises, assimilées et mémorisées. La connaissance permet une meilleure compréhension de l'environnement et est à l'origine de la prise de décision et de l'action.

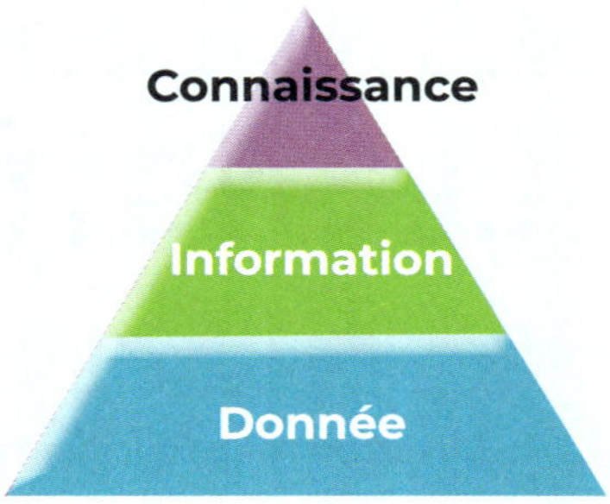

L'être humain ***perçoit*** des données. Il ***interprète*** des informations selon ses connaissances ; puis fait des liens avec d'autres connaissances mémorisées et les ***enrichit***.

1 **Dans chaque situation présentée dans le tableau ci-dessous, indiquer en cochant dans le tableau s'il s'agit ❶ d'une donnée, ❷ d'une information ou ❸ d'une connaissance. Justifier les réponses.**

Situations	❶	❷	❸	Justifications
Jaws est une plage sur l'île de Maui (Hawaï), où se trouvent les plus grosses vagues du monde.				
Charlotte conseille aux clients partant dans le désert de prévoir des vêtements chauds. La température pouvant descendre jusqu'à - 10 °C la nuit.				
28 °C.				

II RÔLE, ACCESSIBILITÉ ET VALEUR DE L'INFORMATION

2 **Analyser les situations présentées dans le tableau ci-dessous et préciser, dans chaque cas, quelle sera la conséquence de l'information.**

Situations	Conséquences
Abdel, le responsable financier, établit la liste des clients qui n'ont pas payé le solde de leur voyage prévu la semaine prochaine.	
Émilie, la responsable Europe du Nord, envoie à son contact en Laponie, la liste des clients arrivant la semaine prochaine.	
Charlotte prévient les clients qu'un cyclone sur l'île de la Réunion rend impossible les voyages prévus.	

3 **À partir de l'analyse de la question précédente, déduire les rôles de l'information.**

Afin de préparer la nouvelle destination en Islande qui sera proposée l'année prochaine, Charlotte étudie es documents suivants.

Document 1 La recherche pour la création d'un nouveau voyage

a) Ingmar, le collaborateur islandais de l'agence **AilleurS**, propose un magnifique hôtel pour le voyage ***« À la poursuite des aurores boréales »***. Il envoie l'adresse du site web de l'hôtel à Charlotte mais il a dû faire une erreur car la page web renvoie une erreur 404 « page inexistante ».

b) Ingmar a envoyé ce matin à Charlotte la proposition de tarif de locations de motoneige pour l'année prochaine, qu'il a durement négocié avec le prestataire. Il est certain que les concurrents proposeront un prix plus élevé pour cette excursion. Ces tarifs sont donc strictement réservés à l'agence **AilleurS**.

c) Émilie a remis à Charlotte, un très beau et ancien guide touristique en français de Reykjavik, la capitale de l'Islande. Émilie a effectué cet achat lors de son dernier voyage.

d) Émilie envoie à Charlotte l'adresse du blog, sur lequel un voyageur raconte ses voyages en Islande et décrit les lieux où il aurait vu des aurores boréales. Malheureusement, il n'y a ni photos, ni carte pour situer les lieux avec précision.

4 **Préciser si les informations du document 1 possèdent les qualités suivantes pour Charlotte.**

	Accessibilité	Pertinence	Actualité	Fiabilité
a				
b				
c				
d				

5 **Proposer une définition des critères permettant de juger de la valeur de l'information.**

III DONNÉES À CARACTÈRE PERSONNEL

Jordan Martelot a déjà fait avec AilleurS un séjour de ski extrême dans les montagnes Rocheuses l'année dernière. Il envisage de faire un voyage de surf à Hawaii avec ses amis. Il consulte le site web de l'agence et remplit le formulaire de demande de renseignements.

Document 2 **Les données personnelles**

https://www.service-public.fr

https://eqrcode.co/a/zMmkNj

Vos droits sur vos données personnelles

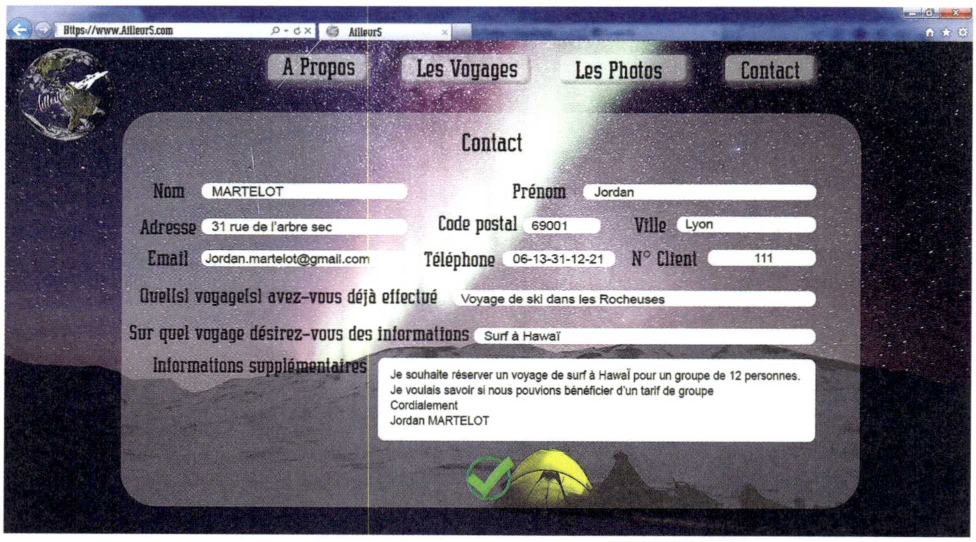

Les données personnelles directes permettent une identification immédiate de l'individu (nom, prénom...).
Les données personnelles indirectes doivent être utilisées dans un traitement ou une recherche avant de permettre l'identification des individus (à partir de la plaque d'immatriculation, il faut rechercher dans le registre des immatriculations pour trouver le propriétaire).

6 **Repérer, sur le formulaire, les données personnelles qui concernent Jordan Martelot.**

7 **Inventorier l'utilisation que l'agence AilleurS peut faire des données personnelles de Jordan.**

Le 14 avril 2016 le Parlement européen a adopté un texte qui définit un cadre juridique pour réglementer la collecte, le traitement et l'utilisation des données à caractère personnel. Ce **Règlement général sur la protection des données (RGPD)** est applicable depuis le 25 mai 2018. Il fixe des nouveaux droits pour les utilisateurs et de nouvelles règles pour les organisations qui collectent, traitent ou diffusent des données à caractère personnel.

Document 3 L'extrait des droits des utilisateurs et obligations imposées aux organisations par le RGPD

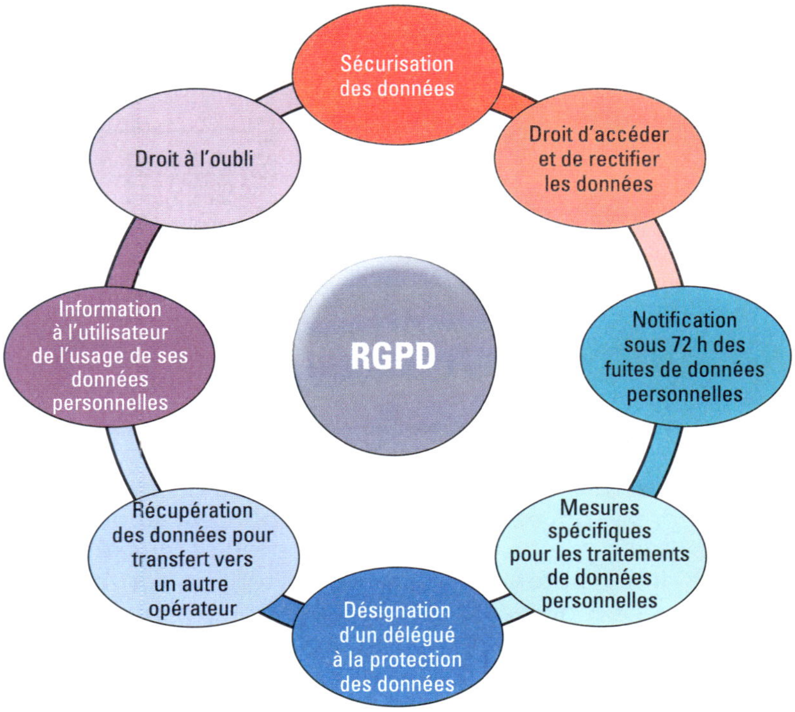

https://eqrcode.co/a/n1rRl4

Comprendre le RGPD en 5 questions

8 **Après étude du document 3, indiquer les droits accordés par le RGPD aux utilisateurs.**

Suite à son séjour de ski extrême dans les montagnes Rocheuses, en 2017, Jordan Martelot a reçu un e-mail du guide qui avait accompagné son groupe, lui annonçant une promotion de 10 % sur les prochaines randonnées. Jordan est très surpris car il ne se souvient pas d'avoir donné ses coordonnées à ce guide.

9 **Déterminer comment le guide a pu obtenir les coordonnées de Jordan.**

10 **Dans cet exemple précis et en application du RGPD, préciser ce que devra désormais faire l'agence concernant les données personnelles des clients.**

IV OPEN DATA ET BIG DATA

Charlotte Magnin se rend compte que beaucoup de clients ont des difficultés pour faire leur demande de visa.

Cette démarche administrative ne peut pas être effectuée par l'agence. Charlotte pense qu'elle pourrait aider les voyageurs en indiquant sur le site web d'AilleurS, la liste et les adresses des ambassades et des consulats étrangers en France. Ainsi, les clients sauront plus facilement où s'adresser pour obtenir leur visa.

https://eqrcode.co/a/oPRcDO

L'Open Data à la loupe

L'Open Data, ou **données ouvertes**, sont des données mises à disposition par les administrations, les entreprises privées, publiques ou des associations. Leur accès est totalement public et libre de droits. Leur exploitation et leur réutilisation ne sont pas soumises au droit d'auteur. Ces données offrent de nombreuses opportunités pour étendre le savoir humain ; ce qui répond à une philosophie de partage du savoir avec le plus grand nombre, mais aussi à une démarche de transparence et d'implication des citoyens.

Charlotte demande à Adrien, le stagiaire informaticien, de récupérer la liste complète des ambassades et des consulats étrangers en France. Adrien se rend sur le site web data.gouv.fr, qui est la plateforme ouverte des données publiques. Après une recherche rapide, il trouve l'information qu'il souhaite.

Document 4 Les ambassades et consulats étrangers en France

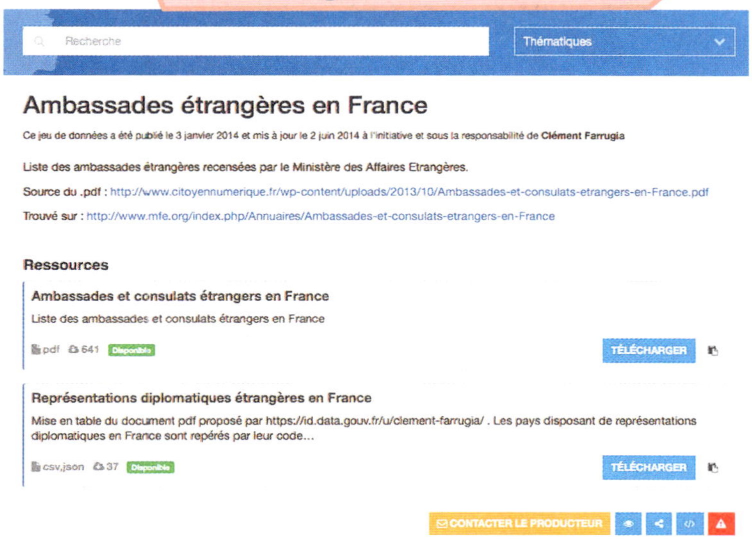

Recherche

Thématiques

Ambassades étrangères en France

Ce jeu de données a été publié le 3 janvier 2014 et mis à jour le 2 juin 2014 à l'initiative et sous la responsabilité de **Clément Farrugia**

Liste des ambassades étrangères recensées par le Ministère des Affaires Etrangères.

Source du .pdf : http://www.citoyennumerique.fr/wp-content/uploads/2013/10/Ambassades-et-consulats-etrangers-en-France.pdf

Trouvé sur : http://www.mfe.org/index.php/Annuaires/Ambassades-et-consulats-etrangers-en-France

Ressources

Ambassades et consulats étrangers en France

Liste des ambassades et consulats étrangers en France

pdf 641 Disponible TÉLÉCHARGER

Représentations diplomatiques étrangères en France

Mise en table du document pdf proposé par https://id.data.gouv.fr/u/clement-farrugia/ . Les pays disposant de représentations diplomatiques en France sont repérés par leur code…

csv,json 37 Disponible TÉLÉCHARGER

CONTACTER LE PRODUCTEUR

www.data.gouv.fr

11 **Adrien a téléchargé la liste des ambassades et des consulats étrangers en France. Indiquer les qualités de cette information.**

12 **Déterminer si Charlotte peut diffuser cette liste sur son site web. Doit-elle demander une autorisation particulière ?**

Le secteur du tourisme étant très concurrentiel, Charlotte souhaite continuer à proposer des destinations originales qui lui permettront de se démarquer des agences de voyages traditionnelles. Le choix des nouvelles destinations qu'elle proposera l'année prochaine est donc stratégique. Si les voyages proposés ne plaisent pas aux clients, c'est la survie de l'agence qui sera en jeu. Pour proposer des voyages susceptibles de plaire, Charlotte s'appuie sur le Big data.

https://eqrcode.co/a/jGbzCL

Comprendre le Big Data

https://eqrcode.co/a/RG2HDZ

Les GAFAM – Cité de l'économie

Les ***« géants du Web »***, les **GAFAM** (Google, Apple, Facebook, Amazon, Microsoft) analysent les données recueillies sur Internet (photos partagées, commentaires sur les forums, avis des internautes, mots-clés utilisés dans les recherches…) pour fournir des statistiques. C'est ce que l'on nomme le **Big data ou Mégadonnées**.

13 **Évaluer l'intérêt, pour Charlotte, d'utiliser le Big data. Préciser en quoi cela peut l'aider à proposer des destinations originales.**

V SYSTÈME D'INFORMATION

Charlotte Magnin a consulté la demande de renseignement que Jordan Martelot a envoyé par le site web d'AilleurS. Elle recherche le dossier de Jordan dans son logiciel commercial afin de voir l'historique des voyages que ce client a effectué avec l'agence. Elle utilise les renseignements que Jordan a communiqués (date du voyage, nombre de personnes, niveau de surf...) pour préparer un voyage. Elle établit ensuite un devis qu'elle lui envoie par messagerie électronique.

Le système d'information d'une organisation est l'ensemble des moyens techniques et humains nécessaires permettant la diffusion et le partage de l'information.

Le système d'information participe à faire de l'information une ressource stratégique pour toute l'organisation.

Pour cela, le système d'information a pour fonction de **collecter**, **stocker**, **traiter** et **diffuser** l'information.

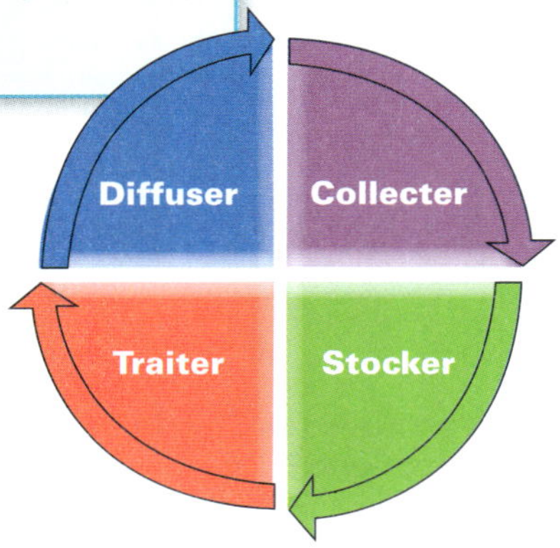

14 **Compléter le tableau ci-dessous, et préciser pour chaque situation quelle est la fonction du SI d'AilleurS qui est mise en œuvre (collecte, stockage, traitement ou diffusion).**

Situations	Collecte	Stockage	Traitement	Diffusion
Charlotte envoie le devis du voyage à Jordan par courrier électronique.				
Jordan fait une demande de renseignements grâce au site web.				
Charlotte utilise les renseignements de Jordan (date, nombre de personnes) pour préparer le devis du voyage.				
Le dossier de Jordan est stocké dans le logiciel commercial de l'agence.				

15 **Expliquer pourquoi le système d'information d'AilleurS fait de l'information une ressource stratégique.**

À RETENIR

L'INFORMATION ET LE SYSTÈME D'INFORMATION

DONNÉE → **INFORMATION** → **CONNAISSANCE**

DONNÉES

Données personnelles
- CNIL
- RGPD

VALEUR DES DONNÉES

Critères de qualité
- Pertinence
- Actualité
- Fiabilité
- Accessibilité

RÔLE

- Aider à la décision
- Coordonner l'activité
- Communiquer

SYSTÈME D'INFORMATION

4 FONCTIONS

- Collecter
- Stocker
- Traiter
- Diffuser

OPEN DATA

BIG DATA

LIEN AVEC LE MANAGEMENT

Numérisation de l'économie • Transparence et secret

Tester ses connaissances

Se tester en ligne
https://eqrcode.co/a/hM25OV

Compléter le texte à trous

Compléter le texte à trous ci-dessous avec les mots suivants : diffuser, GAFAM, collecter, partage, donnée, Big data, diffusion, connaissance, traiter, Internet, L'Open data, stocker, ressource, public et libre de droits, système d'information.

L'information est une …………………… de l'organisation. C'est une mise en contexte d'une …………………… Son assimilation conduit à la …………………… . L' …………………… permet d'avoir accès à des données mises à disposition par les administrations, les entreprises privées, publiques ou des associations. Leur accès est totalement …………………… . Le …………………… est le résultat des études des « géants du Web », les …………………… qui analysent les données recueillies sur …………………… . Le …………………… est l'ensemble des moyens techniques et humains nécessaires permettant la …………………… et le …………………… de l'information. Le système d'information a pour fonction de ……………………, ……………………, …………………… et …………………… l'information.

Vrai ou faux ?

Affirmations	Vrai	Faux	Justifications
Les informations prises sur l'Open data sont soumises aux droits d'auteur.	☐	☐	
Une information est une donnée contextualisée.	☐	☐	
Le système d'information se charge uniquement de diffuser l'information.	☐	☐	
La fiabilité est le seul critère permettant de juger de la qualité d'une information.	☐	☐	
La connaissance permet de prendre des décisions.	☐	☐	
Le Big data permet de connaître les intentions des internautes.	☐	☐	
Le RGPD interdit de chercher des informations sur Internet.	☐	☐	
Une donnée n'a pas de sens.	☐	☐	

Rédiger sa synthèse

1. Quelles différences faites-vous entre donnée – information – connaissance ?
2. Quels sont les rôles de l'information ?
3. Quels sont les critères permettant de juger de la qualité d'une information ?
4. Qu'est-ce qu'une donnée à caractère personnel ? Quelles règles de droit les organisations doivent-elles respecter concernant la gestion des données personnelles ?
5. Qu'est-ce que l'Open data et le Big data ? Quels sont leurs intérêts ?
6. Qu'est qu'un système d'information ? Quelles sont ses fonctions ?

Se mettre en activité

Activité 1 Repérer les étapes de transformation de l'information

Pour chaque situation présentée ci-dessous, préciser s'il s'agit d'une donnée, d'une information ou d'une connaissance. Justifier les réponses.

	Situations	Justifications
1	Ed Sheeran sera en concert en France du 24 au 29 mai.	
2	2021.	
3	Le système d'information a quatre fonctions.	
4	Le fournisseur augmentera ses prix de 4 % à partir du 1er janvier.	
5	Un graphiste utilise un nuancier pour assortir les couleurs.	
6	Bleue.	

Activité 2 Distinguer les contraintes de l'utilisation des données à caractère personnel

Le réseau social a fourni un accès aux messages privés à Netflix et à Spotify, révèle le « New York Times ». Une pratique qui constituerait une infraction. En 2011, Facebook a signé un accord avec la Federal Trade Commission[1] lui interdisant de fournir les données personnelles de ses utilisateurs sans leur consentement explicite.

[...] Selon une enquête du New York Times sur les pratiques de Facebook en matière de sécurité des données personnelles de ses utilisateurs, le réseau social de Mark Zuckerberg a, au final autorisé des géants comme Amazon, Netflix, Spotify ou encore Microsoft à avoir accès aux données de ses quelque 2,2 milliards d'utilisateurs. [...] Facebook a accordé un large accès à ces entreprises en raison du statut privilégié qu'elles occupent. Elles sont des partenaires avec qui le partage de données permet à tous d'évoluer et d'augmenter leurs revenus. Selon les explications du New York Times, la pratique a permis à Facebook d'accroître encore davantage son nombre d'utilisateurs, tandis que ses partenaires ont pu mettre en place des fonctionnalités, des applications, permettant à leurs produits d'être plus visibles aux yeux des utilisateurs.

[...] Ainsi, Amazon mais aussi Microsoft et Sony ont pu obtenir de Facebook l'identité de ses utilisateurs ainsi que leurs informations de contact en ayant accès à leurs listes d'amis. Yahoo ! de son côté, pouvait lire et examiner des séries entières de posts Facebook publiés par les amis des utilisateurs... Quant à Spotify, Netflix ou encore la Royal Bank of Canada, Facebook leur permettait de « lire, écrire et effacer » des messages privés d'utilisateurs et de visualiser la totalité des participants à un même fil de conversation. Des accès privilégiés et très larges, pas toujours nécessaires à ces entreprises pour pouvoir développer leurs applications, révèlent les documents internes à Facebook. [...]

Dépêche AFP parue sur Le Point, 19/12/2018

[1] ***Federal Trade Commission (FTC)****, l'équivalent américain de la Direction générale de la consommation, du commerce et de la répression des fraudes (DGCCRF).*

1. **Relever ce qui est reproché au réseau social Facebook.**
2. **Déterminer l'intérêt, pour les entreprises géantes comme Amazon, Netflix, Spotify, Microsoft, d'avoir accès aux données personnelles des utilisateurs du réseau social.**
3. **Préciser ce qu'aurait dû faire Facebook avant de diffuser les données personnelles de ses utilisateurs.**
4. **Évaluer les enjeux de l'utilisation des données personnelles.**

Activité 3 Repérer la valeur de l'information

Analyser les situations présentées ci-dessous, et déterminer, pour chacune, la valeur que présente l'information pour le destinataire.

a) Le directeur commercial de l'entreprise a rédigé un rapport pour le dirigeant en indiquant que le chiffre d'affaires avait baissé de 15 %, mais il n'a pas précisé sur quelle période.

b) Le président de la République a adressé ses vœux à tous les Français à la télévision le soir du 31 décembre. Il a présenté les différents axes de sa politique pour la nouvelle année.

c) Un élève de votre classe affirme à ses camarades connaître le sujet du prochain contrôle de sciences de gestion et numérique.

d) L'assistant de gestion découvre que le manuel de dépannage du nouveau photocopieur est en coréen.

Activité 4 Distinguer les fonctions du système d'information

« L'Alexandrin » est une librairie située dans le vieux Lyon. Elle est dirigée par Mme Charles-Roux et emploie trois libraires. Elle est spécialisée dans les livres anciens. Ses clients sont essentiellement des amoureux des livres et des collectionneurs. Lorsque l'ouvrage demandé par un client n'est pas en stock, les libraires remplissent une fiche d'ouvrage manquant, et encaissent un acompte de 15 % du prix de l'ouvrage. Tous les matins, Mme Charles-Roux fait la liste des ouvrages manquants et passe commande auprès des fournisseurs (éditeurs, brocanteurs, particuliers…) des livres demandés. L'ouvrage commandé arrive en général quelques jours plus tard. Le libraire qui a effectué la demande se charge alors d'avertir le client, de lui remettre l'ouvrage et de lui demander le solde du règlement.

1 **Relever, dans le texte ci-dessus, les actions correspondant aux différentes fonctions du système d'information.**

« L'Alexandrin » a décidé de modifier son système d'information afin de le rendre plus performant. Une base de données centralisée permettant la gestion des stocks a été installée.

Mme Charles-Roux dispose maintenant de tableaux de bord lui permettant de connaître les quantités en stock pour chaque ouvrage. Les libraires sont informés en temps réel qu'un ouvrage est disponible. Ils peuvent saisir les commandes des clients directement dans le logiciel. M. Jean, un fidèle client, a acheté le mois dernier une édition particulière de ***« Vingt mille lieues sous les mers »*** de Jules Verne, éditée en 1906, qu'il a offerte à son fils. Il souhaite offrir ce livre rare à chacun de ses enfants. Il commande donc pour sa fille, un nouvel exemplaire de cet ouvrage. Mme Charles-Roux a immédiatement retrouvé le nom de l'éditeur.

2 **Déterminer quelles fonctions du système d'information ont connu une évolution. Illustrer la réponse avec des exemples précis.**

Activité 5 Créer de l'information en manipulant les données

Activité sur poste informatique

➲ Télécharger cette activité supplémentaire en version numérique.

https://eqrcode.co/a/C61216

THÈME 2

Numérique et intelligence collective

CHAPITRE 8

LES APPLICATIONS ET USAGES DU NUMÉRIQUE

Question » Comment le partage de l'information contribue-t-il à l'émergence d'une « intelligence collective » ?

Finalités » Se situer dans un environnement numérique.
Comprendre la variété des usages et des impacts.
Contribuer à l'architecture numérique globale de l'organisation.

Notions » E-communication, partage de l'information, collaboration, communauté en ligne, réseaux sociaux, intelligence artificielle, automatisation de tâches organisationnelles.

Contexte

Leroy Merlin

Les magasins **Leroy Merlin** sont des grandes surfaces de bricolage en libre-service et en vente assistée implantées à proximité des grandes agglomérations. Organisés autour de quatre univers (bricolage, construction, jardinage, et décoration), ils proposent une gamme de produits adaptée aux attentes de leurs clients au meilleur prix. L'entreprise propose aussi de nombreux services permettant de faciliter l'achat, la mise en oeuvre et le suivi des projets : livraison, location de véhicule, service après-vente, pose, cours de bricolage...

Leader sur son marché, Leroy Merlin a su développer une stratégie digitale lui permettant de satisfaire ses clients.

Étiquette électronique, bureau mobile, tablette tactile, site Web, forte présence sur les réseaux sociaux, sont autant d'outils numériques que Leroy Merlin utilise afin d'être encore plus proche des consommateurs.

Les caractéristiques principales de l'organisation	
Type	Entreprise privée
Secteur d'activité	Grande distribution spécialisée dans le bricolage, la construction et le jardinage
Financement	Privé
Taille	Grande entreprise
Champ géographique	International (Europe, Ukraine, Russie, Chine, Brésil)

Les autres caractéristiques de l'organisation	
Statut	Société anonyme (SA)
Nationalité	Française
Ressources humaines	88 500 Salariés dont 21 588 en France
Ressources financières	Capital social de 100 000 000 €
Ressources matérielles	Environ 400 établissements dont 151 en France

Découvrir

I E-COMMUNICATION

Document 1 **L'extrait du site web de Leroy Merlin**

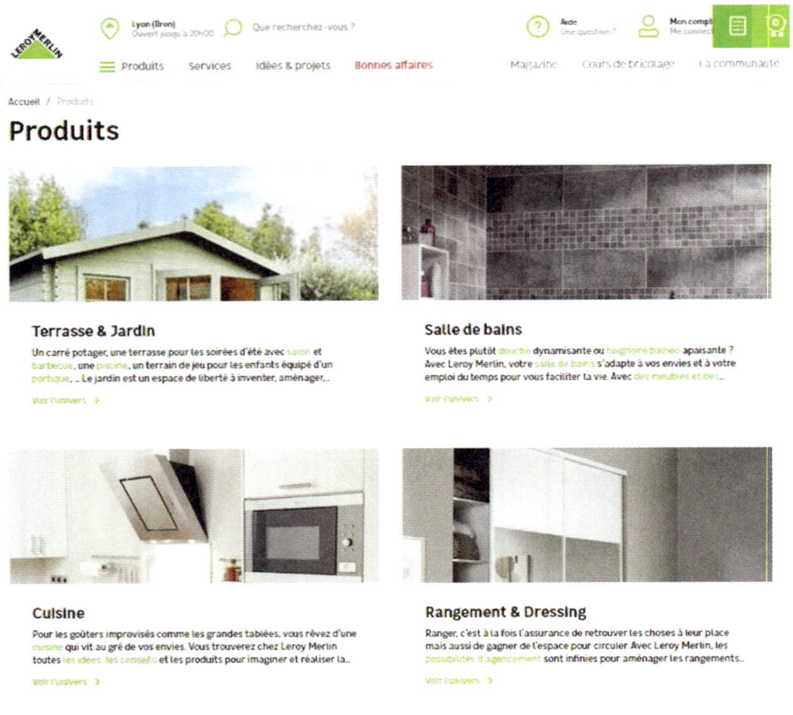

www.leroymerlin.fr

1 Lister les fonctions que propose le site web de Leroy Merlin.

2 Préciser les deux principaux avantages que représente le site web de Leroy Merlin par rapport à un magasin.

L'e-communication est **l'échange**, **la diffusion** d'information grâce aux outils du Web. C'est une forme de communication externe permettant une communication plus directe, plus ouverte, plus libre et plus interactive avec ses clients. Avec le développement d'Internet, l'e-communication est devenue **indispensable** pour toute entreprise souhaitant rester en contact avec ses clients.

3 Expliquer les enjeux de l'e-communication pour Leroy Merlin.

4 Proposer d'autres moyens que Leroy Merlin pourrait utiliser pour communiquer sur Internet.

II PARTAGE DE L'INFORMATION

Monsieur Bernard souhaite changer le robinet du lavabo de sa salle de bains. Il prend connaissance des produits sur le site web de **Leroy Merlin** et sélectionne le modèle suivant.

Document 2 L'extrait du site web de Leroy Merlin, page produit

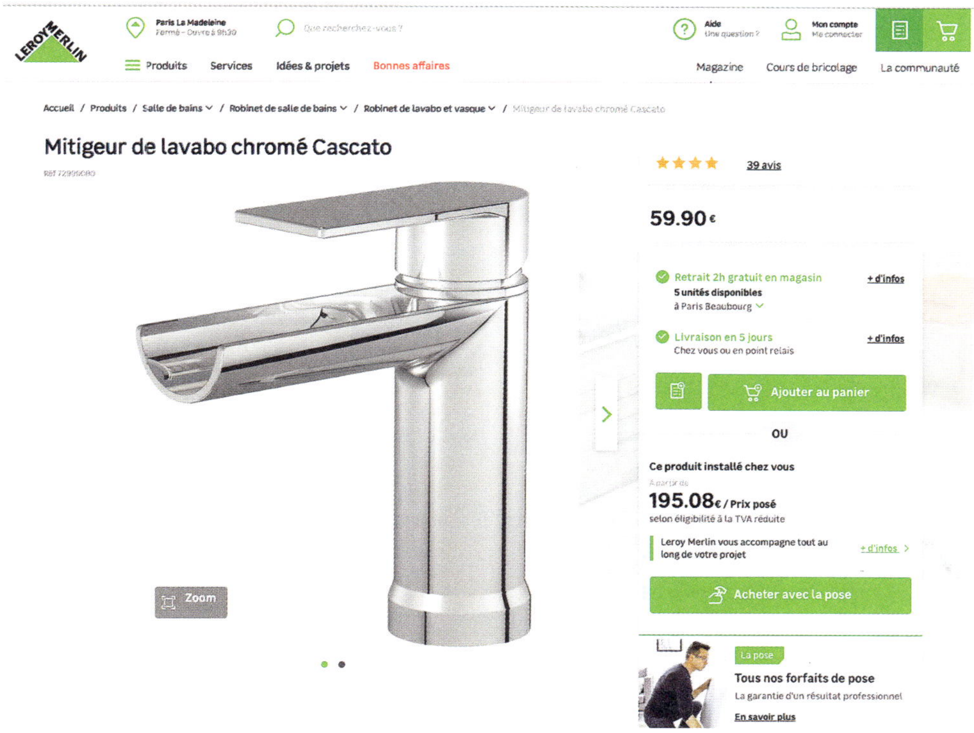

www.leroymerlin.fr

Il décide de choisir le retrait gratuit en magasin en 2 h, paie avec sa carte bancaire sur le site web et valide sa commande.

Document 3 La commande du robinet de Monsieur Bernard sur le site web de Leroy Merlin

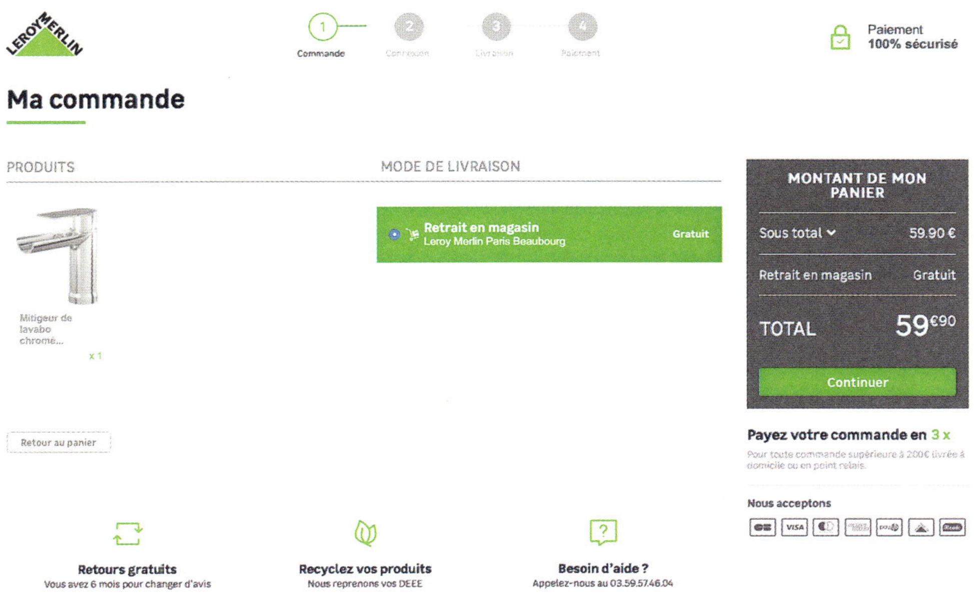

www.leroymerlin.fr

Jérémy travaille au magasin Leroy Merlin de Bron et est en charge de la préparation des commandes Internet. Sur l'écran de son ordinateur, un tableau récapitulatif lui indique les commandes à traiter. Il consulte la commande n° 12 530 de Monsieur Bernard qui a stipulé qu'il voulait le produit référence 72999080, puis va chercher dans le stock le robinet choisi.Sur le tableau des commandes, Jérémy indique qu'elle a été traitée et que les produits sont disponibles. Monsieur Bernard reçoit alors sur son téléphone un SMS lui indiquant que sa commande l'attend au point retrait du magasin de Bron.

5 **Retrouver dans cet exemple les fonctions du système d'information de Leroy Merlin.**

6 **Indiquer comment les informations de la commande de Monsieur Bernard sont parvenues jusqu'à Jérémy.**

7 **Détailler, à partir du document 3 et du texte ci-dessus, les informations auxquelles Jérémy a eu accès pour préparer la commande de Monsieur Bernard.**

8 **Expliquer pourquoi Jérémy n'a pas eu accès aux informations de la carte bancaire de Monsieur Bernard.**

III COLLABORATION

Monsieur Bernard souhaiterait disposer rapidement du nouveau robinet dans sa salle de bains pour le remplacer au plus tôt. Toutefois, son emploi du temps très chargé ne lui permet pas de passer au magasin. Un ami lui conseille alors d'utiliser un service de livraison entre particuliers. Cette livraison collaborative entre particuliers utilise une application mobile indépendante, qui met en relation des personnes ayant besoin d'être livrées et celles qui peuvent leur rendre service (en profitant d'un trajet réalisé à titre personnel).

La collaboration consiste à réaliser un travail **à plusieurs personnes qui mettent en commun leurs connaissances et leurs compétences** en vue d'obtenir un résultat. Ainsi, pour la construction d'une maison, plusieurs corps de métiers (maçons, couvreurs, menuisiers, peintres...) vont collaborer.
Ceci nécessite **une organisation** et **une coordination** des actions pour atteindre l'objectif fixé. Tous les membres du groupe partagent la responsabilité du projet et sont sur le **même plan hiérarchique**. Les outils numériques offrent de nouvelles opportunités de travail collaboratif.

https://eqrcode.co/a/VU8pr2

Covoiturage de colis

9 **Identifier les avantages qu'aurait Monsieur Bernard à utiliser la livraison collaborative.**

Parmi les innombrables **outils collaboratifs** on distingue :

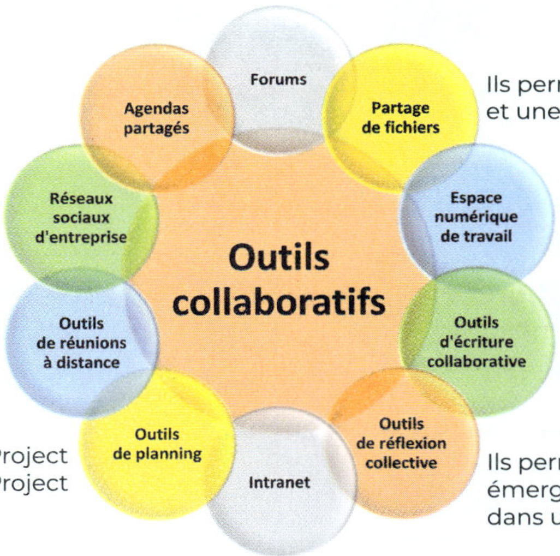

Partage de fichiers : Ils permettent une consultation, un partage et une gestion de fichier commune.

Espace numérique de travail : C'est un ensemble d'outils numériques, accessibles par Internet et disponibles pour une communauté définie d'individus.

Outils d'écriture collaborative : Ils permettent un travail à plusieurs sur un document commun.

Outils de réflexion collective : Ils permettent de faire émerger les idées d'un groupe dans un document commun.

Intranet : Ils offrent les mêmes services qu'Internet, moteurs de recherche, chat, messagerie mais dans un espace limité à une organisation.

Outils de planning : Comme VisualProject ou GanttProject

Outils de réunions à distance : Comme Skype, Zoom, Teams.

Réseaux sociaux d'entreprise : Ils offrent toutes les fonctionnalités des réseaux sociaux limités au monde de l'organisation

https://eqrcode.co/a/ePJnXJ

Outils collaboratifs

10 **Identifier, dans les exemples présentés ci-dessous, quels seraient les outils collaboratifs les plus appropriés.**

a.	Le chef de service de Jérémy souhaite faire une réunion pour organiser le travail des prochaines semaines.	
b.	Jérémy récupère le document de demande de congés pour ses prochaines vacances d'été.	
c.	Jérémy envoie sa demande de congés à son chef de service.	
d.	Jérémy lit dans le bulletin d'information de Leroy Merlin qu'un nouveau magasin sera bientôt implanté en Pologne.	

IV COMMUNAUTÉ EN LIGNE ET RÉSEAUX SOCIAUX

Monsieur Bernard a reçu son nouveau robinet pour le lavabo de sa salle de bains. Il ne reste plus qu'à l'installer. Malheureusement rien ne se passe comme prévu. Le robinet ne cesse de fuir. Monsieur Bernard a besoin de conseils. Il va sur le site de Leroy Merlin et décide de visiter la page de la communauté. Il fait une recherche sur le remplacement de robinet et trouve plusieurs articles qui détaillent les manipulations à faire.

Document 4 **L'extrait de la page Communauté Leroy Merlin**

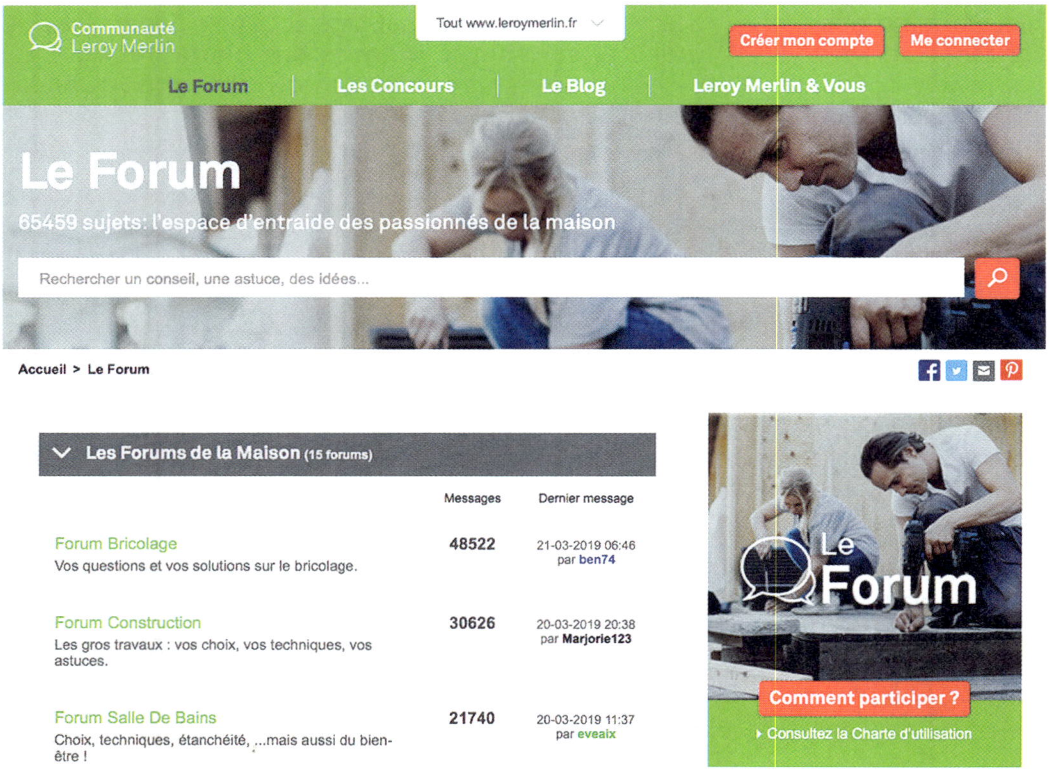

https://communaute.leroymerlin.fr

Une communauté en ligne est un ensemble de personnes, ayant le même centre d'intérêt, qui communique grâce à Internet (e-mails, forums, sites...).

11 **Déterminer l'utilité de la communauté en ligne pour Monsieur Bernard.**

.....

12 **Expliquer les avantages pour Leroy Merlin de proposer cette communauté en ligne aux internautes.**

.....

13 Lister les réseaux sociaux proposés sur la page de la communauté en ligne de Leroy Merlin.

14 Déterminer l'intérêt, pour Leroy Merlin, d'être présent sur les réseaux sociaux.

15 Expliquer en quoi les réseaux sociaux, les communautés en ligne et la collaboration génèrent de l'intelligence collective.

V INTELLIGENCE ARTIFICIELLE ET AUTOMATISATION DES TÂCHES ORGANISATIONNELLES

L'intelligence artificielle est l'ensemble des techniques permettant à une machine d'effectuer des tâches habituellement réalisées par des individus. En associant matériels et logiciels, l'intelligence artificielle mobilise des connaissances multidisciplinaires (électronique, informatique, mathématiques…) qui donnent à une machine des capacités d'analyse et de décision lui permettant de s'adapter intelligemment aux situations.
À la différence de la robotisation, l'intelligence artificielle peut être entièrement numérique et n'a pas forcément besoin d'un support physique.
Un agent conversationnel (Chatbot en anglais) est un programme informatique capable de simuler une conversation avec un ou plusieurs humains par échange vocal ou textuel. Le Chatbot analyse la demande de l'utilisateur et détermine la réponse la plus appropriée.
L'apprentissage automatique (Machine learning en anglais) est l'une des sous-catégories de l'intelligence artificielle. Elle permet de faire des prévisions très fines à partir d'études statistiques d'un très grand nombre de données. Par exemple, à partir des données météo des dix dernières années, le machine learning permet de déterminer la meilleure période pour semer un champ.
L'apprentissage profond (Deep learning en anglais) est la branche de l'intelligence artificielle qui permet la reconnaissance d'image ou de forme. C'est ce principe qui est utilisé pour que les voitures autonomes fassent la différence entre un piéton et un arbre.

https://eqrcode.co/a/OnU3V5

Intelligence artificielle

Pour installer correctement le robinet, Monsieur Bernard doit démonter une partie du meuble du lavabo de sa salle de bains. Il a besoin pour cela d'une visseuse sans fil. Il consulte le site web de Leroy Merlin mais hésite devant tous les modèles proposés.
En bas de la page web, il aperçoit une petite fenêtre qui lui propose de l'aide pour choisir le bon outillage.
Monsieur Bernard rédige sa demande.

Voici l'échange :

16 **Expliquer ce qu'apporte, pour Leroy Merlin, la proposition d'une aide interactive.**

17 **Identifier qui est Maxime.**

Document 5 — Leroy Merlin utilise le Machine learning pour la gestion des stocks

Leroy Merlin utilise la technologie du Machine learning afin d'optimiser la chaîne d'approvisionnement des entrepôts et magasins. Ce système analyse les historiques des ventes sur plusieurs années pour établir avec précision des prévisions de vente. Grâce à ces calculs, Leroy Merlin est capable d'adapter sa gestion de produits afin d'éviter les ruptures de stock. <u>Les propositions de commandes d'approvisionnement auprès des fournisseurs, sont générées automatiquement et les livraisons dans les magasins et les entrepôts sont immédiatement planifiées</u>. Grâce à cette nouvelle technologie, les quantités en stocks sont toujours maintenues à un nombre suffisant pour éviter les ruptures, sans engendrer des coûts inutiles de surstockage.

18 **Détailler le rôle du système de Machine learning pour Leroy Merlin.**

19 **Expliquer la phrase soulignée du document 5.**

20 **Déterminer les avantages, pour Leroy Merlin, d'utiliser le Machine learning pour la gestion de ses approvisionnements.**

À RETENIR

LES APPLICATIONS ET USAGES DU NUMÉRIQUE

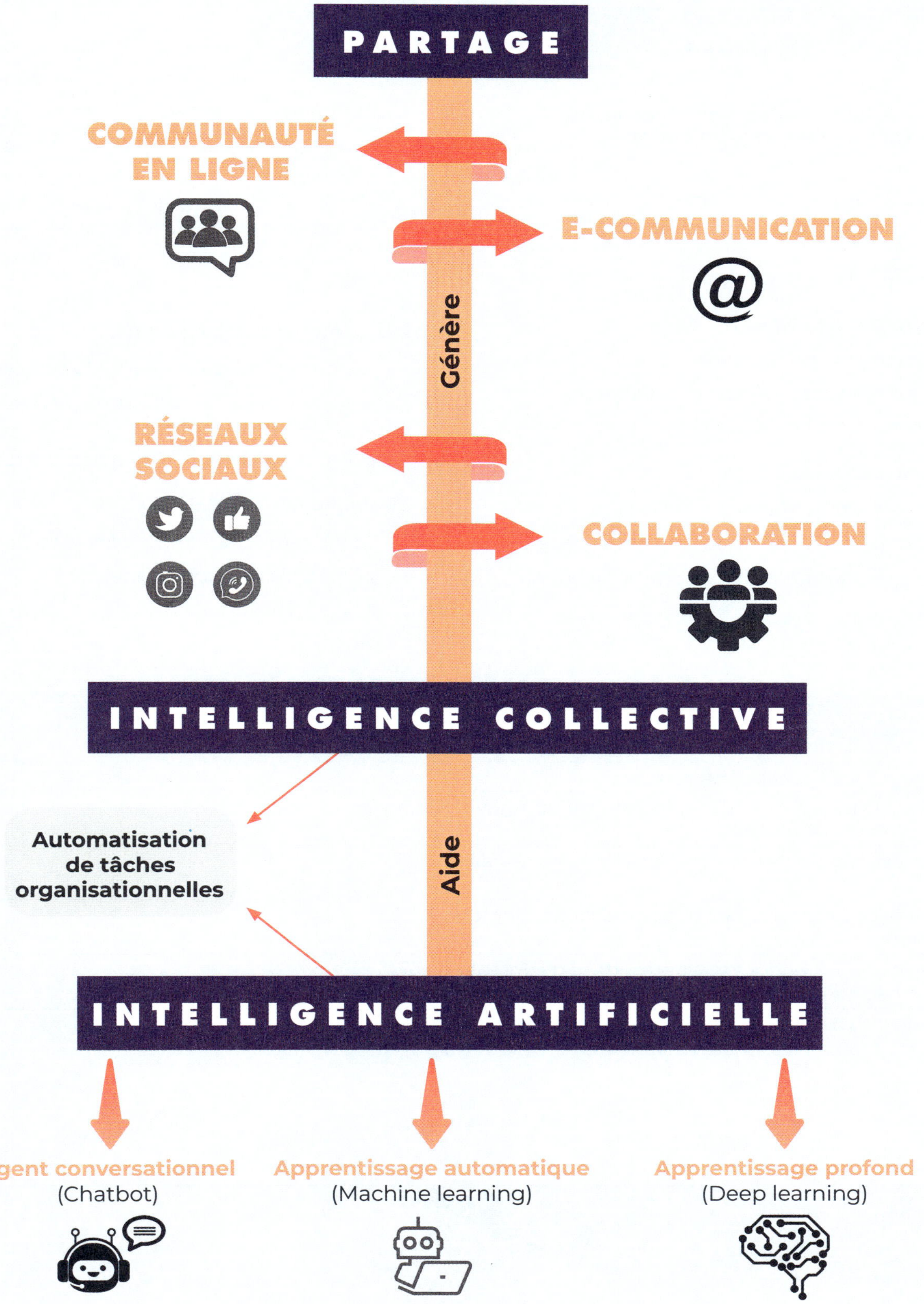

LIEN AVEC LE MANAGEMENT

Transformation numérique

Tester ses connaissances

Se tester en ligne
https://eqrcode.co/a/rqocRP

Sélectionner la (ou les) bonne(s) réponse(s)

1. Parmi les outils de communication suivants, lesquels sont de l'e-communication ?

- ◇ **a.** L'e-mail.
- ◇ **b.** Le courrier.
- ◇ **c.** Le réseau social.
- ◇ **d.** Le SMS.

2. La collaboration permet :

- ◇ **a.** l'échange d'information.
- ◇ **b.** la mise en commun de compétences.
- ◇ **c.** l'amélioration du travail individuel.

3. Les réseaux sociaux :

- ◇ **a.** ne sont utiles que pour les loisirs.
- ◇ **b.** n'ont pas d'intérêts pour une entreprise.
- ◇ **c.** sont un des outils de l'e-communication.

4. L'intelligence collective :

- ◇ **a.** est l'une des fonctions du système d'information.
- ◇ **b.** permet aux individus de partager leurs connaissances, compétences et expériences.
- ◇ **c.** correspond à la présence sur les réseaux sociaux.

5. Les communautés en ligne :

- ◇ **a.** permettent un échange de compétences.
- ◇ **b.** regroupent des individus ayant le même centre d'intérêt.
- ◇ **c.** ont la même fonction que les réseaux sociaux.

6. L'intelligence artificielle :

- ◇ **a.** concerne uniquement les robots.
- ◇ **b.** est utilisée quotidiennement.
- ◇ **c.** s'est développée grâce à Internet.

Qui suis-je ?

Propositions	Réponses
Je suis l'échange, la circulation de l'information grâce aux technologies d'Internet.	
Je suis l'action principale mise en place dans les réseaux sociaux	
Je suis un réseau mondial permettant la circulation de l'information.	
Je suis une nouvelle technologie permettant d'effectuer des tâches habituellement réalisées par des individus.	
Je suis une des branches de l'intelligence artificielle permettant la reconnaissance des formes.	

Rédiger sa synthèse

1. Qu'est-ce que l'e-communication ? Quelle est son utilité ?
2. Pourquoi la collaboration est-elle si importante pour une entreprise ?
3. Qu'est-ce qu'une communauté en ligne ? Un réseau social ?
4. Qu'est-ce que l'intelligence artificielle ? Quelles sont ses différentes catégories ?

Se mettre en activité

Activité 1 Partager l'information et gérer les droits d'accès

Christine Auriol a créé il y a 5 ans un cabinet de soins infirmiers indépendant. 10 infirmiers et infirmières proposent leurs services à des particuliers. Les soins sont très variés (suites opératoires, administration de médicaments par injection, aide à la toilette, soins palliatifs...) et se font au domicile des patients. Le cabinet a mis en place un système de garde afin que les patients puissent avoir des soins 7 jours sur 7 et 24 h sur 24. Les patients n'ont pas toujours le même soignant. Les soins médicaux demandant beaucoup de rigueur, l'échange de l'information est essentiel. Le cabinet a mis en place un cahier pour chaque patient, conservé au cabinet, que l'infirmier emporte avec lui lors de ses visites, où sont consignées toutes les informations nécessaires. Mardi dernier, Mme Lagnol, infirmière du cabinet, a oublié le cahier au domicile de son patient M. Delage. Le lendemain, l'assistante ménagère de M. Delage a informé l'infirmière que sa mère recevait le même dosage de médicament.

1 **Indiquer pourquoi l'échange de l'information est essentiel dans ce cas précis.**

2 **Trouver les inconvénients de ce système de cahier.**

Devant le nombre de problèmes croissant lié au système de cahier, le cabinet a décidé d'investir dans un système innovant. Une partie sécurisée du site web du cabinet donne accès au dossier complet du patient et permet au soignant de le consulter et de le modifier à partir d'un smartphone ou d'une tablette connectée.

De plus, un accès particulier permet au médecin de suivre les interventions du cabinet et de compléter directement les prescriptions.

3 **Préciser ce qu'apporte le nouveau système mis en place.**

Activité 2 Découvrir les applications de l'intelligence artificielle

2 Fiche méthode

Activité sur poste informatique

Sans le savoir, nous utilisons déjà de nombreuses applications de l'intelligence artificielle.

1 **Effectuer une recherche sur Internet pour présenter les domaines où l'intelligence artificielle est déjà utilisée.**

2 **Présenter les résultats de votre recherche en utilisant un outil informatique.**

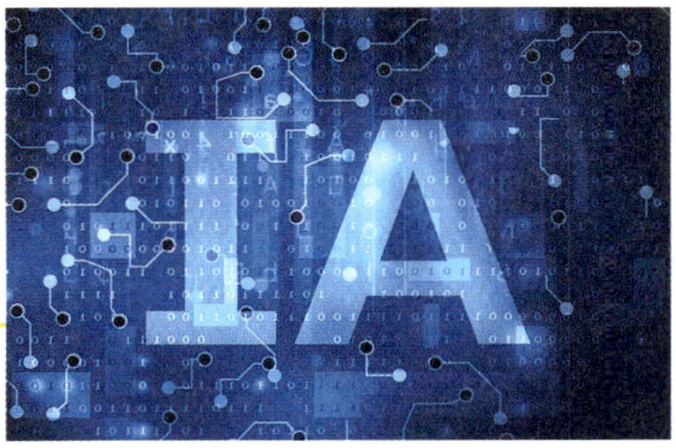

Activité 3 Analyser l'e-communication d'une organisation

Florian Cabriola est le président du club de basket d'un petit village de 800 habitants. Le club compte 82 licenciés, essentiellement des jeunes du village mais aussi des villages voisins. Les jeunes joueurs sont très impliqués dans la vie du club et sont aussi très motivés. D'ailleurs, l'équipe minime masculine a gagné le championnat départemental dans une ambiance survoltée. En effet, tous les supporters étaient venus déguisés et maquillés aux couleurs du club.

Florian veut communiquer sur ce type d'événements, donner des informations sur son club et augmenter la notoriété de celui-ci. Florian n'est pas très à l'aise avec les nouvelles technologies, mais il comprend l'intérêt de les utiliser. Il hésite entre plusieurs possibilités : un site web, une page Facebook, un blog ou le journal papier du club.

1 **Indiquer la différence entre un site web, un réseau social et un blog.**

2 **Rappeler la définition de l'e-communication, puis préciser parmi les supports retenus par Florian ceux qui sont des outils de l'e-communication.**

Finalement Florian décide de créer une page Facebook pour le club de Basket.

3 **Lister les avantages que procure une page Facebook pour le club de basket.**

La page Facebook est très visitée et « likée » mais certains adhérents reprochent de ne pas avoir facilement les informations qu'ils souhaitent dans le fil d'actualité. Florian, rassuré par le succès du réseau social, décide de créer un site web pour le club ainsi qu'un blog.

4 **Trouver les fonctions que pourrait offrir ce site aux adhérents ainsi qu'aux supporters du club de basket.**

Le bureau du club de basket est composé de 4 personnes : Florian est le président du club, Adrien occupe les fonctions de trésorier, David est le secrétaire et Geoffrey est le responsable technique.

Guy est le responsable des supporters : il a entendu parler du projet de site web et souhaite disposer d'une page réservée aux supporters et à leurs actions.

La gestion du site web demandant du temps, Florian ne peut pas s'en occuper seul. Il a donc décidé de répartir la charge de travail sur les membres du bureau et Guy.

Il a cependant décidé des différentes pages que le site devra comporter :
- une page concernant les équipes ;
- une page annonçant les dates des événements du club (vente de brioches, repas annuel...) ;
- une page présentant les résultats financiers et la structure du club ;
- une page annonçant les dates, heures et lieux des matchs et les actions menées par les supporters (déplacements, déguisements, apéritifs d'après matchs...).

5 **Préciser qui, parmi les membres du bureau, aura la responsabilité des différentes pages web.**

Le site web connaît un franc succès. Les jeunes du club utilisent beaucoup le blog pour échanger et notamment l'équipe masculine des minimes qui discutent et mettent en place de nouvelles stratégies de jeux. Lors du dernier match, l'équipe a appliqué les nouvelles combinaisons tactiques inédites et innovantes. Cependant, les adversaires les ont facilement contrés et ont largement remporté la victoire. L'entraîneur pense que l'équipe adverse a eu accès aux discussions des joueurs.

6 **Indiquer l'inconvénient du blog pour l'équipe des minimes. Proposer une solution pour résoudre ce problème.**

THÈME 2

Numérique et intelligence collective

CHAPITRE 9

LES PROCESSUS

Question » Le numérique crée-t-il de l'agilité ou de la rigidité organisationnelle ?

Finalités » Identifier les différentes étapes d'un processus de gestion et en schématiser l'enchaînement.
Situer le rôle des acteurs et des applications du système d'information dans un processus de gestion donné.

Notions » Processus : nature et représentation.

Contexte

L'Atelier Croustillant

L'Atelier Croustillant est une boulangerie-pâtisserie artisanale située dans la banlieue Est de Lyon. Ses gérants, Christel et Patrice Beretta, ont à coeur de proposer à leurs clients des produits de qualité issus d'un savoir-faire artisanal. L'activité boulangerie propose une grande variété de pains : baguette traditionnelle, baguette Chasselande, pain complet, pain aux céréales, pain au maïs, pain de seigle, pain aux figues, aux noix...

En tant que boulangerie artisanale, elle assure elle-même le pétrissage de la pâte, sa fermentation, sa mise en forme ainsi que la cuisson du pain sur le lieu de vente.

Patrice prend en charge la production et les commandes de matières premières, Christel gère le magasin et la partie administrative. L'atelier Croustillant emploie 9 salariés et 2 apprentis.

Par souci de compréhension, le processus de fabrication de la baguette tradition française a été simplifié et ne reflète pas complètement l'extraordinaire savoir-faire des boulangers.

Compléter les caractéristiques de l'Atelier Croustillant.

Les caractéristiques principales de l'organisation	
Type	
Secteur d'activité	
Champ géographique	

Les autres caractéristiques de l'organisation	
Nationalité	
Ressources humaines	
Ressources matérielles	

I NOTION DE PROCESSUS

Le produit le plus vendu de la boulangerie est la célèbre *« baguette de tradition française »*. Contrairement aux autres pains dits « classiques », la *« baguette de tradition française »* est soumise à une législation précise. En effet, le décret du Premier ministre Édouard Balladur du 13 septembre 1993 précise que pour obtenir l'appellation *« baguette de tradition française »*, le pain ne doit pas avoir subi de congélation, qu'il ne doit pas contenir d'additif et qu'il doit être exclusivement composé de farine de blé, d'eau potable et de sel de cuisine. Ce décret avait pour but de protéger la boulangerie artisanale et de permettre aux consommateurs de différencier les vrais boulangers des cuiseurs de pains industriels.

Noël, un des boulangers de l'Atelier Croustillant, est très attaché au savoir-faire artisanal. Chaque jour, il prépare avec passion les centaines de baguettes de tradition française qui seront vendues dans la boulangerie. Il commence par peser avec soin la farine, l'eau à la bonne température, le sel et la levure, puis il laisse le pétrin malaxer lentement la pâte. Il préfère un pétrissage lent mais plus long qui garantit une bonne qualité. Il laisse le pétrissage rapide aux pains industriels soumis à des obligations de performance. Quand la pâte est prête, Noël la divise en pâtons de 3,5 kg qu'il dispose dans des bacs qu'il entrepose dans une chambre froide pendant 24 heures. C'est le temps nécessaire pour que la pâte « pousse » et que la levure agisse pour former une belle mie bien aérée. Noël utilise ensuite une machine appelée diviseuse formeuse qui coupe la pâte en baguette de 350 g. Puis avec un rasoir aiguisé, il effectue le lamage : c'est une longue entaille qu'il fait tout le long de la baguette et qui lui permettra de bien lever.

Enfin arrive la dernière étape, la cuisson, dans un four bien chaud qui donnera aux baguettes une belle couleur appétissante.

1 **Indiquer, dans l'ordre, les étapes de fabrication de la baguette de tradition française.**

....	....	....	....	....

Afin de satisfaire les besoins de leurs clients, les organisations ont pour obligation d'organiser leur activité. La production de biens ou de services nécessite un enchaînement d'activités qui doit être optimisé et contrôlé. Cet enchaînement se nomme un **processus**.
Un processus est un **ensemble d'activités coordonnées** permettant de satisfaire un besoin.

2 **Identifier les ressources utilisées pendant la fabrication des baguettes de tradition française.**

3 **Montrer que la fabrication de la baguette de tradition française peut être qualifiée de processus.**

4 **Identifier l'intérêt de détailler le processus de fabrication des baguettes de tradition française en différentes étapes.**

II NATURE DES PROCESSUS

https://eqrcode.co/a/HCBLex

Les processus

Suivant leur but, les processus peuvent être de nature différente.

- **Les processus de réalisation** (ou processus **métier**) permettent la réalisation d'un bien ou d'un service. Ils vont de la détection du besoin jusqu'à sa satisfaction, et regroupent des activités liées au métier de l'organisation.
  (Exemple : la réalisation d'une coupe de cheveux chez le coiffeur suit des étapes précises → lavage des cheveux - coupe - séchage).
- **Les processus supports** apportent aux processus de réalisation les ressources dont ils ont besoin : ressources opérationnelles, humaines, financières... Ces processus ne sont pas visibles pour le client final, mais sont primordiaux pour les processus métiers.
  (Exemple : la gestion des ressources humaines est un processus de support. Sans ouvriers, l'entreprise ne peut pas produire).
- **Les processus de pilotage** prennent en charge la stratégie et le déploiement des objectifs au sein de l'organisation.
  (Exemple : rachat d'un fournisseur - création d'une nouvelle gamme de produits...).

5 **Distinguer la nature des processus décrits dans le tableau ci-dessous.**

Processus	Nature	Justification
Les fêtes de fin d'année sont une période de forte activité pour la boutique. Les commandes sont nombreuses, il faut du personnel supplémentaire. Patrice a estimé le nombre d'employés nécessaire et Christel a établi un planning précis pour les vendeuses de la boutique.		
Pour fidéliser sa clientèle et se démarquer des concurrents, Patrice a eu l'idée de proposer des pâtisseries en fonction des événements du calendrier. Pour la Saint-Valentin il propose un nouveau gâteau en forme de cœur. Pour la fête des Mères, il sculpte un escarpin en chocolat.		
Noël réalise pour un client une commande de pain bio. Le pétrissage est plus long et la pousse se fait à température ambiante.		

6 **Déterminer qui intervient principalement dans les processus de pilotage de l'Atelier Croustillant.**

III REPRÉSENTATION DES PROCESSUS

Chaque dimanche, avant la fermeture du magasin, Noël vérifie les stocks des différentes farines. Suite à cet inventaire, il établit une fiche d'état des stocks qu'il transmet à Patrice. Le mardi matin, le gérant étudie, pour chaque type de pains, le détail des ventes de la semaine précédente fournit par Christel. Il peut ainsi établir des prévisions de vente et calculer les quantités de farines nécessaires pour la semaine à venir. L'Atelier Croustillant utilise une grande diversité de farines : de blé, de maïs, complète, aux céréales, bio... Il y a toujours une commande à faire ! Patrice passe commande à la minoterie qui livre les farines le jeudi. Le gérant vérifie si la livraison correspond à sa commande. Si c'est le cas, il signe le bon de livraison ; s'il manque un produit, il déclare à la minoterie la livraison incomplète.

7 **Identifier la nature du processus décrit ci-dessus.**

Afin de faciliter la compréhension et l'optimisation, on représente souvent les processus sous la forme d'un schéma.

Document 1 **Le schéma du processus de commande de farine**

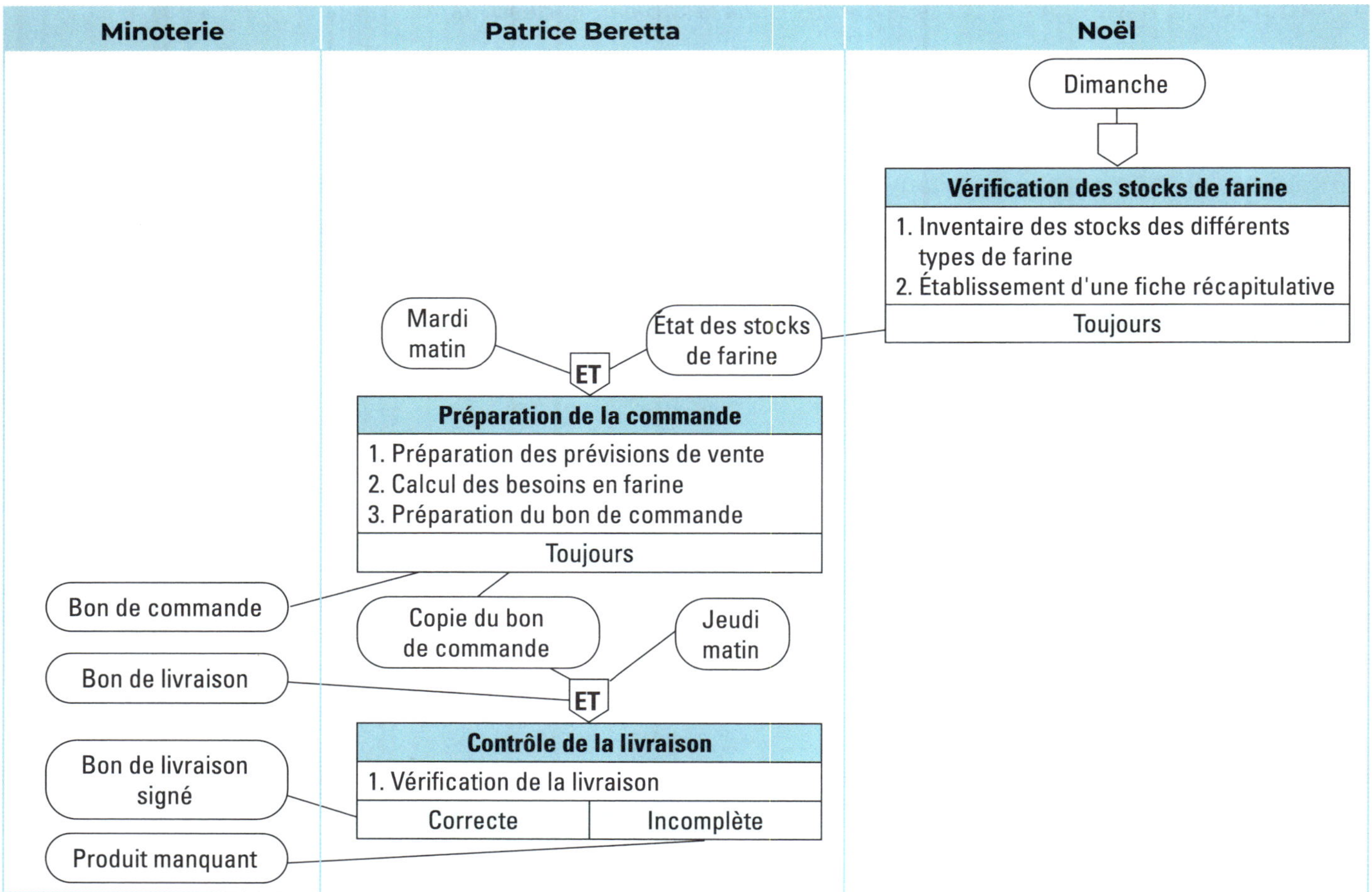

8 **Repérer à quoi correspondent les colonnes du schéma.**

Un acteur joue un rôle dans le déroulement du processus.

- **Un acteur interne** fait partie du processus et réalise une ou plusieurs activités au cours du processus.
- **Un acteur externe** ne fait pas partie du processus, il est uniquement émetteur ou récepteur d'informations, et ne réalise pas d'activité au cours du processus.

9 **Identifier les acteurs dans le schéma de processus du document 1. Déterminer leur type.**

10 **Repérer comment sont représentées les différentes activités du processus.**

11 **Identifier ce que représentent les formes ovales.**

Un **événement est une information reçue ou émise par le système d'information**.
- **Les événements déclencheurs** provoquent la mise en œuvre d'une activité.
- **Les événements résultats** représentent l'aboutissement de l'activité.
- **Les événements temporels** représentent l'action du temps dans le processus. Ainsi, parfois, c'est le temps qui déclenche une activité.

12 **À partir du schéma de processus du document 1, classifier dans le tableau ci-dessous les différents événements.**

Événements déclencheurs	Événements résultats

13 **Commenter la particularité de l'événement « Copie du bon de commande ».**

- Lorsqu'une activité est activée par plusieurs événements déclencheurs, il faut préciser une condition de **synchronisation** (ET, OU...) qui permet de savoir comment il convient de traiter les événements déclencheurs.
- Parfois, le résultat d'une activité est dépendant d'une condition. Il faut donc préciser de quelle condition il s'agit : ce sont les **conditions d'émission**.

14 **Préciser les événements déclencheurs de l'activité « Contrôle de la livraison ». Justifier la présence du mot « ET » écrit au-dessus de l'activité.**

15 **Expliquer la présence du mot « Toujours » en bas de l'activité « Vérification des stocks ».**

16 **Expliquer la signification des deux colonnes en bas de l'activité « Contrôle de la livraison ».**

Christel vous communique le schéma de processus suivant.

Document 2 **Le schéma de processus**

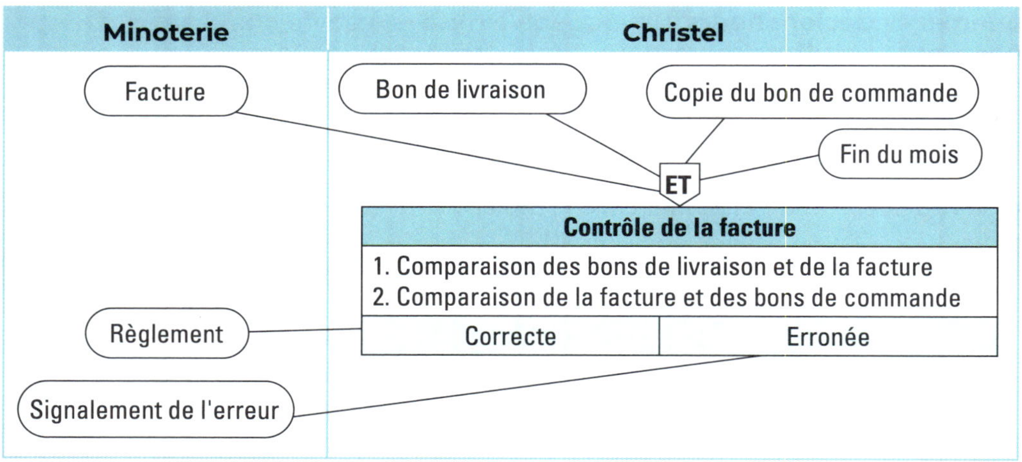

17 **Indiquer le processus dont il s'agit. Préciser sa nature.**

18 **Proposer une explication textuelle de ce processus.**

À RETENIR

LES PROCESSUS

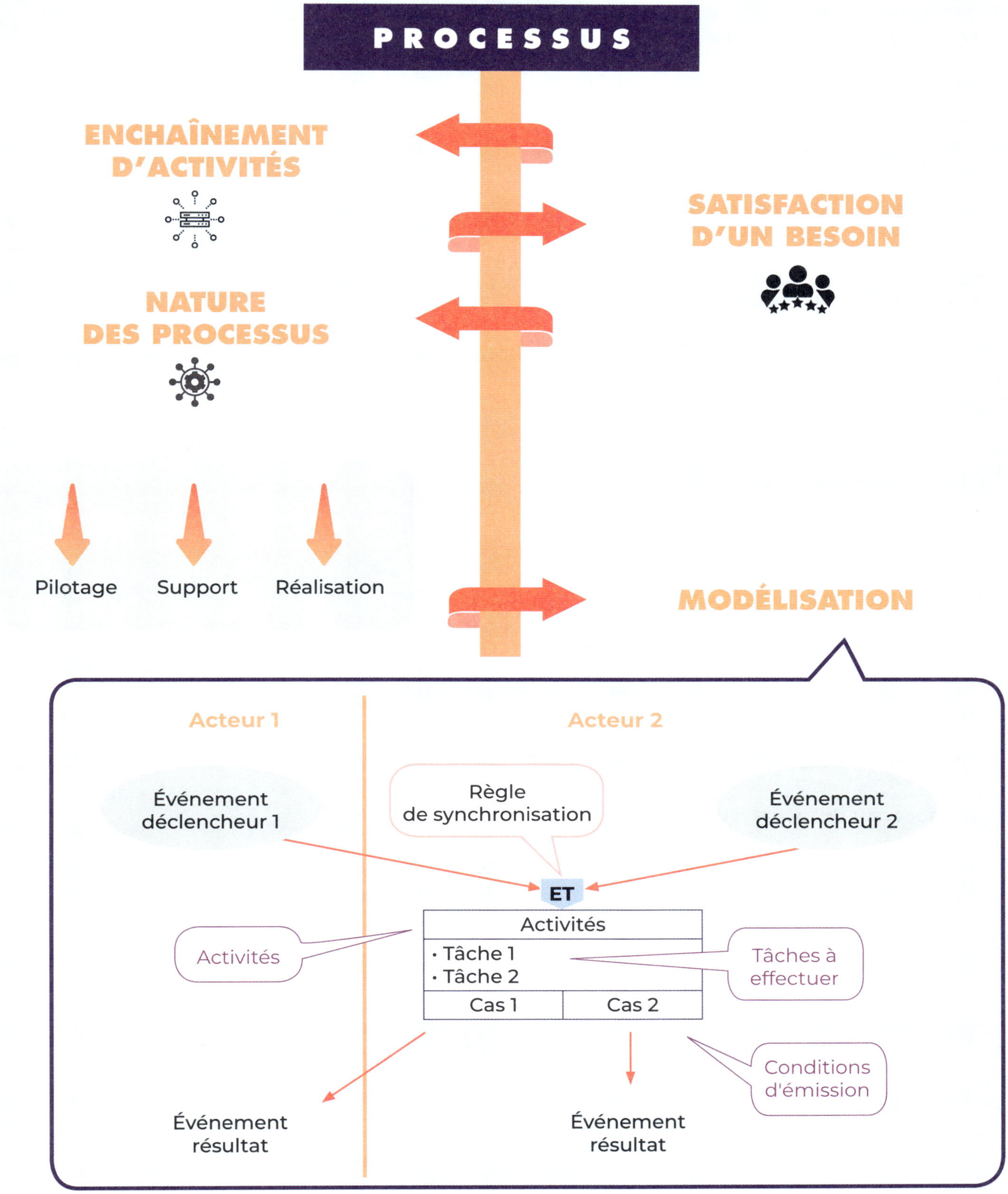

LIEN AVEC LE MANAGEMENT

Ressources humaines • Financières • Matérielles • Immatérielles • Technologiques • Décisions stratégiques

Tester ses connaissances

Se tester en ligne
https://eqrcode.co/a/l6OluC

Réaliser les mots croisés

Horizontalement :

1. Se dit d'un processus qui prend en charge la stratégie de l'organisation.
2. Participe à un processus.
3. Se dit d'un événement qui est l'aboutissement d'une activité.
4. Se dit d'un processus qui apporte les ressources dont d'autres processus ont besoin.

Verticalement :

A. Élément d'un processus, réalisé par un acteur.
B. Ensemble d'activités.
C. Se dit d'un processus de réalisation.
D. S'utilise quand l'acteur est uniquement émetteur d'information et ne réalise pas d'activité.

Relier les notions

Relier les différents processus proposés à leur nature.

- **Le processus de gestion de la maintenance des machines.**
- **Le processus d'ouverture du compte bancaire d'un particulier.**
- **Le processus de dépôt des demandes de congés annuels des salariés de l'entreprise.**
- **Le processus d'attribution d'un logement par l'office des HLM.**
- **Le processus de rachat d'un concurrent de l'entreprise.**
- **Le processus de remboursement des frais médicaux par une mutuelle.**
- **Le processus de remplacement des voitures de fonction des commerciaux.**

- **Pilotage**
- **Support**
- **Réalisations**

Rédiger sa synthèse

1. Qu'est-ce qu'un processus ?
2. Quelles sont les différentes natures d'un processus ?
3. Qu'est-ce qu'un événement ? Quels sont les différents types d'événements ?
4. Dans la schématisation d'un processus, comment sont représentés :
   a. les acteurs ?
   b. les événements ?
   c. les activités ?
5. Dans la schématisation d'un processus, qu'est-ce qu'une synchronisation ? Une condition d'émission ?

Se mettre en activité

Activité 1 Lire et comprendre la schématisation d'un processus

L'entreprise DécoBois est une menuiserie artisanale spécialisée dans le meuble de décoration sur mesure. Le gérant vous propose le schéma de processus de prise de commande chez DécoBois.

1. **Indiquer la nature de ce processus.**
2. **Indiquer les acteurs du processus de prise de commande. Distinguer les acteurs internes et externes.**
3. **Proposer une explication textuelle du processus de prise de commande.**

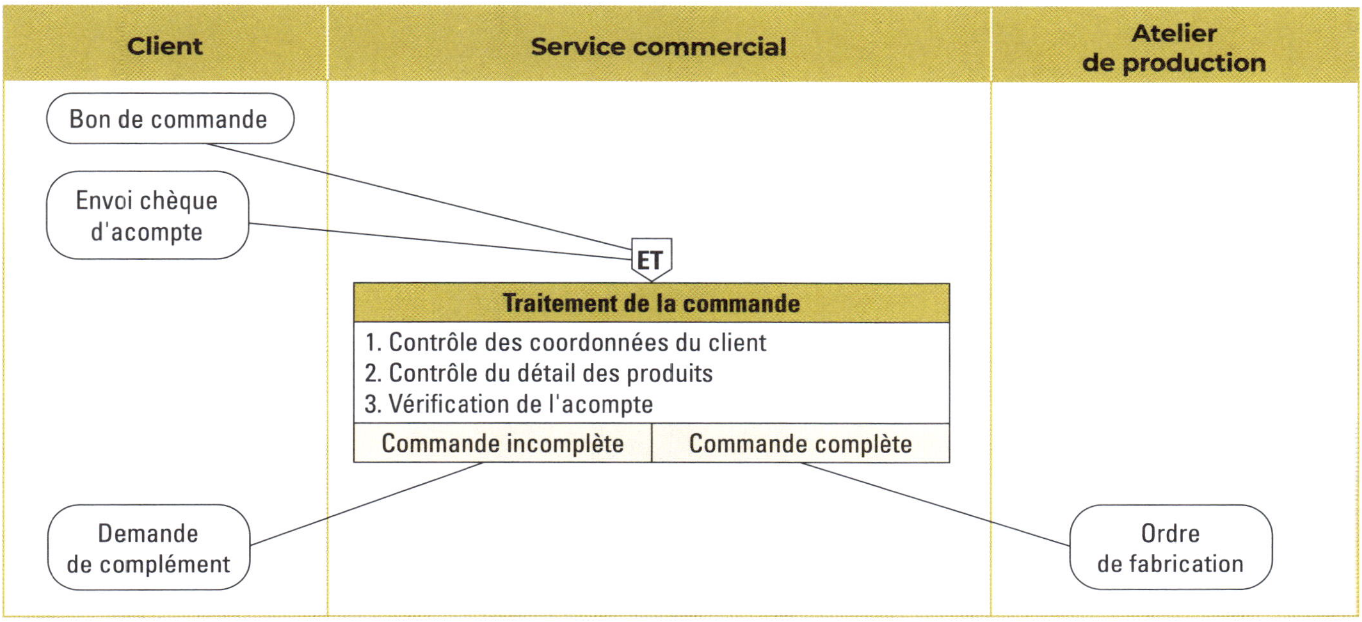

Activité 2 Compléter la schématisation d'un processus

1. **Indiquer le processus décrit.**
2. **Préciser la nature du processus.**
3. **Citer les acteurs du processus. Préciser s'ils sont internes ou externes.**
4. **Déterminer l'événement déclencheur du processus de gestion des prêts.**
5. **Schématiser le processus de gestion des prêts (le début du schéma est donné à titre indicatif en page suivante).**

Annexe Prêts de la médiathèque

La médiathèque municipale propose des prêts de livres, de CD de musique et de DVD. Lorsqu'un lecteur souhaite emprunter un ouvrage, il doit présenter sa carte de membre de la médiathèque. Les prêts ne peuvent pas être enregistrés en cas d'oubli ou de perte de la carte. Le bibliothécaire vérifie alors que l'emprunteur n'a pas d'ouvrage en attente de restitution. Dans ce cas, le prêt est refusé jusqu'à ce que tous les ouvrages soient rendus. Si l'emprunteur n'a aucun retard, alors le bibliothécaire valide le prêt.

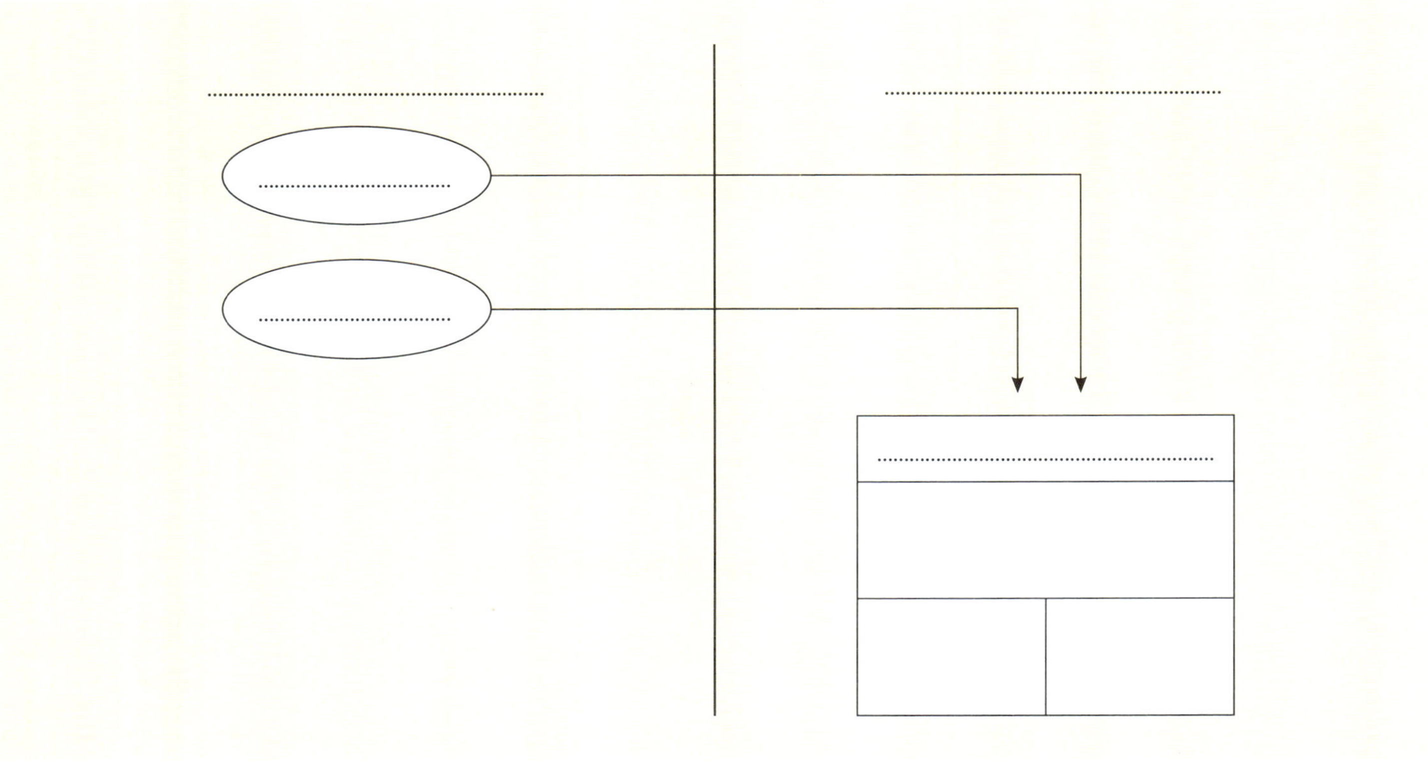

Activité 3 Schématiser un processus

La direction des ressources humaines d'une grande entreprise du bâtiment et des travaux publics suit un processus précis pour recruter un nouveau collaborateur. L'assistant du directeur des ressources humaines réceptionne les CV et les lettres de motivation envoyés par les candidats. Il enregistre les candidatures en vérifiant que le dossier soit complet. En effet, lors d'une candidature spontanée, il est inconcevable de recevoir un CV sans la lettre de motivation (ou inversement) dans ce cas, le dossier est classé sans suite et aucun retour n'est fait au candidat. Si le dossier est complet, l'assistant crée un dossier de candidature qu'il remet à la directrice des ressources humaines. Celle-ci parcourt les candidatures et inscrit sa décision sur le dossier, puis le retourne à son assistant qui traite la décision de la DRH. Si la réponse est négative, le candidat recevra une lettre de refus. Il se peut également que le candidat soit convoqué pour un entretien ou qu'on lui demande des compléments d'information.

1 **Indiquer la nature du processus.**

2 **Déterminer les acteurs du processus.**

3 **Préciser quelles sont les activités constituant ce processus.**

4 **Schématiser le processus de recrutement.**

THÈME 2

Numérique et intelligence collective

CHAPITRE 10

LE SYSTÈME DE GESTION INTÉGRÉE

Question » Le numérique crée-t-il de l'agilité ou de la rigidité organisationnelle ?

Finalités » Repérer les effets de l'automatisation des activités de gestion sur la circulation de l'information, l'organisation du travail et le rôle des acteurs. Imaginer une nouvelle organisation des tâches avec intégration de l'intelligence artificielle.

Notions » Progiciels de gestion intégrée, solutions d'e-commerce, systèmes de gestion industrielle, sites de marché, applications métier, travail à distance, mobilité, informatique en nuage.

Contexte

Electro Vélo

Electro Vélo

Electro Vélo est une entreprise française, spécialisée dans la fabrication de vélos à assistance électrique (VAE). Sa clientèle est composée de particuliers et de loueurs de vélos. Après un début timide, le vélo à assistance électrique a enfin trouvé son public : des citadins souhaitant oublier la voiture pour aller au travail sans pour autant faire un effort trop important. Le VAE a également trouvé sa place dans les loisirs avec les balades familiales ou les randonnées en moyenne montagne.

Ces deux dernières années, le marché du VTT à assistance électrique a connu une augmentation de 72 %. De plus, de nombreuses villes (Lyon, Paris, Lille) proposent maintenant des VAE en libre-service.

Tous les modèles commercialisés par Electro Vélo sont conçus par le bureau des études et fabriqués dans ses ateliers. Certaines pièces sont achetées chez les fournisseurs spécialisés (poignées de guidon, selles, garde-boue...).

Les caractéristiques principales de l'organisation

Type	Entreprise privée (PME)
Secteur d'activité	Secondaire : Fabricant de vélos à assistance électrique
Statut	SAS
Taille	PME
Champ géographique	National

Les autres caractéristiques de l'organisation

Nationalité	Française
Ressources humaines	49 salariés
Ressources financières	Capital social de 250 000 €
Ressources matérielles	Locaux et chaînes de fabrication (machines, outillage)

Découvrir

I PROGICIELS DE GESTION INTÉGRÉE

Electro Vélo propose deux gammes de vélo à assistance électrique. Leur fabrication est différente. Pour la gamme « Loueurs », certaines pièces se démontent plus facilement pour permettre un entretien et une maintenance plus aisée.

Document 1 La présentation des produits

Gamme	Standard	Loueurs
Description	Modèles destinés aux particuliers, qui nécessitent peu de maintenance.	Ajout d'accessoires spécifiques (paniers, kit lumières amovibles...).
Modèle	Modèle ville : vélo électrique mixte. Charge rapide. Utilisation urbaine - 899 €.	Modèle urbain : vélo électrique mixte. Utilisation citadine - 999 €.
	Modèle ville premium : vélo électrique mixte avec une autonomie prolongée - 1 099 €.	Modèle balade : vélo électrique mixte. Utilisation tout chemin - 1 199 €.
		Modèle performance : VTT électrique. Utilisation en montagne ou en randonnée - 1 699 €.

Chaque vélo existe en 3 tailles (S, M, L) et en différentes couleurs (gris, noir, blanc, bleu, rouge).

Electro Vélo vend aussi des pièces détachées pour remplacement :

Tarifs	Urbain	Balade	Performance
Moteur de remplacement	399 €	399 €	499 €
Batterie de remplacement	299 €	299 €	399 €

L'entreprise JERRY LOCATION gère les locations de vélos du camping de la Civelle à Capbreton. Le dirigeant envoie par courriel à sa commerciale habituelle, Sarah Bensimon, une commande pour la prochaine saison estivale.

Document 2 La commande de JERRY LOCATION

Le client souhaite dans la gamme « Loueurs » :
- 30 vélos **B**alade (taille M couleur noir) ;
- 10 vélos **P**erformance (taille M couleur noir) ;
- 5 moteurs de remplacement **B**alade ;
- 5 batteries de remplacement **B**alade ;
- 1 moteur de remplacement **P**erformance ;
- 1 batterie de remplacement **P**erformance.

https://eqrcode.co/a/6P3e9l

Le Progiciel de Gestion Intégrée

Un progiciel de gestion intégrée (PGI en français, ERP en anglais) est un ensemble de **programmes informatiques paramétrables** permettant de suivre au plus près les spécificités de chaque organisation.

Un PGI centralise toutes les informations de l'entreprise qui sont ensuite partagées entre tous les processus afin qu'ils disposent des informations nécessaires à leur bon déroulement.

Un PGI est composé d'un **ensemble de modules**. Chaque module prend en charge un ou plusieurs processus de l'organisation.

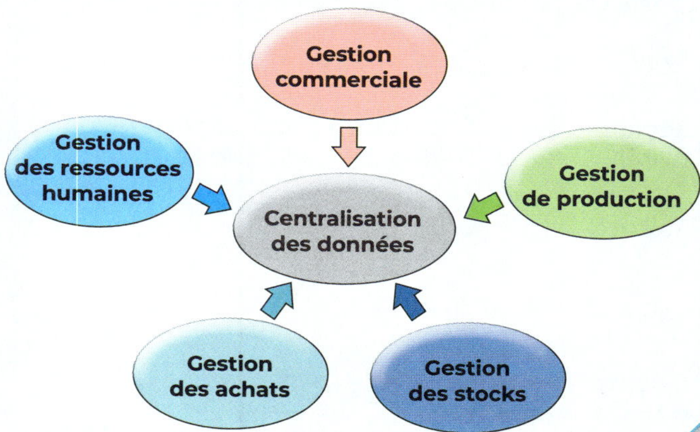

Sarah saisit la commande dans le progiciel de gestion intégrée.

Document 3 La saisie de la commande de JERRY LOCATION

Description	TVA	P.U. HT	Qté	Réduc.	Prix de revient	Total HT
#0006 - Modèle performance	20%	1 415,83333	10		0,00	14 158,33
#0008 - Moteur de remplacement pour vélo balade	20%	277,08333	5		0,00	1 385,42
#0010 - batterie de remplacement pour vélo urbain ou balade	20%	249,16667	5		0,00	1 245,83
#0009 - Moteur de remplacement pour vélo performance	20%	230,90278	1		0,00	230,90
#0011 - batterie de remplacement pour vélo performance	20%	332,50	1		0,00	332,50

Lorsqu'elle saisit la ligne pour les 30 vélos *balade*, le message suivant s'affiche :

Le stock du produit #0005 est insuffisant pour permettre un ajout dans une nouvelle commande. x

Sarah va alors consulter le stock des vélos de la gamme « Loueurs ».

Document 4 La vérification des stocks de vélos de la gamme « Loueurs »

Produits (Stocks) (3)

Tags/catégories: Gamme vélos >> Gamme loueurs Stock insuffisant

Réf.	Libellé	Stock physique		État (Vente)	État (Achat)
#0004	Modèle urbain	35	Mouvements	En vente	En achat
#0005	Modèle balade	25	Mouvements	En vente	En achat
#0006	Modèle performance	21	Mouvements	En vente	En achat

1 Expliquer pourquoi Sarah ne peut pas rajouter la ligne des 30 vélos Balade dans la commande de JERRY LOCATION.

2 Déterminer quel service d'Electro Vélo est responsable de cette information. Expliquer pourquoi Sarah Bensimon peut consulter ce renseignement.

3 Préciser l'importance, pour Sarah Bensimon, d'avoir accès aux stocks d'Electro Vélo.

4 Suggérer ce que doit faire maintenant Electro Vélo pour satisfaire la commande de JERRY LOCATION.

II SYSTÈMES DE GESTION INDUSTRIELLE

Sarah Bensimon valide la commande de JERRY LOCATION. Une alerte s'affiche alors sur l'écran de Walid Cherifi, le responsable des stocks. Il vérifie les stocks des produits demandés et valide sur le PGI l'ordre de fabrication pour 5 vélos balade de la gamme « Loueurs ».

Document 5 L'organigramme d'Electro Vélo

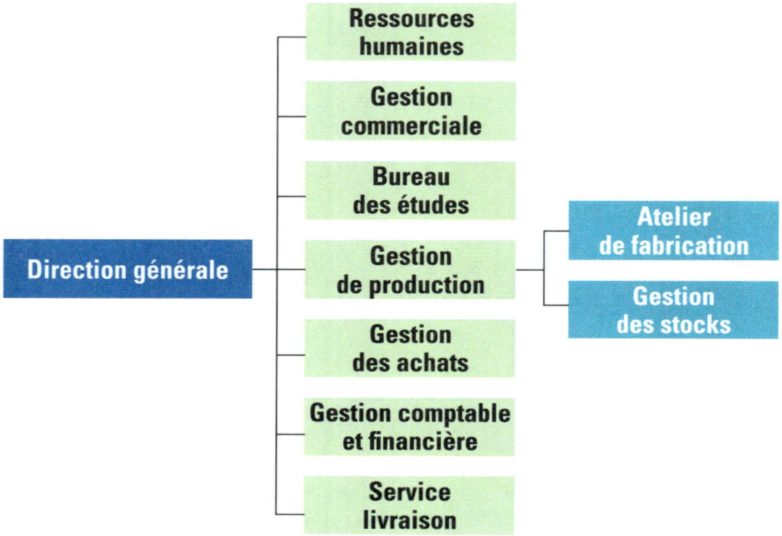

5 Compléter le schéma ci-dessous détaillant les étapes du processus de traitement de la commande de JERRY LOCATION.

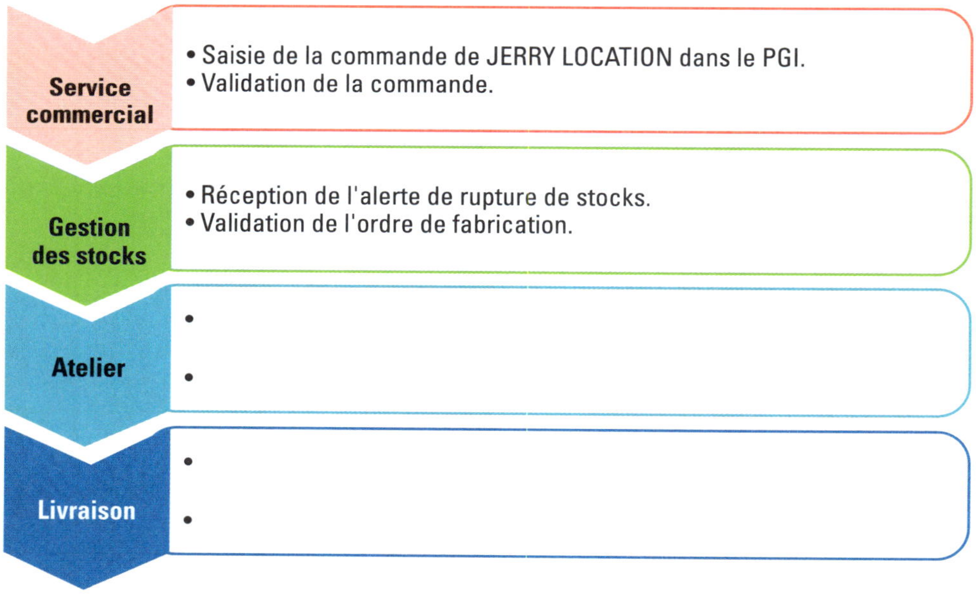

6 Expliquer comment l'automatisation améliore la circulation de l'information.

III APPLICATIONS MÉTIERS

Electro Vélo est très soucieuse de la qualité de ses produits. Des tests sont réalisés à chaque étape de la fabrication. Sur le modèle VTT performance, certains utilisateurs se sont plaints de fissures dans les soudures en utilisation intensive en montagne.

Cette anomalie est inacceptable pour l'entreprise et doit être corrigée au plus tôt.

7 Indiquer si le PGI serait efficace pour la correction de la fragilité des cadres de vélo.

Electro Vélo décide de vérifier systématiquement tous les cadres de vélos qui sortent de ses ateliers, ce qui représentent plusieurs centaines de produits différents par semaine. Afin de déterminer avec précision d'où proviennent les anomalies, l'entreprise souhaite consigner tous les contrôles effectués dans un logiciel, ce qui permettrait d'établir ensuite des statistiques et un suivi encore plus minutieux.

Une application métier est une application informatique créée spécifiquement pour l'entreprise. Elle s'adapte à l'environnement, aux processus et aux métiers de l'entreprise.

Cette solution est à privilégier **quand les logiciels standards ne peuvent pas s'adapter aux besoins de l'entreprise**.

Ainsi, une entreprise de mécanique de précision pourra développer elle-même une application métier lui permettant de contrôler les qualités des pièces achetées et ainsi déterminer les meilleurs fournisseurs. Ce travail est **spécifique à l'entreprise et correspond à son cœur de métier**.

8 Justifier l'utilisation d'une application métier par Electro vélo pour contrôler la qualité des cadres de vélo.

Afin de contrôler les soudures des cadres de vélo, Electro Vélo souhaiterait disposer d'outils de haute technologie. Le responsable de l'atelier aimerait qu'un ensemble de caméras puisse vérifier chacune des caractéristiques des soudures (composition taille, épaisseur, séchage...). Cela nécessiterait un logiciel capable d'analyser les images et de les comparer avec les anomalies répertoriées.

9 Déterminer quel type d'intelligence artificielle serait nécessaire pour contrôler les soudures des cadres de vélo.

IV TRAVAIL À DISTANCE ET MOBILITÉ

L'intégration de vélos à assistance électrique chez les loueurs est récente. Le marché est en pleine expansion. Ainsi, Electro Vélo a décidé d'envoyer ses commerciaux prospecter les loueurs de vélos des zones touristiques. Munis de tablettes tactiles, les commerciaux peuvent présenter les différents produits aux loueurs et saisir les commandes à distances.

https://eqrcode.co/a/LpOILE

Qu'est-ce que le télétravail ?

10 **Présenter les avantages que le PGI apporte aux commerciaux lors de la prise de commande à distance.**

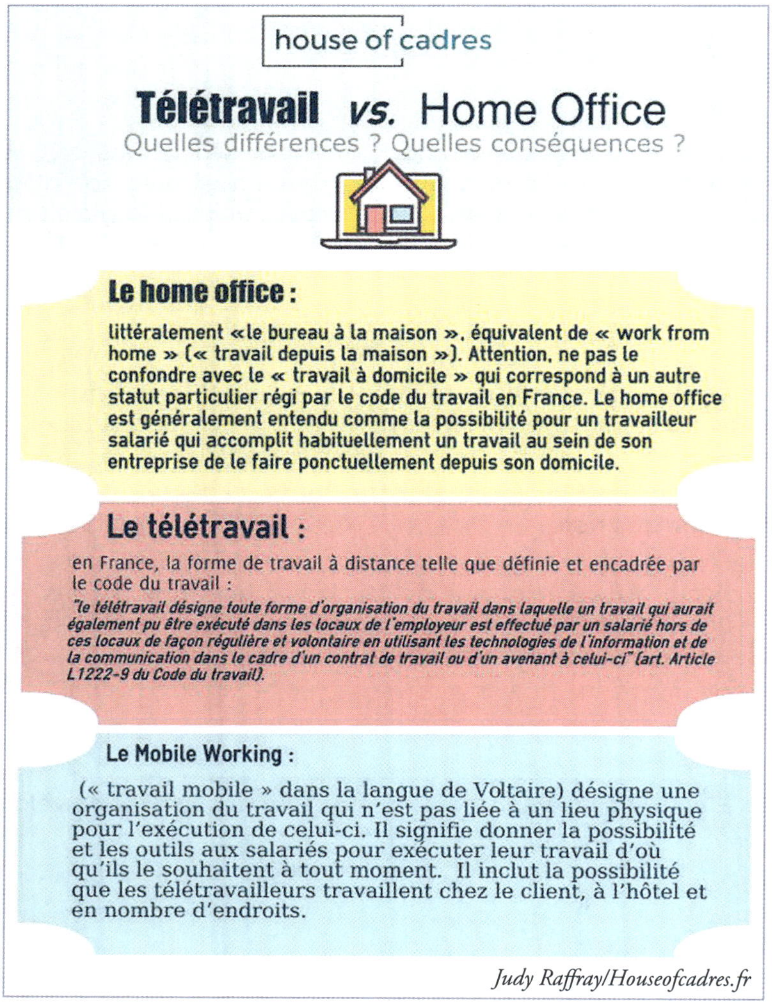

house of cadres

Télétravail *vs.* Home Office

Quelles différences ? Quelles conséquences ?

Le home office :

littéralement «le bureau à la maison », équivalent de « work from home » (« travail depuis la maison »). Attention, ne pas le confondre avec le « travail à domicile » qui correspond à un autre statut particulier régi par le code du travail en France. Le home office est généralement entendu comme la possibilité pour un travailleur salarié qui accomplit habituellement un travail au sein de son entreprise de le faire ponctuellement depuis son domicile.

Le télétravail :

en France, la forme de travail à distance telle que définie et encadrée par le code du travail :

"le télétravail désigne toute forme d'organisation du travail dans laquelle un travail qui aurait également pu être exécuté dans les locaux de l'employeur est effectué par un salarié hors de ces locaux de façon régulière et volontaire en utilisant les technologies de l'information et de la communication dans le cadre d'un contrat de travail ou d'un avenant à celui-ci" (art. Article L1222-9 du Code du travail).

Le Mobile Working :

(« travail mobile » dans la langue de Voltaire) désigne une organisation du travail qui n'est pas liée à un lieu physique pour l'exécution de celui-ci. Il signifie donner la possibilité et les outils aux salariés pour exécuter leur travail d'où qu'ils le souhaitent à tout moment. Il inclut la possibilité que les télétravailleurs travaillent chez le client, à l'hôtel et en nombre d'endroits.

Judy Raffray/Houseofcadres.fr

L'évolution des technologies de l'information et de la communication a favorisé le développement de la mobilité et du **travail à distance**.

On assiste à l'émergence de nouvelles formes de travail. L'activité professionnelle peut être effectuée à distance du lieu où le travail est attendu. Il est possible de travailler depuis son domicile, un espace de travail partagé *(coworking)*, dans un bureau satellite de l'entreprise, ou de manière totalement nomade.

Il existe différents types de travail à distance.

11 **Indiquer si les commerciaux d'Electro Vélo pratiquent le télétravail, le home office ou le mobile working.**

12 **Déterminer la condition nécessaire pour que les commerciaux puissent saisir les commandes à distance.**

13 **Lister les problèmes pouvant surgir lors de la saisie des commandes à distance.**

V INFORMATIQUE EN NUAGE

Sarah Bensimon est allée prospecter les loueurs de vélos des Landes. Pour les convaincre, elle leur présente des vidéos, des tableaux de bord et le catalogue des produits et des pièces détachées. En arrivant chez son client situé dans les Pyrénées, Sarah a remarqué qu'elle avait oublié de télécharger la dernière version du catalogue.

L'informatique en nuage *(cloud computing en anglais)* consiste à stocker des informations sur des serveurs distants accessibles par Internet. Il est alors possible d'accéder à ses informations de n'importe où sur le net.

Cela nécessite une prise en charge de la sécurité et de la confidentialité.

14 **Préciser quels types de document Electro Vélo peut partager avec les commerciaux.**

15 **Indiquer quels seraient les avantages, pour Electro Vélo, de mettre sur le cloud des documents à disposition de ses commerciaux.**

16 **Déterminer les risques pour Electro Vélo, d'utiliser le *cloud computing*.**

VI SOLUTIONS D'E-COMMERCE ET SITES DE MARCHÉ

Les agences de location ont fait remarquer à Sarah Bensimon que les vacanciers demandaient souvent les coordonnées d'**Electro Vélo** car ils souhaitaient acheter le même vélo à assistance électrique que celui qu'ils venaient de louer.

En plus de leur site web, l'entreprise a décidé de se doter d'une boutique en ligne, qui sera accessible aussi bien aux particuliers qu'aux loueurs.

L'e-commerce est une activité qui permet l'achat de biens ou de services, par le biais d'un moyen électronique tel **qu'Internet**.

On distingue :

- le commerce électronique **entre entreprises**, souvent appelé **B to B** (business to business)
- le commerce électronique à **destination des particuliers**, ou **B to C** (business to consumer) : il s'agit de sites web marchands ;
- le commerce électronique **entre particuliers**, ou **C to C** (*consumer-to-consumer*). Il s'agit en général de sites web permettant la vente entre particuliers.

On nomme **m-commerce** ou commerce mobile, l'achat de biens et de services en utilisant les technologies sans fil, et plus particulièrement de la téléphonie mobile.

Le développement des assistants personnels intelligents *(Google-Assistant, Microsoft-Cortana, Apple-Siri, Amazon-Alexa...)* a favorisé l'émergence du **commerce vocal** (v-commerce) qui consiste à commander ses achats par la voix.

17 **Déterminer à quel type d'e-commerce correspond la boutique en ligne d'Electro Vélo.**

18 **Indiquer les avantages de la mise en place d'e-commerce chez Electro Vélo.**

Pour augmenter sa clientèle, **Electro Vélo** décide d'être présent sur les sites de marché.

Depuis quelques années, une forme particulière d'e-commerce s'est développée avec le développement des sites de marché.
Un site de marché (place de marché ou Marketplace) désigne une plateforme sur Internet qui met en relation des acheteurs et des vendeurs.
Les plus importants du secteur sont Amazon, PriceMinister, Cdiscount, Rueducommerce, Fnac.com.
Les vendeurs proposent leurs produits dans le catalogue du site de marché. Les acheteurs font leur choix sur le site et passent leur commande directement à la Marketplace qui la transfère au vendeur. Celui-ci prend en charge l'emballage, l'expédition de la commande et le service après-vente.
La place de marché est rémunérée selon un pourcentage de vente défini préalablement avec le vendeur.
Le principal avantage du site de marché est que les vendeurs bénéficient de la notoriété de la plateforme et de sa puissance commerciale.

https://eqrcode.co/a/zkYdcz

Marketplaces : comment ça fonctionne ?

19 **Préciser les principales différences entre un site de marché et une boutique en ligne.**

20 **Déterminer les adaptations que le système d'information d'Electro Vélo doit prévoir pour intégrer l'e-commerce.**

À RETENIR

LE SYSTÈME DE GESTION INTÉGRÉE

SYSTÈME DE GESTION INTÉGRÉE

PGI

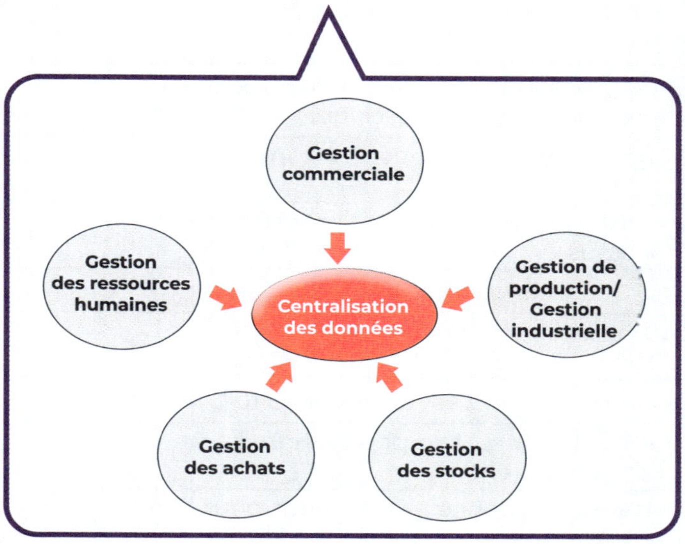

APPLICATIONS MÉTIER

Spécifiques au cœur du métier

INFORMATIQUE EN NUAGE (CLOUD COMPUTING)

Stockage des informations sur un serveur distant

TRAVAIL À DISTANCE

- Home office
- Mobile working
- Télétravail

E-COMMERCE

B to C
B to B
C to C
m-commerce
v-commerce

LIEN AVEC LE MANAGEMENT

Transformation numérique

Tester ses connaissances

Se tester en ligne
https://eqrcode.co/a/53Syyf

Vrai ou faux ?

Affirmations	Vrai	Faux	Justifications
Un PGI permet de centraliser et de partager les informations.	☐	☐	
Une application métier est utilisée pour résoudre un problème spécifique.	☐	☐	
PGI et application métier sont incompatibles.	☐	☐	
Le PGI permet l'automatisation des processus.	☐	☐	
Un PGI est composé de modules.	☐	☐	
L'automatisation des processus complique la circulation de l'information.	☐	☐	
Un site marchand est un site de B to C.	☐	☐	
Une petite entreprise peut vendre sur un site de marché.	☐	☐	
Le travail à distance est un atout pour une entreprise.	☐	☐	
Le cloud computing est obligatoire pour une entreprise.	☐	☐	

Qui suis-je ?

Propositions	Réponses
Je suis un logiciel paramétrable mettant en œuvre un ou plusieurs processus.	
Je suis le stockage d'information sur des serveurs extérieurs à l'entreprise.	
Je suis une méthode de vente ou d'achat de biens ou de services en ligne.	
Je suis une contrainte supprimée par le travail à distance.	
Je suis une plateforme qui met en relation les vendeurs et les acheteurs.	
La vie en entreprise est rythmée selon des habitudes, des modalités de fonctionnement partagées par le groupe. La pause-café journalière en constitue un.	

Rédiger sa synthèse

1. Qu'est-ce qu'un PGI ?
2. Qu'est-ce qu'une application métier ?
3. Qu'est-ce que l'e-commerce ? Quels sont les différents types d'e-commerce ?
4. Qu'est-ce qu'un site de marché ? Quels sont ses principaux avantages ?
5. Qu'est-ce que le travail à distance ? Quels sont les avantages et les inconvénients du travail à distance ?
6. Qu'est-ce que le cloud computing ?

Se mettre en activité

Activité 1 Déterminer les modules du PGI à utiliser

L'entreprise Artefacts Studio édite des jeux vidéo de types RPG tactiques, des jeux narratifs et est aussi experte en jeux de Racing sur des licences reconnues. Elle utilise un PGI pour la gestion de ses processus.

Indiquer, pour chaque processus décrit ci-dessous, s'il convient d'utiliser un module du PGI ou une application métier.

	PGI				Application métier
	Gestion commerciale	Gestion de production	Gestion des stocks	Gestion des ressources humaines	
Artefacts Studio lance la production d'un nouveau jeu de course de motos.					
Élodie, une développeuse de jeux vidéo, fait une demande de congés pour les vacances d'été.					
Les résultats des tests des jeux vidéo sont soigneusement analysés et consignés.					
Le jeu principal d'Artefacts Studio ne peut pas subir une rupture de stock.					
Artefacts Studio accorde 10 % de remise au troisième jeu acheté.					

Activité 2 Classifier les types d'e-commerce

MyLord est une entreprise familiale landaise spécialisée dans la coupe et la confection des vêtements pour homme. Elle fabrique des costumes, des chemises, des vestes, des pantalons... L'entreprise propose également des accessoires de mode (cravate, nœuds papillon, boutons de manchettes, ceinture...) commandés sur internet à des fournisseurs étrangers.

Thomas, un nouveau client, est ravi du costume qu'il a acheté chez MyLord. Rayane, son ami d'enfance, souhaite s'acheter la même chemise. Habitant à Strasbourg, Rayane ne peut pas se rendre au magasin de MyLord. Il a donc commandé sur le site web de la société plusieurs chemises, une ceinture, et deux cravates en soie.

À présent, Rayane souhaite se débarrasser de ses anciennes chemises qu'il a mises en vente sur un site de petites annonces de particulier à particulier.

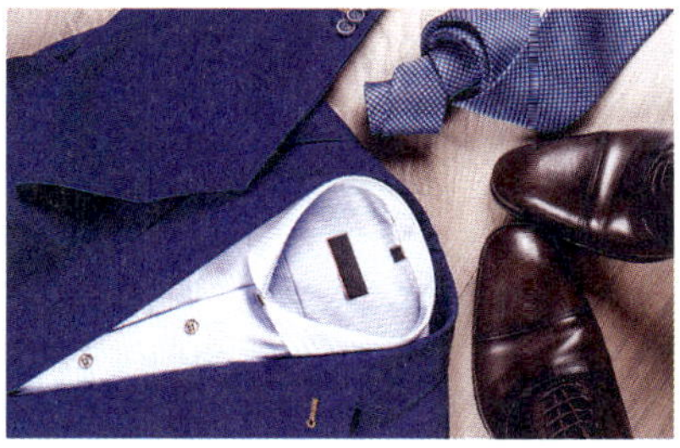

1 Retrouver les différents types d'e-commerce évoqué dans le document.

2 Préciser le principal avantage de la mise en place du e-commerce chez MyLord.

Activité 3 Imaginer une nouvelle organisation des tâches

MadeInMaddy est une boutique de bijoux fantaisie et d'accessoires située dans le centre-ville de Lyon. Sa gérante, Maud Collet, conçoit certains modèles de bijoux qu'elle fabrique elle-même. Chaque bijou est unique. Sa clientèle principale est constituée de clientes fidèles qui attendent avec impatience ses nouvelles créations.

Maud vend également des accessoires de mode (sacs, foulards...) qu'elle achète à des artisans.

Après deux ans de croissance de son chiffre d'affaires, et pour élargir davantage sa clientèle, Maud a décidé d'ouvrir sa boutique en ligne. Elle vend ainsi les mêmes modèles à une clientèle plus large en s'appuyant sur le stock de sa boutique.

C'est son associée Liliane qui gère la boutique en ligne. Dernièrement, elle a vendu sur la boutique en ligne un superbe collier en argent et cristal de Swarovski. Or, ce même jour, Maud Collet a vendu ce même collier à une cliente venue en boutique. Pourtant, afin d'éviter ce type de désagréments, Maud et Liliane utilisent un fichier de stock qu'elles mettent à jour tous les soirs à partir des ventes du magasin et de la boutique en ligne.

1. **Expliquer pourquoi la gestion des stocks sur le fichier n'est pas efficace pour gérer à la fois la boutique, le magasin et la boutique en ligne.**
2. **Proposer un logiciel qu'elles pourraient utiliser pour gérer leur activité.**
3. **Déterminer les modules qu'il faudrait installer dans le cas présent.**
4. **Indiquer le type d'e-commerce auquel correspond le site de vente en ligne de la boutique.**
5. **Conseiller à Maud et Liliane une solution pour booster les ventes.**

Activité 4 Étudier le travail à distance

Seluxia est un fabricant français de chaussures homme et femme en cuir. Entreprise familiale gérée par M. Mitta, elle s'appuie sur un savoir-faire issu d'années d'expérience et sur une renommée liée à la production de chaussures haut de gamme.

Ses modèles sont diffusés dans un réseau de boutiques en nom propre, mais aussi au sein de boutiques partenaires.

Jusqu'à présent, les distributeurs étaient souvent obligés de téléphoner pour savoir si un modèle recherché par un de ces clients était disponible : si le modèle était en stock, ils passaient alors commande.

À la suite de l'installation d'un progiciel de gestion, l'entreprise souhaite désormais permettre à ses distributeurs partenaires de commander directement depuis leur magasin par l'intermédiaire d'un module spécifique du PGI, mais aussi d'avoir accès aux quantités en stock pour connaître la disponibilité des modèles.

1. **Déterminer les avantages que Seluxia peut tirer de la mise en place de ce module du PGI.**
2. **Indiquer quelles contraintes M. Mitta doit imposer à ses distributeurs pour ne pas mettre en péril les informations ainsi partagées.**

Activité 5 Découvrir le PGI

Activité sur poste informatique

https://eqrcode.co/a/HRU42C

➲ Télécharger cette activité supplémentaire en version numérique.

Cas pratique 2 Numérique et intelligence collective

Les Confitures de Nanou

Vos outils

Activité sur poste informatique

Un ordinateur
Une connexion Internet

La mise en situation

L'entreprise **« Les confitures de Nanou »** fabrique des confitures artisanales de grande qualité.

Cette PME gérée par Nanou Lecoq, emploie 52 personnes et utilise des produits exclusivement naturels et biologiques. Volontairement, Nanou a gardé un savoir-faire manuel et a obstinément refusé toute industrialisation.

Les fruits sont achetés et soigneusement sélectionnés dans les vergers de la région, puis ils sont triés et coupés à la main. La cuisson est réalisée dans des grands chaudrons en cuivre et dure plusieurs heures. La mise en pots et le conditionnement sont également manuels. La seule « machine » que Nanou tolère permet d'imprimer la date de limite de consommation sur le couvercle et de coller l'étiquette.

Le résultat de tant d'efforts est que la production s'arrache dans les grands restaurants et les hôtels de luxe.

Dernièrement, un célèbre palace parisien a dû attendre une semaine sa livraison mensuelle de confitures. Ce client exigeant était très en colère et Nanou a dû user de toute sa force de persuasion pour qu'il accepte de continuer à travailler ensemble. Le problème venait d'une mauvaise communication entre Nawel, la commerciale et Enzo le responsable du service expédition. À la pause-café, Nawel a oralement indiqué à Enzo qu'il faudrait préparer pour l'hôtel la même commande que le mois dernier. Enzo ayant oublié le contenu de la commande du mois dernier, il a attendu que Nawel lui reprécise les confitures à préparer.

» I - Le système d'information des « Confitures de Nanou »

QUESTION 1 : Rappeler la définition du système d'information et indiquer quelles sont ses fonctions.

QUESTION 2 : Proposer un outil numérique que pourrait utiliser Les confitures de Nanou pour améliorer le système d'information.

Nanou a décidé d'installer un progiciel de gestion intégré. Nawel saisit directement les demandes des clients. Elle peut rechercher l'historique des commandes et retrouver les produits commandés précédemment. Le logiciel permet aussi d'afficher un récapitulatif des produits les plus commandés par le client au cours de l'année écoulée. La commande est automatiquement envoyée au service expédition qui peut ainsi préparer les commandes des clients.

QUESTION 3 : Préciser en quoi l'automatisation a permis d'améliorer la circulation de l'information.

QUESTION 4 : Comparer les fonctions du système d'information avant et après l'installation d'un progiciel de gestion intégrée. Préciser celles qui ont connu une évolution.

» II - Le processus d'approvisionnement des « Confitures de Nanou »

Nanou est très exigeante sur la qualité des matières premières. Elle sélectionne les fruits avec soin. Elle préfère les acheter auprès de producteurs locaux en pleine période de récolte. Elle bénéficie ainsi de fruits mûrs et de meilleure qualité.

L'annexe présente la représentation schématique du processus d'approvisionnement en fruits.

QUESTION 5 : Indiquer quelle est la nature du processus d'approvisionnement en fruits frais.

QUESTION 6 : Proposer une explication textuelle du processus d'approvisionnement en fruits frais schématisé dans l'annexe.

Les confitures se préparent avec des fruits et du sucre. Nanou utilise plusieurs sortes de sucre (de betterave, de canne à sucre, brut, raffiné...) afin de donner à ses confitures un goût incomparable.

S'il y a besoin de passer une commande de fruits, Nanou demande une vérification de la quantité de sucre en stock. Après vérification de la quantité de sucre disponible, si le stock est insuffisant, Nanou passe commande auprès des producteurs.

Lors de la réception de la commande de fruits, ils sont soigneusement examinés. Si la qualité est correcte, Nanou signe le bon de livraison et le renvoie au producteur. Si les fruits ne sont pas de bonne qualité, Nanou refuse la livraison.

QUESTION 7 : Compléter la représentation schématique du processus avec les indications données ci-dessus.

» III - L'e-communication des « Confitures de Nanou »

https://eqrcode.co/a/9P7h0c

Nanou souhaite développer son activité auprès des particuliers. Elle souhaite se positionner dans le haut de gamme et exploiter une image de luxe. Elle aimerait bien s'inspirer de la communication de Nespresso. Cette marque utilise les codes liés au luxe. Les cafés sont appelés « grands crus » et les capsules sont présentées dans des boîtes au design soigné évoquant des bijoux. Nespresso utilise une communication élaborée sur de multiples supports dédiés à des clients qui privilégient le goût et le plaisir d'un bon café au prix.

Elle consulte le site web de Nespresso.

QUESTION 8 : Identifier les outils d'e-communication utilisés par Nespresso sur son site web.

QUESTION 9 : Repérer les réseaux sociaux utilisés par Nespresso. Expliquer pourquoi la marque n'utilise pas Instagram ou Snapchat.

QUESTION 10 : Trouver la nouvelle technologie proposée par Nespresso pour communiquer avec sa clientèle.

QUESTION 11 : Déterminer le type d'e-commerce que propose Nespresso sur son site.

QUESTION 12 : Indiquer à quelle(s) fonction(s) du système d'information répondent le site web et la boutique en ligne de Nespresso.

Nanou décide de créer un site web. Elle souhaite reprendre les outils d'e-communication employés par Nespresso et donner une image de luxe. Elle veut mettre en valeur la qualité de ses confitures et l'usage exclusif de fruits frais achetés chez des producteurs locaux.

Pour cela elle pense utiliser l'outil Wix pour créer son site.

QUESTION 13 : Créer un site web pour Les confitures de Nanou en respectant les souhaits de la gérante.

Annexe — Représentation schématique du processus d'approvisionnement en fruits frais

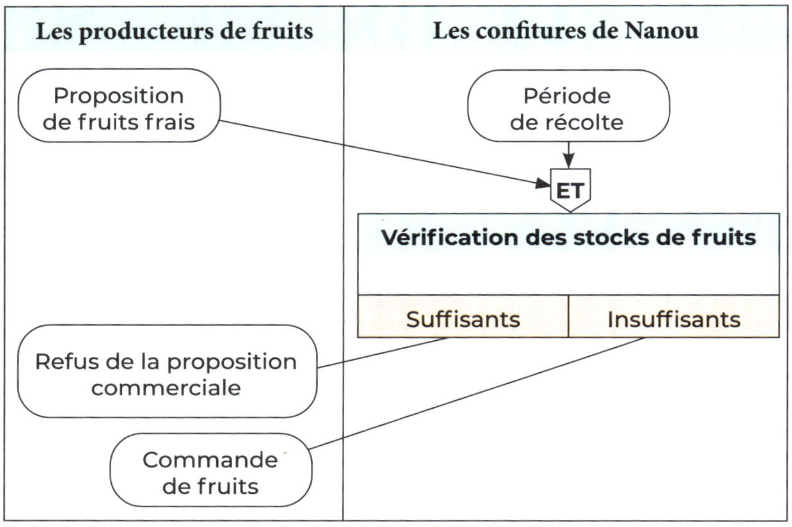

QUIZ GRAND
https://eqrcode.co/a/mVxXnU
Testez et évaluez-vous sur tout le
THÈME 2

THÈME 3

Création de valeur et performance

CHAPITRE 11

LA CONTRIBUTION DES ACTEURS À LA CRÉATION DE VALEUR

Question » Peut-on mesurer la contribution de chaque acteur à la création de valeur ?

Finalités » Identifier le rôle des différents acteurs intervenants dans le processus de création de valeur.
Caractériser les valeurs : ajoutée, financière, boursière, actionnariale et partenariale et les mettre en relation avec les attentes d'acteurs.
Repérer, à partir de la notion de valeur ajoutée, les répartitions possibles afin de répondre aux attentes des acteurs, en prenant en compte les contraintes de gestion.
Utiliser un bilan et un compte de résultat pour repérer la valeur financière produite par une organisation.
Utiliser des indicateurs simples pour repérer la valeur produite par l'organisation.

Notions » Valeur ajoutée (création et répartition), valeur financière et actionnariale, valeur boursière, valeur partenariale.

Contexte

ProMicro

Créée en 2002 à Pluméliau-Bieuzy en Bretagne par Axel, un passionné d'informatique et sa sœur Léonie, titulaire d'un BTS Management commercial opérationnel, **ProMicro** est une entreprise spécialisée dans la vente de matériel informatique et le dépannage pour les clientèles de professionnels et de particuliers.

ProMicro a su se développer et ouvrir de nombreuses boutiques dans toute la France. Elle est aujourd'hui cotée en Bourse, même si elle est toujours sous la direction de ses deux fondateurs. Chaque magasin de l'enseigne propose un large choix de matériel informatique neuf, d'occasion et reconditionné sous garantie et effectue également des missions de dépannage informatique (*hardware*[1] ou *software*[2]).

Afin d'accompagner sa croissance et assurer son développement, ProMicro engage une large réflexion sur sa création de valeur.

Les caractéristiques principales de l'organisation

Type	Entreprise privée
Secteur d'activité	Services et maintenance informatique
Financement	Privé
Taille	Grande entreprise

Les autres caractéristiques de l'organisation

Statut	Société anonyme (SA)
Nationalité	Française
Ressources humaines	400 salariés
Ressources financières	Capital social de 2 000 000 €

[1] *Le hardware désigne le matériel informatique (disque dur, carte mère, carte vidéo...).*
[2] *Le software désigne les logiciels et applications installés sur un ordinateur (système d'exploitation, logiciel de traitement de texte, PGI...).*

Découvrir

I VALEUR FINANCIÈRE ET VALEUR BOURSIÈRE

A - Valeur financière fondée sur le revenu

Axel et Léonie souhaitent faire le point sur la capacité de ProMicro à dégager de la valeur financière. Ils décident d'étudier les documents comptables de synthèse en débutant par le compte de résultat de l'entreprise.

Le compte de résultat est un document de synthèse obligatoire établi annuellement. Il retrace les différents flux de produits (opérations qui enrichissent l'entreprise) et de charges (opérations qui l'appauvrissent) de l'exercice comptable.

Le compte de résultat explique comment s'est formé le résultat annuel (bénéfice ou perte) et a pour vocation d'informer les dirigeants et les autres acteurs concernés (l'État, les actionnaires...) sur les performances réalisées par l'entreprise et sur sa santé financière.

https://eqrcode.co/a/M21FK2

Comprendre le compte de résultat

Document 1 — **Le compte de résultat de ProMicro au 31/12/N**

CHARGES	N	N-1	PRODUITS	N	N-1
Charges d'exploitation			**Produits d'exploitation**		
Achats de marchandises	2 053 053	1 936 842	Ventes de marchandises	3 344 862	3 154 436
Achats de matières et fournitures	225 655	205 625	Prestations de services	1 596 240	1 478 000
Autres achats et charges externes	84 936	80 128			
Impôts et taxes	93 949	88 631			
Salaires et traitements	1 727 800	1 630 000			
Charges sociales	712 320	672 000			
Charges financières	7 500	3 500	**Produits financiers**	-	-
Charges exceptionnelles	-	-	**Produits exceptionnels**	-	-
TOTAL CHARGES	**4 905 213**	**4 616 726**	**TOTAL PRODUITS**	**4 941 102**	**4 632 436**
Solde créditeur (Bénéfice)			**Solde débiteur (Perte)**		
TOTAL GÉNÉRAL			**TOTAL GÉNÉRAL**		

1 **Identifier la durée d'un exercice comptable. Justifier la présence de l'exercice N-1 dans le document 1.**

2 **Relier chaque exemple à la catégorie de charges qui lui correspond.**

Exemples

- Intérêts d'emprunt
- Frais de télécommunications
- Amendes fiscales
- Publicité

Catégories

- Charges d'exploitation
- Charges financières
- Charges exceptionnelles

3 Expliquer la classification « exploitation », « financière » et « exceptionnelle » qui concerne les charges et les produits du compte de résultat.

Le **chiffre d'affaires** est la somme des ventes de biens ou de services d'une entreprise sur un exercice comptable.

4 Retrouver le chiffre d'affaires de N et N-1. Préciser et commenter l'évolution du chiffre d'affaires sur cette période.

5 Compléter le compte de résultat et déterminer le montant du bénéfice ou de la perte dégagée en N-1 et N.

La **valeur financière** traduit l'état financier de l'organisation. La valeur financière fondée sur le revenu se détermine à partir du compte de résultat. Le compte de résultat explique la création ou la destruction de valeur de l'entreprise au cours de l'exercice en comparant les produits et les charges de l'entreprise.

6 Déterminer, à partir de la question précédente, si ProMicro a créé ou détruit de la valeur financière en N-1 et N.

B - Valeur financière fondée sur le patrimoine

Rassurés par l'étude du compte de résultat, Axel et Léonie souhaitent terminer l'étude de la valeur financière de ProMicro par l'analyse de son bilan. Ce travail va permettre de connaître l'état du patrimoine au 31/12/N.

Le bilan d'une entreprise est la photographie de son patrimoine à une date donnée.
Le patrimoine est constitué de l'ensemble des biens et des créances (actif), ainsi que des dettes (passif).

Document 2 Le bilan de ProMicro au 31/12/N

ACTIF	N	N-1	PASSIF	N	N-1
Actif immobilisé			**Capitaux propres**		
Constructions	1 624 000	1 586 000	Capital social	2 000 000	2 000 000
Matériel et mobilier	273 000	262 000	Réserves	400 710	390 000
Titres financiers	75 529	185 090	Résultat	35 889	15 710
Total 1	1 972 529	2 033 090	**Total 1**	2 436 599	2 405 710
Actif circulant			**Dettes**		
Stocks	721 630	568 200	Emprunts	200 000	150 000
Créances clients	315 000	230 000	Dettes fournisseurs	390 560	360 580
Disponibilité	18 000	85 000			
Total 2	1 054 630	883 200	**Total 2**	590 560	510 580
TOTAL GÉNÉRAL	**3 027 159**	**2 916 290**	**TOTAL GÉNÉRAL**	**3 027 159**	**2 916 290**

7 **Identifier l'élément commun au bilan et au compte de résultat.**

Le 8 mai de l'année N, un nouveau bureau en chêne a été acheté au prix de 1 000 €. Il a été financé par un crédit à la Société Générale.

8 **Préciser les postes du bilan impactés par cette acquisition.**

9 **Expliquer pourquoi le total de l'actif et du passif du bilan est toujours égal.**

10 **Évaluer la valeur du patrimoine de ProMicro pour les années N et N-1.**

Le bilan permet d'évaluer la valeur financière du patrimoine (les capitaux propres).

Valeur du patrimoine = Total de l'actif – Total des dettes

11 **Calculer l'évolution de la valeur du patrimoine entre N-1 et N. Commenter.**

C - Valeur boursière

Chaque matin, lors de son arrivée dans l'entreprise, Léonie consulte sur internet le cours des actions de ProMicro. Elle s'interroge sur la valeur boursière de la société.

Document 3 — Les informations sur les titres émis par ProMicro

Le capital social de ProMicro se compose de 10 000 actions d'une valeur nominale de 200 €. La valeur nominale d'un titre est celle fixée à l'émission de cette dernière.

Document 4 — La cotation du marché Euronext Access au 2 février N+1 (extrait)

Valeur	Cours	Variation
PLACOPLATRE LAMBERT	432,00 €	0,00 %
POINT PARFUMS DIGITAL	1,55 €	- 45,80 %
POL ROGER	4 740,00 €	- 1,25 %
PROMICRO	216,00 €	+ 0,70 %

Euronext Access est un marché libre qui s'adresse principalement aux PME cherchant à financer leur croissance et à gagner en notoriété.

12 **Indiquer comment évolue le cours de l'action ProMicro au 2 février N+1.**

La valeur boursière correspond à la valeur de l'ensemble des actions d'une entreprise sur le marché. Elle concerne les sociétés cotées en Bourse c'est-à-dire celles qui, pour se financer, ont émis des actions destinées au public. En contrepartie, l'entreprise va recevoir des fonds lui permettant d'améliorer sa trésorerie.

Valeur boursière = Nombre de titres x Cours d'un titre

Document 5 — La fluctuation du cours des actions

[…] Lorsque les acheteurs sont beaucoup plus nombreux que les vendeurs, le cours monte fortement. […] Inversement, lorsque les vendeurs sont beaucoup plus nombreux que les acheteurs, le cours baisse fortement. […] Si les marchés fonctionnent correctement et les investisseurs recherchent leur profit financier de manière rationnelle, le cours d'une action ne doit dépendre que des bénéfices futurs de l'entreprise. Lorsque la santé financière de l'entreprise paraît s'améliorer, ou lorsque la situation économique semble plus favorable, le cours de l'action a donc tendance à monter. Dans le cas inverse, il a tendance à baisser.

http://dictionnaire.sensagent.leparisien.fr

13 **Rappeler l'objectif d'une introduction en Bourse pour une entreprise comme ProMicro.**

14 **Retrouver la valeur boursière de ProMicro au 2 février N+1. Comparer ce montant à la valeur de ProMicro lors de l'émission des titres et conclure.**

II VALEUR AJOUTÉE ET VALEUR ACTIONNARIALE

Axel se rend dans l'atelier d'une des boutiques de ProMicro pour analyser la création de valeur ajoutée de l'entreprise. Léonie lui a expliqué que ce que vend l'entreprise peut être décomposé en deux parties : la valeur créée au préalable par d'autres acteurs (les consommations intermédiaires) et la valeur que ProMicro a elle-même produite.

La valeur ajoutée mesure la richesse brute créée par l'entreprise. Elle sert de base à la TVA.

Document 6 Les informations sur le forfait « Ouverture PC »

Le forfait « Ouverture PC » comprend un nettoyage de l'ordinateur et de petites réparations internes. Il est facturé au client 50 € HT.

ProMicro acquiert 12 € de biens et de services auprès de ses fournisseurs pour réaliser la production de son service : matériels, fournitures, énergie…

Schéma de la valeur ajoutée de la production d'un « Forfait Ouverture PC »

Fournisseurs Consommations intermédiaires → (Achats : 12 €) → **ProMicro** Valeur ajoutée → (Vente : 50 €) → **Clients** Valeur de la production

Richesse créée par ProMicro : ……………………………………

15 **Évaluer le montant de la valeur ajoutée dégagée par le « Forfait Ouverture PC ». Proposer une formule de calcul de la valeur ajoutée.**

……………………………………

……………………………………

16 **Identifier, dans ce chapitre, le document de synthèse permettant d'évaluer la valeur ajoutée globale de ProMicro.**

……………………………………

……………………………………

17 **Entourer, dans ce document de synthèse, les éléments entrant dans la composition des consommations intermédiaires.**

18 **À partir du compte de résultat du 31/12/N, rechercher la valeur ajoutée de ProMicro pour les exercices N-1 et N.**

……………………………………

……………………………………

……………………………………

……………………………………

19 **Expliquer en quoi ProMicro crée de la valeur ajoutée en proposant ce service.**

……………………………………

……………………………………

Document 7 — Le partage de la valeur ajoutée : patronat et syndicats rendent leurs conclusions

[…] Rappelons, avant toute chose, que la valeur ajoutée d'une entreprise correspond à la richesse effectivement créée par cette dernière. Elle se calcule comme la différence entre le fruit de la vente de la production (chiffre d'affaires) et les achats de biens et services consommés pour réaliser cette production, ce que l'on appelle les consommations intermédiaires. Cette richesse créée se partage entre les différentes parties prenantes de l'entreprise, à savoir les salariés, les actionnaires, les créanciers[1], l'État et les entreprises elles-mêmes pour investir. Mais les polémiques récentes ont montré que le débat s'était surtout cristallisé sur la répartition de la valeur ajoutée entre rémunération du travail (sous forme de salaires) et rémunération du capital (sous forme de dividendes ou d'intérêts). […]

BFMTV.com, 16/03/2019

[1] *Fournisseurs, banques…*

20 **Identifier les différents partenaires de l'entreprise bénéficiaires de la valeur ajoutée. Préciser la forme de rémunération perçue par chacun de ces acteurs.**

La valeur actionnariale vise à calculer la création de valeur dégagée par l'entreprise au profit de ses actionnaires sous forme de dividendes ou de plus-value.

Pour conserver ses actionnaires ou augmenter leur nombre, une société doit démontrer sa capacité à créer de la valeur actionnariale à plus ou moins long terme selon le profil de l'investisseur. Les apporteurs de capitaux décident de l'affectation du résultat (bénéfice ou perte) réalisée au cours de l'exercice comptable lors d'une assemblée générale qui se réunit dans les six mois de la clôture des comptes. En présence de bénéfices, le résultat de l'exercice peut être mis en réserve ou faire l'objet d'une distribution de dividendes.

Axel et Léonie sont contactés le 2 février N+1 par Céline, une actionnaire inquiète pour son investissement. Ils répondent à son courriel en spécifiant qu'en N-1 et en N, il a été décidé de verser des dividendes aux actionnaires pour respectivement 5 000 € et 15 000 €. De plus, ils l'invitent à comparer la valeur d'acquisition de ses 1 000 actions acquises au cours de 204 € chacune, avec le cours en bourse du jour.

21 **Calculer les dividendes perçus par Céline en N-1 et N.**

22 **Évaluer le montant de la plus-value potentielle de cette actionnaire. Conclure.**

23 **Retrouver la part des bénéfices affectée aux réserves de l'entreprise en N-1 et N.**

Document 8 **Le tableau de partage de la valeur ajoutée**

Bénéficiaires	Calculs et commentaires	Montant	Part (%)
	Total VA		

24 **À partir du compte de résultat, présenter la répartition de la valeur ajoutée de N dans le document 8.**

25 **Identifier le principal bénéficiaire de cette répartition et expliquer en quoi le partage de la valeur ajoutée peut être source de conflit.**

III VALEUR PARTENARIALE

CompoRAM, l'un des fournisseurs les plus anciens et les plus performants de ProMicro, subit un mouvement de grève important. Afin de maintenir sa compétitivité, il a gelé les salaires du personnel de l'usine depuis 3 ans. La situation risque de gêner la production de ProMicro. Axel et Léonie doivent rencontrer les dirigeants de l'entreprise partenaire la semaine prochaine pour la réunion annuelle de négociation commerciale.

La valeur partenariale désigne un fonctionnement de l'entreprise qui vise à assurer un partage de la valeur créée entre les différentes parties prenantes. Il peut exister avec elles une relation contractuelle (clients, fournisseurs, salariés...) ou non (riverains, association de protection de l'environnement...).

Document 9 Les partenaires de l'entreprise

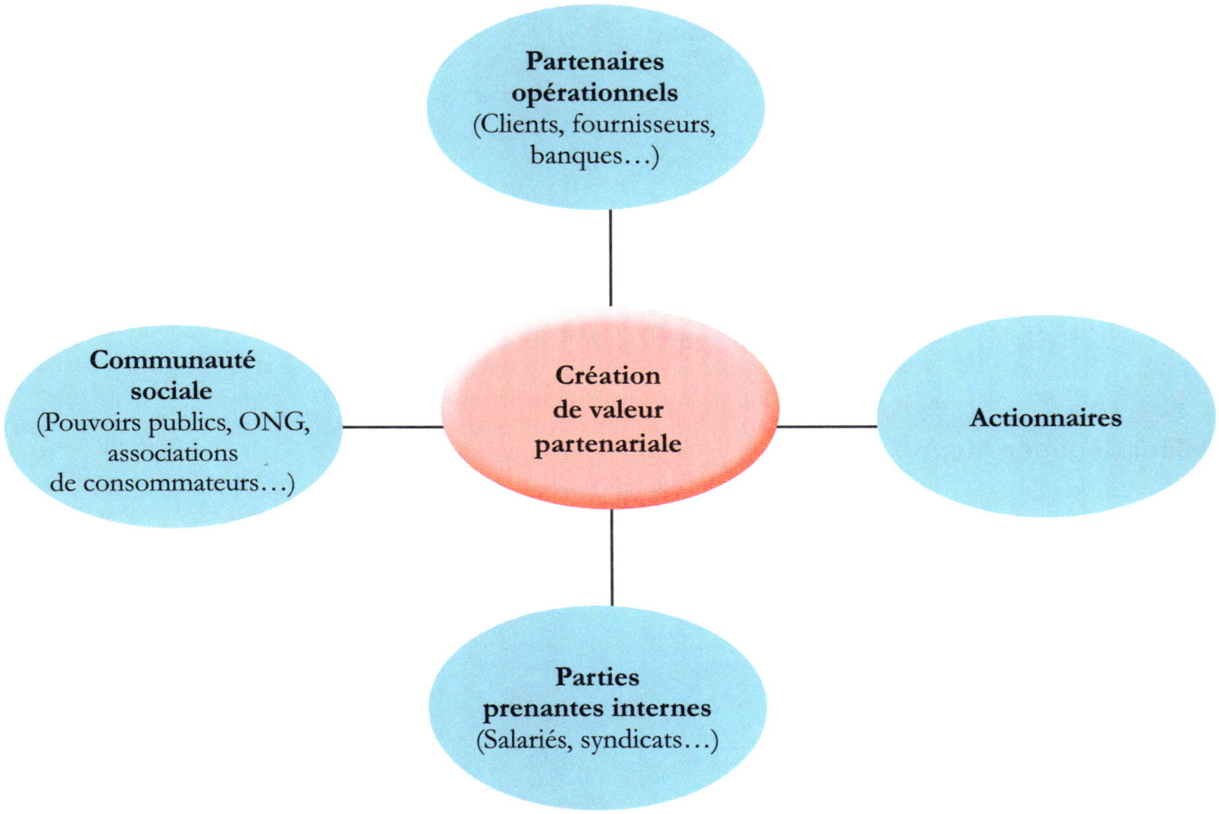

26 **Conseiller Axel et Léonie dans les négociations commerciales avec CompoRAM. Expliquer pourquoi ils doivent réfléchir à une meilleure répartition de la valeur partenariale.**

27 **Mentionner l'impact sur la valeur financière de ProMicro, d'une augmentation de la valeur partenariale attribuée à CompoRAM.**

À RETENIR

LA CONTRIBUTION DES ACTEURS À LA CRÉATION DE VALEUR

CRÉATION DE VALEUR PAR L'ENTREPRISE

VALEUR FINANCIÈRE
État financier de l'organisation

- **Fondée sur le revenu** *(compte de résultat)*
  - *Bénéfice ou perte*
- **Fondée sur le patrimoine** *(bilan)*
  - *Valeur du patrimoine*
  - Capitaux propres = total de l'actif – total des dettes

VALEUR AJOUTÉE
Richesse créée par l'entreprise et répartie entre les salariés, l'État, les banques, les actionnaires et l'entreprise

VA = Chiffre d'affaires – consommations intermédiaires

VALEUR ACTIONNARIALE
Valeur dégagée au profit des actionnaires

- Dividendes
- Plus-value

VALEUR BOURSIÈRE
Ensemble des actions d'une entreprise sur le marché

Valeur boursière = nombre de titres x cours du titre

VALEUR PARTENARIALE

- Partenaires opérationnels
- Communauté sociale
- Parties prenantes internes
- Actionnaires

LIEN AVEC LE MANAGEMENT

Objectifs stratégiques • RSE • diagnostic interne (forces, faiblesses) • diagnostic externe (opportunités, menaces)

Tester ses connaissances

Se tester en ligne
https://eqrcode.co/a/9WaMIt

Sélectionner la (ou les) bonne(s) réponse(s)

1. La richesse créée par l'entreprise se nomme :
- a. la valeur financière.
- b. la valeur ajoutée.
- c. la valeur boursière.
- d. la valeur partenariale.

2. Quels partenaires de l'entreprise sont appelés « membres de la communauté sociale » ?
- a. L'État.
- b. Les associations de riverains.
- c. Les ONG.
- d. Les clients.

3. La valeur du patrimoine d'une entreprise est égale au(x) :
- a. bénéfice.
- b. capital social.
- c. total de l'actif – total des dettes.
- d. capitaux propres.

4. Le calcul de la valeur ajoutée est :
- a. chiffre d'affaires – coût.
- b. chiffre d'affaires/achats auprès des fournisseurs.
- c. chiffre d'affaires – consommations intermédiaires.
- d. chiffre d'affaires – prix d'achat.

Vrai ou faux ?

Affirmations	Vrai	Faux	Justifications
Le bilan est un document obligatoire.	☐	☐	
Les ventes de marchandises sont des charges d'exploitation.	☐	☐	
Les clients sont des parties prenantes internes de l'entreprise.	☐	☐	
La valeur boursière correspond à la valeur de l'ensemble des actions d'une entreprise sur le marché.	☐	☐	

Rédiger sa synthèse

1. Comment expliquer la valeur financière fondée sur le revenu ?
2. À quoi correspond la valeur du patrimoine d'une entreprise ?
3. Comment définir et calculer la valeur boursière ?
4. Que mesure la valeur ajoutée ? Qui profite de son partage ?
5. Sous quelle forme la valeur actionnariale est-elle perçue par les actionnaires ?
6. Comment expliquer la valeur partenariale ?

Se mettre en activité

Activité 1 Déterminer la valeur financière et la valeur ajoutée de Toutou Chic

« NUSDG_11_02 »

La SARL Toutou Chic, créée il y a 2 ans dans la région de Lyon, est un salon de toilettage canin. Cette société est gérée par Mme Perrot qui est également l'une des 3 actionnaires de l'enseigne. La gérante travaille seule et s'interroge sur la capacité du salon à créer de la valeur.

Les prestations de toilettage sont facturées autour de 40 € en moyenne. Le salon commercialise également des produits de soins et d'alimentation.

Activité sur poste informatique

PARTIE 1 La valeur financière fondée sur le revenu et la valeur ajoutée

1. Retrouver le montant du chiffre d'affaires de Toutou Chic en N-1 et en N.
2. Déterminer à quoi correspond, concrètement, le poste « achats de marchandises » du compte de résultat de l'entreprise Toutou Chic.
3. Évaluer la quantité de prestations de toilettage effectuées en N.
4. Compléter le compte de résultat.
5. Identifier si l'entreprise a créé ou détruit de la valeur fondée sur le revenu en N.
6. Calculer l'évolution en pourcentage du résultat de l'entreprise en N.
7. Préciser le montant de la valeur ajoutée créée par Toutou Chic en N-1 et N.
8. Expliquer sous quelle forme Mme Perrot profite de la valeur ajoutée créée par Toutou Chic.

Annexe 1 Compte de résultat au 31/12/N

CHARGES	N	N-1	PRODUITS	N	N-1
Charges d'exploitation			**Produits d'exploitation**		
Achats de marchandises	13 417	12 778	Ventes de marchandises	24 150	23 000
Fournitures diverses	1 050	950	Prestations de services	47 428	43 115
Location	11 124	10 800			
Charges externes[1]	4 500	4 200			
Impôts, taxes	1 315	1 315			
Salaires et traitements	18 000	18 000			
Charges sociales	3 402	3 402			
Charges financières	3 500	3 600	**Produits financiers**	10	10
Charges exceptionnelles	-	-	**Produits exceptionnels**	-	-
TOTAL CHARGES	**56 308**	**55 045**	**TOTAL PRODUITS**	**71 588**	**66 125**
Solde créditeur (Bénéfice)	....	....	**Solde débiteur (Perte)**	....	....
TOTAL GÉNÉRAL	....	....	**TOTAL GÉNÉRAL**	....	....

[1] *Frais postaux, publicité, énergie...*

Activité 1 (suite)

« NUSDG_11_02 »

PARTIE 2 La valeur financière fondée sur le patrimoine et la valeur actionnariale

Mme Perrot possède 200 parts sociales (titres de propriété de Toutou Chic). En tant qu'associée, elle souhaite approfondir son étude de la valeur dégagée par le salon de toilettage.

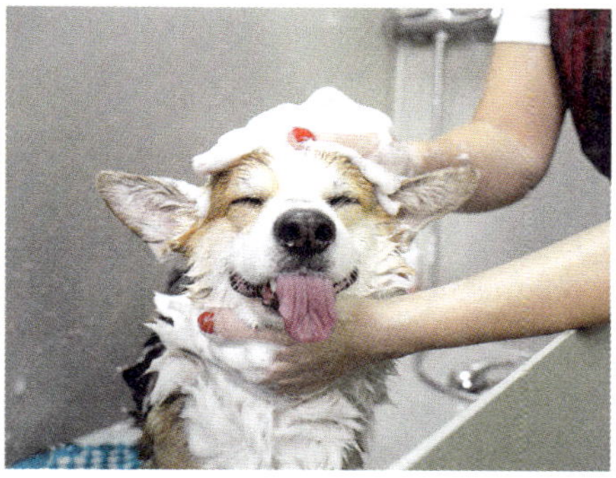

9 **Préciser ce que représente la valeur totale de l'actif.**

10 **Compléter le bilan en reportant le résultat figurant en annexe 1.**

11 **Retrouver le montant de la valeur financière fondée sur le patrimoine pour N-1 et N.**

12 **Identifier la part des bénéfices de N-1 affectée aux réserves et celle versée aux associés sous forme de dividendes.**

13 **Estimer le montant des dividendes perçu par Mme Perrot à partir des bénéfices de N-1.**

Annexe 2 Bilan comptable au 31/12/N

ACTIF	N	N-1	PASSIF	N	N-1
Actif immobilisé			**Capitaux propres**		
Meubles	10 800	8 700	Capital social[1]	6 800	4 600
Matériels	9 680	7 050	Réserves	4 100	3 900
Titres financiers	-	-	Résultat		
Total 1	20 480	15 750	**Total 1**	26 180	19 580
Actif circulant			**Dettes**		
Stocks	6 200	7 000	Emprunts	4 000	5 000
Créances clients	500	300	Dettes fournisseurs	1 500	2 070
Disponibilité	4 500	3 600			
Total 2	11 200	10 900	**Total 2**	5 500	7 070
TOTAL GÉNÉRAL	31 680	26 650	**TOTAL GÉNÉRAL**		

[1] *Le capital social de Toutou Chic se compose de parts sociales d'une valeur nominale de 10 €.*

Activité 2 Étudier la valeur boursière de CARREFOUR

Au 31 décembre N, le capital de CARREFOUR est de 2 018 163 760 euros. Il est divisé en 807 265 504 actions de 2,50 euros de valeur nominale chacune.

Estimer la valeur boursière de l'entreprise Carrefour au 31/12/N.

Annexe Cotations CARREFOUR au 31/12/N

Cours

CARREFOUR

Carrefour

14.3150 (c) EUR

+2.99%

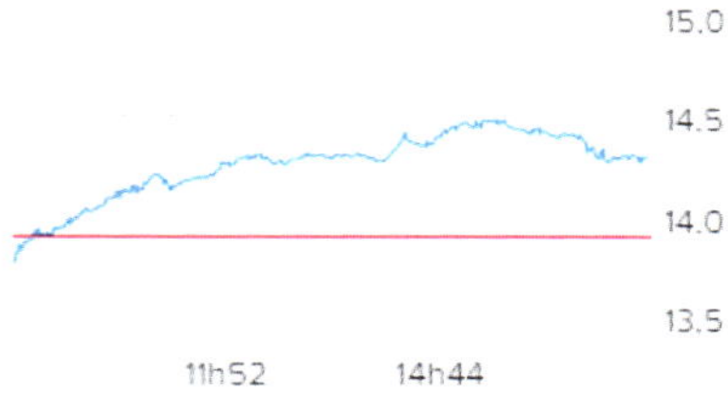

FR0000120172 CA

EURONEXT PARIS DONNÉES TEMPS RÉEL

Politique d'exécution

Cotation sur les autres places

SECTEUR

Détaillants et grossistes - Alimentation

INDICE DE RÉFÉRENCE

CAC 40

https://www.boursorama.com

Activité 3 Découvrir les partenaires du groupe SEB

Portrait d'acteur : l'exemple du groupe SEB

https://eqrcode.co/a/9FZrtZ

1. **Relever, dans l'annexe 1 et dans la vidéo, les différents partenaires du groupe SEB.**
2. **Expliquer le concept d'économie circulaire.**
3. **Préciser l'importance des partenaires de SEB dans cette démarche de développement durable.**

Annexe 1 Recyclage en fin de vie

En Europe, la collecte et le traitement des appareils de petit électroménager sont gérés par des éco organismes nationaux. Le Groupe SEB est plus particulièrement impliqué en France au sein d'éco-systèmes, le principal éco-organisme du pays pour les DEEE[1].

Pour les poêles, casseroles ou faitouts en aluminium ne bénéficient pas encore de filière spécifique : en France par exemple, 60 % finissent avec les ordures ménagères alors qu'ils sont recyclables à 80 %. Depuis 2012, le Groupe SEB multiplie les initiatives en faveur du recyclage des articles culinaires en fin de vie, en particulier en Europe où il joue un rôle moteur dans ce domaine. En France, il collabore avec l'entreprise spécialisée Excoffier et avec de grands distributeurs : les consommateurs sont invités à déposer leurs anciens produits en magasin contre un bon de réduction pour l'achat d'un nouvel article. Les produits usagés sont collectés avant d'être triés et broyés. Les principaux matériaux (aluminium, inox, plastique) sont séparés puis recyclés dans la fabrication de nouveaux produits, y compris d'articles Tefal.

Nous avons engagé des actions de ce type dans d'autres pays, au Pays-Bas, en Thaïlande, en Belgique et dans les pays nordiques.

[1] *Déchet d'équipement électrique et électronique.*

https://www.groupeseb.com

Annexe 2 Économie circulaire au cœur des innovations durables

L'économie circulaire vise à maximiser l'utilisation des ressources en évitant notamment la production de déchets.

En favorisant l'éco-conception, la réparabilité, la réutilisation, le réemploi et le recyclage, le Groupe SEB intervient sur différentes boucles de l'économie circulaire et donne une seconde vie à ses produits, composants ou matières.

https://www.groupeseb.com

Activité 4 Distinguer les types de valeur

Activité sur poste informatique

https://eqrcode.co/a/QjTUK6

➲ S'entraîner avec le jeu en version numérique.

THÈME 3

Création de valeur et performance

CHAPITRE 12

LA VALEUR PERÇUE

Question » Peut-on mesurer la contribution de chaque acteur à la création de valeur ?

Finalités » Identifier le rôle des différents acteurs intervenant dans le processus de création de valeur. Caractériser les différents types de valeur et les mettre en relation avec les attentes d'acteurs. Utiliser des indicateurs simples pour repérer la valeur produite par l'organisation.

Notions » Valeur perçue, image de marque, notoriété, satisfaction, qualité, indicateurs des médias sociaux, avis communautaires, recommandations, réputation.

Contexte

LE GRAND PARC DU PUY DU FOU

PUY DU FOU®

Le **Grand Parc du Puy du Fou** est le deuxième parc de loisirs en France en nombre de spectateurs. Il propose plus de 20 spectacles avec des effets spéciaux, des cascades impressionnantes et décors époustouflants qui plongent les visiteurs dans des univers variés, du IIIe siècle au début du XXe siècle.

Le Grand Parc du Puy du Fou offre aussi des spectacles en immersion complète dans lesquels mise en scène et effets spéciaux contribuent à créer d'intenses moments d'émotion.

Tous les ans, le Grand Parc du Puy du Fou propose un nouveau spectacle pour ravir les petits et les grands. Il innove en permanence. En 2018, le Mystère de La Pérouse permet aux visiteurs d'embarquer sur le navire de l'explorateur *La Pérouse* et d'essuyer de véritables tempêtes.

Il est également possible de visiter 4 villages authentiques dans lesquels les visiteurs peuvent voir en action des dizaines d'artisans d'art au travail, tous spécialistes dans 22 métiers différents. En outre, il est possible de découvrir plus de 1 500 animaux en pleine nature.

Résumer ce qui ressort des différents témoignages des personnes interrogées pendant la vidéo.

40 ans de succès

https://eqrcode.co/a/XYhtB5

Découvrir

I NOTION DE VALEUR PERÇUE

Léa est une jeune femme qui habite la ville de Noyon en Picardie. Elle souhaite se rendre prochainement dans le Grand Parc du Puy du Fou. Au cours d'un repas organisé par des amis, elle discute avec Claire une mère de famille de 3 enfants.

Document 1 **L'extrait de la discussion entre Léa et Claire**

Léa : J'hésite à aller au Grand Parc du Puy du Fou pendant les prochaines vacances.
Claire : Nous y sommes allés l'été dernier.
Léa : Et alors, qu'en as-tu pensé ?
Claire : Je ne vais pas te mentir. Je n'avais pas envie d'y aller même si cela aurait fait une sortie en famille. 30 € la place adulte et 22 € la place enfant pour une journée, je trouvais que cela était cher pour aller voir de simples spectacles historiques. Et c'est en Vendée, il y a 5 heures de route. Cela faisait déjà plusieurs années que mes enfants me demandaient d'y aller et j'ai toujours refusé.
Léa : Et alors, qu'est-ce qui t'a décidé ?
Claire : Mes enfants ont tellement insisté que j'ai cédé et j'ai bien fait car j'ai passé une journée merveilleuse. Je ne m'attendais pas à cela. Les décors sont magnifiques et les spectacles magiques. En fait, ce n'est vraiment pas cher pour tout ce qui nous est proposé. Nous avons tellement aimé que nous souhaiterions y retourner cet été mais pour 2 jours. Quitte à faire la route, autant y rester plus longtemps pour en profiter. En plus, je suis allée sur leur site web et j'ai regardé la vidéo sur leur nouveau spectacle « le Premier Royaume » et il a l'air incroyable !
Léa : Tu m'as vraiment donné envie d'y aller. Je vais me renseigner pour en savoir plus.

La valeur perçue est la valeur que revêt un bien ou un service dans l'esprit d'un individu. Pour déterminer la valeur perçue d'un individu, il faut comparer les bénéfices qu'il attend de l'utilisation d'un bien ou d'un service par rapport aux coûts qu'il doit engager.

Il y a donc deux cas possibles :
- l'individu perçoit plus d'avantages que d'inconvénients, alors sa valeur perçue sera positive ;
- l'individu perçoit plus d'inconvénients que d'avantages, alors sa valeur perçue sera négative.

1 **Conclure sur la valeur perçue par Claire concernant le Grand Parc du Puy du Fou en comparant les avantages perçus et les coûts perçus avant et après qu'elle se soit rendue au Parc.**

Avant de se rendre au Grand Parc du Puy du Fou		Après s'être rendue au Grand Parc du Puy du Fou	
Bénéfices	**Coûts**	**Bénéfices**	**Coûts**
Valeur perçue :		**Valeur perçue :**	

2 **Repérer comment la valeur perçue par Claire a influencé son comportement.**

....

....

3 **Expliquer pourquoi la valeur perçue d'un individu peut évoluer.**

....

....

II INDICATEURS DE LA VALEUR PERÇUE

Léa souhaite en savoir plus sur le Puy du Fou. En effectuant des recherches, elle a trouvé les informations suivantes.

Document 2 Le succès du Grand Parc du Puy du Fou

En seulement quelques années, le Grand Parc du Puy du Fou est devenu le parc de référence pour les Français. Alors que la France connaît une crise économique importante, le nombre de visiteurs du Grand Parc du Puy du Fou ne fait qu'augmenter en passant de 1 600 000 en 2012 à 2 301 000 en 2018. Les Français sont plus de 90 % à être satisfaits de leur séjour et ils ont même élu le Grand Parc du Puy du Fou comme étant leur parc préféré. De plus, ils y reviennent, le taux de revisite est de plus de 60 %. Ce n'est pas pour rien que le taux de notoriété du Parc est passé de 80 % à 84 % de 2016 à 2017.

Ce succès n'est pas dû au hasard, le Grand Parc du Puy du Fou prend à cœur de bien accueillir les visiteurs en donnant comme consignes à ses salariés de toujours sourire et de donner de la bonne humeur aux visiteurs. Les acteurs qui jouent dans les différents spectacles donnent le meilleur d'eux-mêmes à chaque spectacle pour faire rêver les visiteurs. Les équipes techniques innovent pour proposer des spectacles différents et originaux, ils sont soutenus par la direction qui réinvestit tous les ans tous les bénéfices du Grand Parc dans ces nouveautés. Ainsi, le Grand Parc du Puy du Fou veut impressionner ses visiteurs avec des spectacles de plus en plus spectaculaires. Le service communication joue également un rôle important. Les moyens de communication utilisés sont diversifiés et modernes : télévision, affichage, sans oublier le digital avec une présence très forte sur les réseaux sociaux qui contribuent aussi à renforcer l'image d'une destination de haut niveau. L'application mobile du Grand Parc du Puy du Fou (téléchargée par plus de 120 000 personnes) permet d'accéder à l'ensemble des programmes des spectacles, de s'orienter dans le parc… De plus, les dernières campagnes de publicité mettent en valeur les spectacles du Grand Parc du Puy du Fou à travers des procédés picturaux spectaculaires, tels des tableaux de grands maîtres. La vidéo de la nouvelle création originale « Le Premier Royaume » est digne des bandes-annonces de grands films hollywoodiens et elle est diffusée sur de nombreuses plateformes vidéo ainsi que sur le site web du Puy du Fou.

4 **Relever l'évolution du taux de notoriété du Grand Parc du Puy du Fou et rechercher les raisons de cette évolution.**

5 **Repérer les indicateurs qui permettent de mesurer la satisfaction du Grand Parc du Puy du Fou.**

Document 3 **Le Parc du Puy du Fou et les Français**

Le sondage réalisé par l'IFOP sur un échantillon de 2 002 personnes, montre bien que le parc vendéen remporte l'adhésion des Français. Voici un extrait des résultats de cette étude.

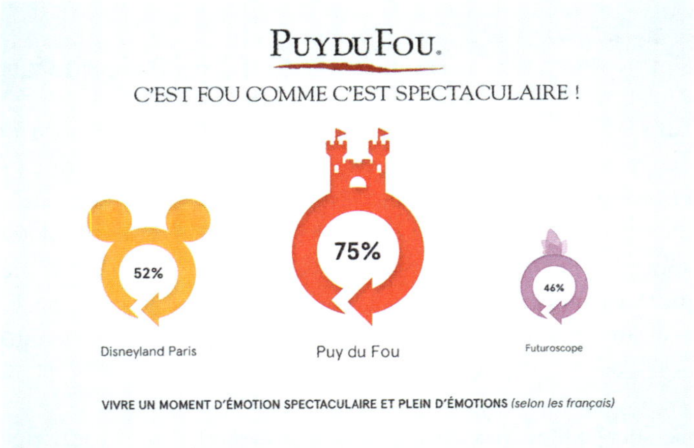

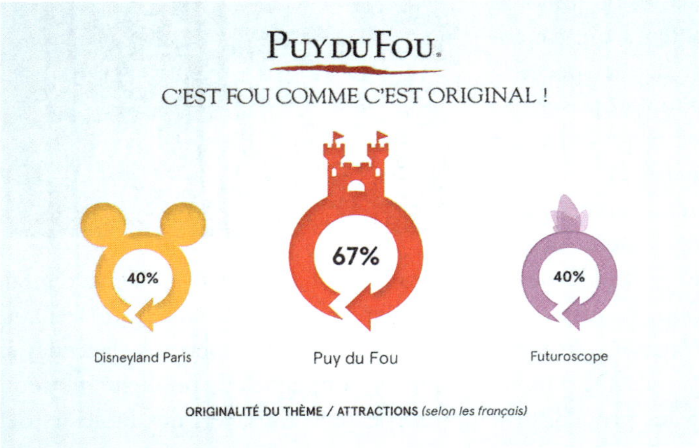

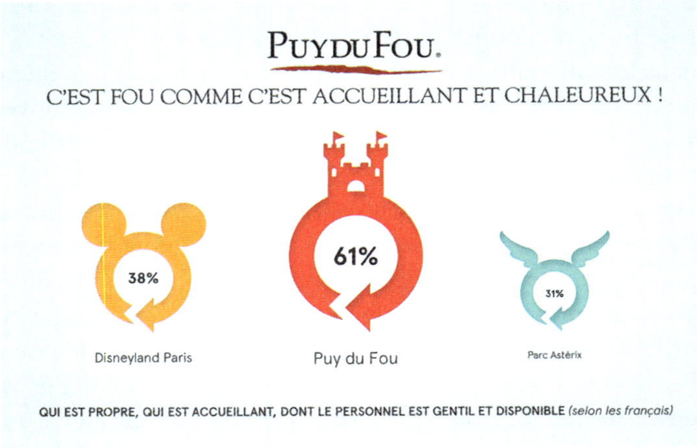

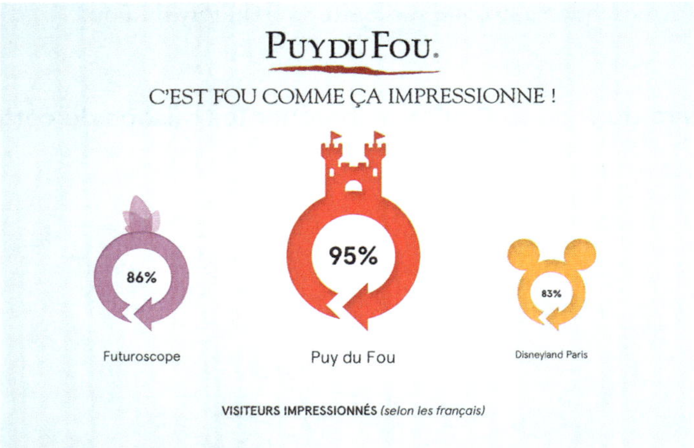

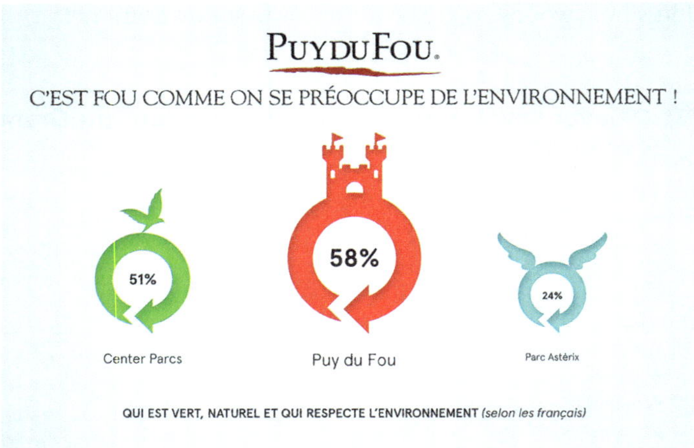

Enquête IFOP « Les Français et les parcs à thème », 03/2017. Sondage IFOP pour le Puy du Fou réalisé par questionnaire auto-administré en ligne du 4 au 10 janvier 2017 auprès d'un échantillon de 2 002 personnes, représentatif de la population française âgée de 18 ans et plus.

Les indicateurs de la valeur perçue servent à mesurer et contrôler l'avancement des résultats de l'organisation. Ils peuvent porter sur des éléments chiffrés, on parle d'indicateur **quantitatif** (ex. : l'augmentation du chiffre d'affaires) ou décrire la qualité du résultat sans être directement mesurables (ex. : la satisfaction), on parle alors d'indicateur **qualitatif**.

Quatre **indicateurs** permettent de mesurer la valeur perçue globale d'une organisation :

La notoriété : elle correspond au degré de connaissance d'une organisation par les individus. Le taux de notoriété est un indicateur quantitatif qui détermine le pourcentage de personnes qui disent connaître l'organisation. Une marque connue rassure le consommateur lors de son achat.

La satisfaction : c'est le sentiment de plaisir ou de déplaisir d'un consommateur lié à la comparaison entre ses attentes et son expérience de consommation. Un individu satisfait le fera savoir et achètera à nouveau plus facilement le produit ou le service. La satisfaction se mesure avec plusieurs indicateurs quantitatifs comme, par exemple, l'évolution des ventes de l'organisation, son taux de satisfaction, le taux de fidélisation... Des indicateurs qualitatifs permettent également de connaître la satisfaction des consommateurs comme, par exemple, les avis des consommateurs.

L'image de marque : c'est la représentation que se font les individus d'une organisation, qui peut s'appuyer sur des critères objectifs (les caractéristiques des biens ou services proposés, le prix...) et des critères subjectifs (les représentations sociales, le partage d'expérience...).
Elle s'évalue par des sondages permettant à l'organisation de comparer l'image de marque qu'elle souhaite donner par rapport à l'image de marque réellement perçue par les consommateurs.

La qualité : c'est la capacité d'un bien ou d'un service à répondre aux attentes d'un consommateur. Elle est donc subjective car chaque individu a des attentes différentes. Les labels permettent de garantir une promesse de qualité pour les organisations et rassurent les consommateurs. Plusieurs indicateurs quantitatifs peuvent évaluer la qualité d'une organisation : le temps d'attente des clients, le pourcentage de retours ou de réclamations...

6 **Comparer l'image de marque voulue par le Grand Parc du Puy du Fou à celle perçue par les individus.**

Document 4 — Les prix et labels reçus par le Puy du Fou

Le **Puy du Fou** reçoit tous les ans de nombreuses récompenses qui viennent saluer l'originalité, les savoir-faire artistiques et techniques, l'originalité des spectacles mis en place par les équipes travaillant pour le Puy du Fou. À deux reprises, le Puy du Fou a même été élu « Meilleur Parc du Monde » à Los Angeles, puis à Orlando. En 5 ans, c'est la 5e récompense mondiale pour le Parc. Le Puy du Fou reçoit également des prix pour ses spectacles comme, par exemple, le *« European Top New Attraction »* (meilleure création européenne) qui lui a été remis pour le spectacle le « Dernier Panache » en 2016 et pour le spectacle « Le Mystère de la Pérouse » en 2018.

Depuis sa création, le Puy du Fou accorde une place importante au respect de l'environnement et à la préservation de son patrimoine naturel. Afin de poursuivre son engagement, une démarche globale de développement durable est en place. Le Puy du Fou est ainsi certifié *Green Globe* depuis 2012 ; une certification internationale dédiée au secteur du tourisme et des voyages qui recouvre les trois piliers de la RSE (Responsabilité sociale des entreprises) : environnemental, économique et social.

7 **Identifier les récompenses et les labels dont bénéficie le Grand Parc du Puy du Fou et montrer leur intérêt vis-à-vis de la perception de la qualité du Parc.**

8 **Conclure sur la valeur perçue du Grand Parc du Puy du Fou en reprenant les indicateurs précédents.**

9 **Montrer comment les acteurs internes du Grand Parc du Puy du Fou interviennent dans le processus de création de valeur perçue.**

III IMPACT D'INTERNET SUR LA VALEUR PERÇUE

Les informations trouvées précédemment par Léa lui ont permis d'en savoir plus sur le Puy du Fou. Elle souhaite maintenant recueillir l'avis des visiteurs sur le parc et se rend sur un moteur de recherche.

Document 5 — Les recommandations pour le Grand Parc du Puy du Fou

En 2018, le Grand Parc du Puy du Fou a été le parc le plus recommandé avec un taux de recommandation de 96 % (contre 76 % en 2012). Les visiteurs peuvent noter le Grand Parc du Puy du Fou sur plusieurs sites indépendants :

- TripAdvisor : plus de 13 000 avis avec une note globale de 5/5 ;
- Google : plus de 22 000 avis avec une note globale de 4,8/5.

Le Puy du Fou a d'ailleurs été élu premier parc en France, premier parc en Europe et troisième parc au monde, selon la satisfaction des utilisateurs de TripAdvisor (Travellers' Choice 2018). De nombreux particuliers ont retranscrit tous les détails de leur séjour sur leur blog avec leurs impressions et des photos à l'appui. Voici un extrait d'un blog d'une mère de famille qui raconte régulièrement ses différents voyages :

« Je tenais absolument à emmener nos 2 petits garnements au Puy du Fou. Mais nous n'avions qu'une journée pour faire le parc. Heureusement, grâce à l'application, nous avons bien réussi à nous organiser et à profiter de presque tous les spectacles. Nous avons commencé par le spectacle *« Le Bal des Oiseaux Fantômes »*, je recommande absolument. Cela nous a mis dans l'ambiance. Ensuite, nous nous sommes dirigés vers *« Le spectacle des Vikings »* comprenant des effets spéciaux de dingue, des animaux spectaculaires (loups, bisons…). Ce fut mon spectacle préféré, à voir absolument ! Mais je ne suis peut-être pas très objective. En effet, j'attendais dans les gradins quand une jeune fille costumée m'a proposé de participer comme figurante au spectacle. J'ai pu vivre l'histoire de l'intérieur, une expérience unique et merveilleuse… »

Document 6 Les avis des visiteurs sur la communauté Facebook du Puy du Fou

Sandra recommande Puy du Fou.
01 septembre 2020, 14/25

Le Puy du fou est le meilleur parc au monde ! Des spectacles fabuleux dans un décor de rêve! Le moindre détail est pensé pour nous plonger dans l'histoire par le plus agréable des moyens ! Les comédiens sont parfaits et j'espère qu'un tas de personnes aura l'occasion de visiter ce parc si beau ! 😍

Puy du Fou Bonjour Sandra, merci pour votre message si chaleureux
Au plaisir de vous revoir bientôt

4,9

4,9 sur 5
Selon l'avis de 16 183 personnes

Recommandez-vous Puy du Fou ?
Oui Non

Claude recommande Puy du Fou - 5★
05 septembre 2020

Vraiment magnifique pendant deux jours je me suis régalé j'adore l'histoire et la j'en ai pris plein la vue les décors sont somptueux et magique, une muraille qui s'enfonce dans le sol un beau viking qui sort de l'eau, etc.
C est beau le spectacle qui m'a le plus pris au cœur c est le dernier panache une histoire vraie qui montre bien le visage barbare de Robespierre et ses sbires. Seul bémol lors des noces de feu le public se place n'importe où et cela est gênant pour bien voir ce magnifique spectacle. J' y retournerai.

J'aime la Page
3 · 1 commentaire
J'aime · Commenter · Partager

Puy du Fou Bonjour Claude, merci pour votre message si chaleureux
😉 Nous avons pris note de votre remarque concernant les "Noces de Feu" et l'avons transmise aux équipes du Grand Parc.
A très vite pour revivre l'aventure ! 😉

Le service communication du Puy du Fou vérifie régulièrement les avis des internautes postés sur ses réseaux sociaux mais également sur les autres sites web. Son objectif est d'augmenter la satisfaction des individus en prenant en compte leurs avis et également leur montrer sa présence en leur répondant.

Aujourd'hui, les consommateurs ne sont plus dupes, ils connaissent les rouages du marketing et savent prendre du recul vis-à-vis des publicités émises par les organisations. Les consommateurs sont près de 70 % à accorder leur confiance aux **recommandations** des autres clients même si ce sont des inconnus.
Les réseaux sociaux ont un pouvoir de recommandation non négligeable puisqu'ils permettent de regrouper les **avis communautaires** de milliers de personnes. 88 % des internautes consultent les avis clients sur Internet avant de conclure l'achat d'un bien ou d'un service. Faire dire par ses clients que son produit est le meilleur est donc une stratégie de communication gagnante.

10 **Identifier les différents moyens permettant aux visiteurs de faire des recommandations sur le Grand Parc du Puy du Fou.**

11 **Analyser les recommandations des internautes pour le Grand Parc du Puy du Fou.**

La réputation est l'opinion sur une organisation, positive ou négative, par son public en fonction de ses connaissances, de ses expériences, de ses impressions et de ses croyances. Avec l'avènement d'Internet, la notion d'e-réputation a fait son apparition. Elle désigne la réputation d'une entreprise sur le web et les réseaux sociaux.

L'organisation doit surveiller sa réputation et mettre en place des techniques pour la défendre. En effet, sur Internet les informations circulent rapidement et le bouche-à-oreille laisse des traces, même quand le sujet n'est plus d'actualité. Elle doit donc dédier du personnel pour aller vérifier ce que les internautes ont écrit sur elle et pour leur répondre dans les plus brefs délais (notamment quand les commentaires sont négatifs). En effet, une organisation sera très mal perçue si elle ne réagit pas, les clients perdront confiance : leur répondre est donc un moyen de les rassurer.

12 **Apprécier l'efficacité du Grand Parc du Puy du Fou dans la gestion de sa réputation.**

13 **Expliquer le lien qui existe entre les avis communautaires, les recommandations des internautes, la réputation de l'organisation et sa valeur perçue.**

Document 7 — Le Grand Parc du Puy du Fou et ses réseaux sociaux

Le nombre d'abonnés sur la page Facebook du Grand Parc du Puy du Fou est en constante augmentation (il est actuellement de plus de 1,1 million d'abonnés). Le taux d'engagement (réactions, commentaires) des publications émises sur la page Facebook du Puy du Fou est 6 fois supérieur à la moyenne nationale des pages de plus d'1 million d'abonnés. La page du Puy du Fou est la troisième page la plus importante à l'échelle européenne des parcs de loisirs en termes d'abonnés. Les internautes peuvent ainsi avoir accès aux différentes informations sur le parc (date d'ouverture, nouveautés, jeux-concours…) qui sont mises à jour très régulièrement. Les informations concernant les dates d'ouverture du **Grand Parc** ont été vues presque 2 000 fois et ont fait l'objet de 200 commentaires et 600 partages.

Sur Instagram, le Puy du Fou compte 74 600 abonnés et ce nombre ne fait que progresser. Sur Twitter, le Grand Parc du Puy du Fou récolte près de 80 000 abonnés et compte presque 10 000 tweets depuis son ouverture.

Les indicateurs des médias sociaux permettent de mesurer la performance des organisations sur leurs réseaux sociaux. Les principaux indicateurs sont :

- **le nombre d'abonnés** et son évolution sur une période donnée : cela permet de suivre l'évolution de la communauté et la perte éventuelle d'abonnés de l'organisation ;
- **les nombres de vues (ou impression) :** c'est le nombre de visualisation d'une publication écrite par l'organisation ;
- **le nombre d'interactions (nombre de clics, de likes, de mentions, de hashtags...) :** elles traduisent l'intérêt de l'internaute pour la publication ;
- **le taux d'engagement :** il détermine le pourcentage des personnes qui réagissent aux publications de l'organisation.

14 **Détailler les différents indicateurs des médias sociaux du Grand Parc du Puy du Fou en complétant le tableau suivant.**

Indicateurs	Explications
Nombre d'abonnés	
Nombre d'interactions	
Nombre de vues pour les dates d'ouverture	
Taux d'engagement pour les dates d'ouverture	

15 **Mettre en évidence comment ces indicateurs contribuent à améliorer l'évaluation de la valeur perçue du Grand Parc du Puy du Fou.**

À RETENIR

LA VALEUR PERÇUE

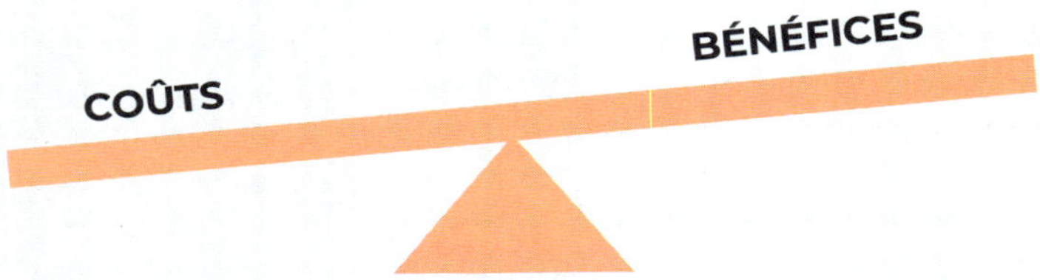

Valeur perçue : valeur que revêt un produit dans l'esprit du consommateur

se mesure

GRÂCE À DES INDICATEURS QUANTITATIFS ET QUALITATIFS PERMETTANT D'ÉVALUER POUR L'ORGANISATION :

- Notoriété
- Satisfaction
- Qualité
- Image de marque

Indicateurs influencés par :

Avis communautaires

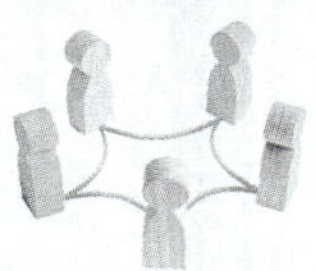

Recommandations

Indicateurs des médias sociaux : nombre d'abonnés, nombre de vues, taux d'engagement…

Déterminent

LA RÉPUTATION DE L'ORGANISATION

LIEN AVEC LE MANAGEMENT

Parties prenantes • Transformations numériques • Mutations écologiques • RSE • Diagnostic stratégique • Indicateurs • Avantage concurrentiel • Différenciation • Numérisation de l'économie

Tester ses connaissances

Se tester en ligne
https://eqrcode.co/a/Zono7N

Trouver la bonne association

Associer à chaque notion la bonne explication.

Notions	Explications
Notoriété	Les avis communautaires permettent de déterminer celle de l'organisation.
Réputation	Sentiment de plaisir ou de déplaisir d'un consommateur.
Indicateurs	Permet de savoir si l'organisation est connue.
Qualité	C'est le pourcentage de personnes qui réagissent aux publications de l'organisation.
Satisfaction	Permet de mesurer la valeur perçue.
Taux d'engagement	Capacité d'un produit à répondre aux attentes des consommateurs.

Vrai ou faux ?

Affirmations	Vrai	Faux	Justifications
La valeur perçue d'un individu reste toujours la même.	☐	☐	
Si les bénéfices perçus par individu sur un produit sont supérieurs à ses coûts, alors sa valeur perçue est positive.	☐	☐	
Il faut avoir essayé le produit pour en avoir une valeur perçue.	☐	☐	
La valeur perçue d'une organisation est la même pour tout le monde.	☐	☐	
Le nombre d'abonnés d'une organisation à ses réseaux sociaux est en lien avec sa notoriété.	☐	☐	
De mauvaises recommandations influencent de façon négative la valeur perçue d'une organisation.	☐	☐	

Rédiger sa synthèse

1. Comment définir la notion de valeur perçue ?
2. Quels sont les indicateurs permettant de mesurer la valeur perçue ?
3. Comment Internet influence-t-il la réputation d'une organisation ?
4. Quels sont les indicateurs des médias sociaux ?
5. Comment ces indicateurs permettent-ils de mesurer la valeur perçue d'une organisation ?
6. Quels acteurs interviennent dans le processus de création de valeur perçue ?

Se mettre en activité

Activité 1 Étudier les indicateurs de la valeur perçue

1. Caractériser la notoriété de la marque *Teisseire*.
2. Relever les éléments mis en avant par *Teisseire* afin de souligner la qualité de son nouveau sirop « Fraîcheur de fruits ».
3. Repérer l'image de marque que souhaite donner *Teisseire* à son nouveau sirop « Fraîcheur de fruits ». Pourquoi cette image de marque est-elle pertinente ?
4. Évaluer la satisfaction des clients concernant le sirop de *Teisseire* « Fraîcheur de fruits ».
5. Expliquer comment le choix du packaging du sirop de *Teisseire* « Fraîcheur de fruits » influence sa valeur perçue.

Annexe Boissons non alcoolisées : un sirop beaucoup plus fruité et beaucoup moins sucré

LES PLUS
- Une innovation qui répond aux besoins des consommateurs de moins consommer de sucre.
- Sans colorant, ni édulcorant, ni additif.
- Une cible large : les familles avec enfants et les jeunes adultes.

Fraîcheur de Fruits répond aux tendances de consommation du moment – naturalité, moins de sucre, etc. – et espère faire revenir des consommateurs vers les sirops.

L'année 2018 aura été importante pour le marché des sirops. Comme celui des jus de fruits en ambiant, il a ceci de particulier d'être dominé par les MDD[1] (près de 45 % du marché en valeur). De plus, depuis quelques années, il est à la peine, avec des ventes en baisse de 1,3 % en valeur, à 377,8 millions d'euros, et de 2,8 % en volume, selon Iri[2] (CAM[3] au 26 août 2018, tous circuits GMS[4]). Et pour cause. Les consommateurs reprochent au sirop son manque de naturalité et de n'être que du sucre liquide, aromatisé et coloré à la menthe, à la grenadine ou à quelques parfums plus exotiques. Pour faire revenir les consommateurs vers ce rayon, La Maison Guiot, signature de Monin, s'est lancée dans le bio, un segment en plein essor. Le savoyard Routin utilise désormais la licence Oasis pour une gamme de sirops qu'il destine à tout l'Hexagone. Dans ce contexte, Teisseire, marque emblématique des sirops avec 35 % du marché en valeur, a travaillé une toute nouvelle recette pour gommer ce principal frein aux achats.

« Jouer la transparence »

« Ce problème de perception santé est l'objectif prioritaire de tous nos plans à court et à moyen termes », expliquait Aurèle Casemajor, chef de produits senior sur les sirops chez Britvic (marques Teisseire, Moulin de Valdonne et Pressade) lors de l'annonce, en avril, d'une « nouvelle génération de sirops ». Baptisée Fraîcheur de Fruits, cette gamme résulte d'un profond travail sur la composition et la pondération des ingrédients. La proportion de jus de fruits monte à 85 %, contre 10 à 35 % pour un sirop classique, ce qui permet de réduire le sucre d'au moins 30 % par rapport à la réglementation. Ainsi, un verre de grenadine contient 45 % de sucre en moins qu'une grenadine classique. Pour le moment, cette nouvelle gamme se décline avec les cinq parfums cultes du segment : grenadine, pêche, citron, citron vert et menthe.

Pour se distinguer dans le rayon, les équipes de Teisseire ont choisi un emballage en PET[5] avec une fenêtre transparente, ce que le traditionnel bidon de métal ne permet pas. « Nous avons réinterprété le flacon pour l'occasion afin de jouer au maximum la transparence », détaille Aurèle Casemajor. Les performances sont déjà au rendez-vous. « Cinq mois après le lancement, nous avions vendu plus d'un million d'unités et cette gamme a amené 17 % de volume incrémental à la catégorie des sirops », conclut la chef de produits.

Sylvie Leboulenger, www.lsa-conso.fr, 12/12/2018

[1] **MDD :** *Marques de Distributeurs*
[2] **IRI :** *Institut des ressources industrielles*
[3] **CAM :** *Cumul annuel mobile*
[4] **GMS :** *Grandes et moyennes surfaces*
[5] **PET :** *Polyéthylène téréphtalate est un plastique rigide et 100 % recyclable*

Activité 2 Comprendre l'impact de la valeur perçue et de la réputation sur les ventes d'une organisation

Sarah Meguenni a ouvert **« Le Secret du Temps »**, un Escape game, à Marseille il y a 3 ans. Le principe est simple : 3 à 5 joueurs de 7 à 77 ans sont enfermés dans une pièce et sont confrontés à des énigmes à résoudre en moins de 60 minutes. Le Secret du Temps met à disposition de ses clients 2 salles avec 2 ambiances différentes : 1 salle les envoie dans le passé dans l'Égypte antique et 1 salle dans le futur dans un vaisseau spatial qu'il faut quitter au plus vite. Sarah Meguenni emploie 3 salariés : Ryad, Claire et Lou embauchée en octobre 2019.
Sarah Meguenni s'inquiète de l'évolution de son nombre d'entrées qui a baissé de 15 % en 2019 (avec une baisse de 30 % sur le dernier trimestre de l'année). Elle a été contactée par des étudiants de BTS MCO (Management Commercial Opérationnel) pour un projet. Ils ont réalisé un sondage, sur un échantillon de 500 Marseillais âgés de 18 à 70 ans. De plus, ils ont étudié les avis clients concernant l'Escape game sur Internet.

1. **Identifier ce que permet de mesurer la question 1 du questionnaire. Réaliser les calculs permettant d'évaluer cette notion.**
2. **Analyser les autres réponses du questionnaire.**
3. **Évaluer la valeur perçue d'Israa et celle de Nolan pour l'Escape game « Le secret du Temps ».**
4. **Analyser l'évolution des avis des consommateurs entre 2018 et 2019.**
5. **Conclure sur le lien entre la réputation et les ventes de l'entreprise.**
6. **Apprécier la pertinence des actions menées par Sarah Meguenni.**

Annexe 1 Extrait des réponses du sondage réalisé en novembre 2019

1. Connaissez-vous l'Escape game Le Secret du Temps ?
- Oui : 380
- Non : 120

2. Avez-vous déjà été dans l'Escape game Le Secret du Temps ?
- Oui : 65 %
- Non : 35 %

3. Avez-vous été satisfait ?
- Très satisfait : 45 %
- Satisfait : 25 %
- Peu satisfait : 20 %
- Pas satisfait : 10 %

4. Qu'avez-vous aimé dans l'Escape game Le Secret du Temps ?
- La qualité de l'histoire : 50 %
- L'originalité des énigmes : 35 %
- La qualité de la décoration : 15 %

5. Que n'avez-vous pas aimé dans l'Escape game Le secret du temps ?
- Prix trop élevé : 38 %
- Peu d'explications de la fin du jeu : 20 %
- Maître du jeu pas assez présent : 35 %
- Aucun vestiaire : 7 %

Annexe 2 Témoignages recueillis sur un site spécialisé d'avis sur les Escape games en France en 2018

Note globale pour Le Secret du Temps : 4,4/5
calculée à partir de 750 avis sur l'année 2018

Avis de Jérémie Le 15/09/2018 à 19 h 30 **Note : 5/5**

Super moment avec mes potes ! Un moment de réflexion, d'énigmes et de rigolade ! Un maître du jeu super efficace. J'vous le conseille ! J'ai hâte de tester la deuxième salle ! 🙂

Réponse de Sarah Méguenni Le 19/09/2018 à 11 h 10

Bonjour Jérémie ! Merci pour ton commentaire 🙂 on sera très content de te revoir 🙂 Tu verras, la deuxième salle est vraiment pleine de surprises. Belle journée.

Sarah Meguenni, gérante de l'Escape game

Avis d'Israa Le 15/11/2018 à 19 h 30 **Note : 4/5**

La salle « Le Temps de l'Égypte » est au top. Le maître du jeu nous a donné les bons indices au bon moment. Seul point négatif : l'absence de vestiaire pour déposer ses affaires.

Réponse Sarah Méguenni Le 19/11/2018 à 11 h 10

Bonjour Israa ! Merci pour ton commentaire 🙂 nous allons bientôt installer un vestiaire et ouvrir une nouvelle salle, n'hésite pas à revenir… Belle journée.

Sarah Meguenni, gérante de l'Escape game

Annexe 3 Témoignages recueillis sur un site spécialisé d'avis sur les Escape games en France en 2019

Note globale pour Le Secret du Temps : 3,2/5
calculée à partir de 680 avis sur l'année 2019

Avis de Maëllys Le 13/10/2019 à 21 h 20 **Note : 3/5**

La salle « Le Temps de l'Égypte » est très intéressante au niveau de l'histoire et j'ai beaucoup aimé les énigmes. Mais il n'y a aucun vestiaire réservé pour l'Escape game… Nous avons donc fait celui-ci avec nos vestes, sacs à main qui sont restés sur le sol. Concernant le don d'indices… La personne en charge de l'accueil est rentrée dans la salle pour nous donner un indice. Je n'avais jamais vu ça !!! De plus, des indices donnés étaient totalement hors sujet puisqu'on les avait déjà découverts. À la fin de l'Escape game, d'habitude on nous explique les mécanismes, les indices non trouvés mais là non : nous avons simplement eu droit à un « Il faudra revenir pour savoir ! » (Soit repayer).

Réponse de Sarah Méguenni Le 14/10/2019 à 09 h 35

Bonjour Maëllys,
Je suis satisfaite de voir que notre salle « Le temps de l'Égypte » t'ait plu. Pour le vestiaire, nous allons nous agrandir dans quelques mois pour ouvrir une troisième salle et pour installer des casiers afin que les joueurs puissent ranger leurs affaires. Concernant le maître du jeu, je suis vraiment désolée, je ne comprends pas ce qui a pu se passer. Tu peux me contacter si tu veux. Belle journée à toi.

Sarah Meguenni, gérante de l'Escape game

Avis de Nolan Le 15/11/2019 à 19 h 30 **Note : 1/5**

Je n'ai fait que la salle « Le temps de l'Égypte » mais je déconseille... Je ne retournerai pas à cet Escape très décevant. Le maître du jeu n'est pas du tout compétent. À éviter !

Réponse de Sarah Méguenni Le 16/11/2019 à 10 h 15

Bonjour Nolan ! Je suis vraiment désolée de lire ton message. S'est-il passé quelque chose en particulier ? N'hésite pas à m'appeler pour en discuter, j'aimerais comprendre ! Belle journée à toi !

Sarah Meguenni, gérante de l'Escape game

Annexe 4 Retours de Maëllys et de Nolan

Maëllys et Nolan ont appelé Sarah Méguenni. Nolan a donné plus de détails sur sa note : il a apprécié l'histoire et la difficulté du jeu, c'est le maître du jeu qui lui a posé problème. Elle a appris que Maëllys et Nolan avaient eu comme maître du jeu Lou. Ils ont expliqué à Sarah que Lou ne leur donnait pas les indices à temps, elle les envoyait même parfois dans la mauvaise direction. Son intrusion dans la partie a vraiment dérangé Maëllys et cela a fait perdre un temps précieux à son équipe. Nolan et Maëllys n'ont pas réussi à finir le jeu dans les délais impartis et le reproche à Lou. Celle-ci ne leur a pas fourni la solution de la fin du jeu, cela les a frustrés. Pour les dédommager, Sarah leur a proposé un bon de réduction de 50 % pour leur prochaine venue dans son Escape Game. Maëllys et Nolan sont revenus quelques semaines plus tard et ont écrit un avis très positif suite à leur nouvelle expérience.

Annexe 5 Point de Sarah avec Lou

Suite aux retours de Maëllys et Nolan, Sarah a convoqué Lou. Celle-ci a avoué ne pas avoir vraiment compris à quel moment elle devait donner des indices, ni lesquels. De plus, elle a expliqué que l'ordinateur se bloquait parfois suite à une mauvaise manipulation de sa part, elle était obligée de rentrer dans la salle pour donner les indices. Lou pensait également qu'elle ne devait pas donner la solution du jeu pour que les clients reviennent. Sarah a proposé à Lou de suivre une formation d'une semaine avec Claire pour mieux comprendre le fonctionnement de l'Escape game. Cela a rassuré Lou qui a remercié Sarah.

Activité 3 Évaluer la valeur perçue et la réputation d'une organisation

2 Fiche méthode

Activité sur poste informatique

En groupe de 2 ou de 3, vous allez travailler sur la valeur perçue et la réputation d'une organisation de votre région en répondant aux questions suivantes :

1 **Recenser les coûts et les bénéfices que vous percevez sur cette organisation pour évaluer votre valeur perçue.**

2 **Comparer votre valeur perçue à celle de vos camarades. Présenter vos conclusions.**

3 **Procéder à une recherche internet pour :**
- résumer les avis communautaires concernant votre organisation ;
- rechercher les indicateurs des médias sociaux concernant votre organisation : nombre d'abonnés, nombre de vues, nombre d'interactions et taux d'engagement ;
- conclure sur la réputation de votre organisation.

THÈME 3

Création de valeur et performance

CHAPITRE 13

LA RELATION ENTRE LE PRIX, LE COÛT ET LE NIVEAU DE QUALITÉ

Question » Peut-on mesurer la contribution de chaque acteur à la création de valeur ?

Finalités » Analyser la relation entre le prix, le coût et le niveau de qualité d'un produit ou d'un service.

Notions » Prix, coût, marge, charges.

Contexte

Pas de fraise à Noël

Pas de fraise à Noël est un restaurant-café-sandwicherie doté d'une salle de 100 couverts et d'une terrasse. Les codirigeants, Caroline et Xavier, cuisinent des plats traditionnels pour une clientèle souhaitant manger sainement et rapidement.

Caroline s'est formée en gestion et en marketing avant de réussir une licence pro hôtellerie. Son associé, Xavier, a quant à lui, plus de 15 ans d'expérience en tant que chef. Ces deux professionnels aux profils complémentaires ont élaboré un concept original dont l'un des aspects est de privilégier les producteurs locaux, les produits frais et de saison.

Le restaurant bénéficie d'une décoration industrielle moderne, dans un vaste entrepôt, avec également un espace café sandwicherie disponible pour des formules sandwiches et salades.

Le concept parie sur les réseaux sociaux. En effet, les plats du jour, changés quotidiennement du fait de la spécificité des produits, sont présentés sur la page Facebook du restaurant. D'ailleurs, à partir de 16 heures, les clients peuvent y retrouver les plats non consommés le midi dans une formule « à emporter » à moins 30 % pour le repas du soir.

Habitudes de consommation

https://eqrcode.co/a/35KESH

Identifier pourquoi le restaurant Pas de fraise à Noël respecte la saisonnalité des fruits et légumes qu'il cuisine.

Découvrir

I OBJECTIFS ET CONTRAINTES LORS DE LA FIXATION DU PRIX

Caroline, lors de l'ouverture du restaurant, a été confrontée à la question de la fixation des prix. Elle s'est interrogée sur les différents éléments participant à la formation du prix d'un service ou d'un produit.

Document 1 La réflexion de Caroline sur la fixation des prix

Utiliser des produits rapidement périssables est-il à prendre en compte dans le prix du menu ?

Quelles sont les autres possibilités de restauration de nos clients ?

Demain, c'est du poisson. Doit-on conserver le même prix que pour le gratin dauphinois végétarien du jour ?

Quelle qualité de service souhaitons-nous offrir ?

Quelle marge devons-nous dégager pour être profitable ?

La sécheresse va-t-elle avoir un impact sur le prix des matières premières ?

Combien nos clients seraient-ils prêts à payer cette tarte au citron ?

1 **Parmi les réflexions de Caroline sur la fixation des prix, distinguer celles qui sont du fait des restaurateurs de celles qui constituent des contraintes de l'environnement.**

Les choix des restaurateurs	Les contraintes de l'environnement

II FIXATION DU PRIX À PARTIR DU COÛT

Finalement, les associés ont fixé le tarif de leur menu à 12,50 € HT (entrée + plat ou plat + dessert).
Afin de s'assurer que ce choix est supportable par le restaurant, Caroline décide de calculer le coût d'un menu traditionnel qu'elle souhaite faire figurer sur sa carte cette semaine :

Plat + Dessert
Magret de canard/ salade de fruits de saison au romarin

Document 2 — L'entretien téléphonique de Xavier et son fournisseur de fruits et légumes

Fournisseur : Dans ton e-mail du 2 décembre, tu indiquais une commande de fruits de saison pour la semaine prochaine. Je peux te proposer des clémentines, des kiwis, des oranges, des pommes et quelques poires… éventuellement des châtaignes si tu as des idées…

Xavier : Les idées, ce n'est pas ça qui manque. Et pour les pommes de terre ?

Fournisseur : La sécheresse de cet été a entraîné une hausse des prix de 20 % car la récolte est plus faible. Je peux te proposer un prix à 1,40 € HT le kilo.

Xavier : L'année dernière on était à 1,17 € et la qualité était meilleure. Bon, de toute façon, c'est un produit indispensable. C'est ok pour moi !

Fournisseur : Je prépare la commande alors. Tu seras livré demain matin.

Document 3 — La liste des ingrédients et tarifs des produits au menu

- Magret de canard 150 g (20 € le kilo).
- Autres accompagnements 1 €.
- Pommes de terre 250 g.
- Fruits divers 2 € par coupe de fruits.

Document 4 — Le coût d'achat du menu

Éléments du calcul	Montant en €
Canard	
Accompagnements	
Pommes de terre	
Fruits	
Frais d'achat	0,50 €
Coût d'achat	

2 À partir des données des documents 2 et 3, calculer le coût d'achat des aliments nécessaires à la réalisation de ce menu (document 4).

3 Préciser ce que représentent, selon vous, les 50 centimes de frais d'achat ?

4 Repérer les éléments qui composent un coût d'achat en général.

5 Compléter le calcul du coût de revient de ce menu (document 5).

Document 5 — Le coût de revient d'un menu type

Éléments du calcul	Montant en €
Coût d'achat des matières premières	
Autres frais divers	0,35 €
Loyer	0,50 €
Intérêts des emprunts	0,25 €
Main-d'œuvre	2,95 €
Coût de revient	

Le coût de revient est composé de l'ensemble des charges engagées dans la production et la distribution du produit ou service.

La marge brute mesure la différence entre le prix de vente hors taxes et le coût de revient d'un produit ou d'un service.

6 Évaluer la marge brute réalisée par le restaurant sur ce menu. Commenter.

III PRISE EN COMPTE DES CHARGES POUR FIXER LA MARGE

Caroline et Xavier s'interrogent sur un produit dont la réputation dans les cafés-restaurants est d'assurer une bonne rentabilité : le café.

Caroline a lu dans le journal, à ce propos, que le taux de marge moyen d'un café dans les restaurants de la ville est de 38 %.

Seulement, fidèle à leur engagement et à leur image de marque, ils souhaitent faire appel à des fournisseurs issus du commerce équitable, ce qui leur fait craindre des marges réduites.

Taux de marge sur prestations de services = $\frac{\text{Marge sur la prestation}}{\text{Coût de revient des prestations vendues}}$ x 100

Document 6 **Les données pour une tasse de café « expresso »**

Un « expresso » est vendu au prix de 1,50 € HT.
Le restaurant prévoit d'en servir 455 par semaine.

Éléments du calcul	Montant en €
Dosette de café	0,30 €
Bûchette de sucre	0,02 €
Gâteau sec d'accompagnement	0,10 €
Entretien et location du percolateur	0,08 €
Charges de personnel	0,40 €
Autres frais (électricité, eau, loyers, impôts…)	0,20 €

7 **Identifier les deux principales catégories de charges lors de la production d'un « expresso ». Préciser si elles peuvent être réduites facilement.**

8 **D'après le document 6, évaluer le coût d'achat unitaire d'un « expresso », puis son coût de revient unitaire.**

9 **Déterminer la marge unitaire et la marge hebdomadaire attendue. Apprécier la rentabilité du café chez « Pas de fraise à Noël » à partir de son taux de marge.**

IV IMPACT DE LA RECHERCHE DE QUALITÉ SUR LES COÛTS

Document 7 La discussion entre Caroline, Xavier et une cliente

La cliente : Bonjour Madame, vous avez de la place pour 2 ? J'attends un ami !
Caroline : Bonjour Madame, il reste de la place à l'étage. Vous connaissez le restaurant ?
La cliente : On me l'a conseillé mais je ne suis jamais venue.
Caroline : Eh bien, tous les plats sont cuisinés sur place. Nous privilégions les plats de saison à partir de produits issus principalement de fournisseurs locaux.
Xavier : Bonjour Madame, notre choix est de travailler avec des produits sans OGM issus de l'agriculture raisonnée ou BIO.
Caroline : L'un de nos critères est de choisir des fournisseurs respectueux de l'environnement et des animaux.
La cliente : J'ai oublié de vous demander si vous aviez des plats végétariens pour mon ami ?
Xavier : Il existe toujours un plat végétarien sur la carte, nous le changeons tous les jours.
La cliente *(en souriant)* **:** Votre gâteau contient du chocolat… ce n'est pas très local, non ?
Caroline : Hé oui, il n'y a pas de chocolat en Normandie… dans ce genre de cas, nous nous fournissons dans une démarche équitable.
La cliente : C'est rare autant d'engagement et d'éthique dans le commerce.

Document 8 Qu'est-ce qu'un restaurant de qualité ?

[…] — ENVERS LES CLIENTS —

Engagement sur la qualité et la transparence du FAIT MAISON

* Authenticité et origine connue des matières premières.
* Produits frais de qualité transformés sur place.
* Cuisine exécutée par un professionnel.

Engagement sur la qualité et la passion de l'HOSPITALITÉ

— AMBITION : LA TRANSPARENCE DANS L'ASSIETTE —

Le Collège Culinaire de France veut donner aux clients le droit d'être informés sur ce qu'ils consomment à la table d'un restaurant et ainsi différencier deux métiers qui s'exercent sous la dénomination « restaurant » :

- **le métier de « commerçants restaurateurs »** qui distribuent des plats industriels tout préparés ou semi-élaborés. Ils représenteraient, d'après les médias, plus de 70 % des restaurants.
- **le métier d'« artisans restaurateurs »** pratiqué par les restaurants de qualité qui transforment sur place des produits d'origine. […]

www.latelierdesaugustins.com

10 Après lecture des documents 7 et 8, apprécier si le restaurant Pas de fraise à Noël correspond à la définition de la qualité retenue par le Collège Culinaire de France. Justifier.

11 Déterminer pourquoi le service proposé par le restaurant Pas de fraise à Noël peut représenter un coût supplémentaire en comparaison d'un restaurant avec une activité plus industrielle.

Les associés de Pas de fraise à Noël entendent régulièrement leurs clients se questionner sur le prix des ingrédients du restaurant. Du Bio, du frais, du local... Les coûts d'achats seraient-ils forcément plus élevés ?

Document 9 Mon « restau » responsable

Contrairement aux idées reçues, améliorer la qualité, avec une large part de produits bio et locaux, n'augmente pas le coût des repas. De nombreux restaurants collectifs peuvent en témoigner. Leur recette ? S'appuyer sur plusieurs leviers :

- lutter contre le gaspillage [...] ;
- respecter la saisonnalité. Les fruits et légumes sont moins chers en pleine période de production. On peut donc choisir une meilleure qualité ;
- réduire les pertes à la cuisson. Les produits de qualité permettent d'avoir moins de pertes à la cuisson. De ce fait, la quantité à acheter est moindre ;
- renforcer la part de protéines végétales pour améliorer l'équilibre nutritionnel. À budget constant, il est préférable pour la santé des convives de proposer moins de viande mais de meilleure qualité, tout en introduisant des plats végétariens ;
- et enfin, cuisiner ! Les plats tout faits, les carottes déjà râpées, les salades en sachet sont bien plus chères à l'achat.

Fondation Nicolas Hulot pour la nature et l'homme, www.fondation-nature-homme.org

12 **Repérer, dans le document 9, les arguments qui permettraient de convaincre les clients de la rentabilité des pratiques du restaurant.**

13 **Identifier les autres avantages de la démarche écoresponsable du restaurant en termes de création de valeur perçue.**

À RETENIR

LA RELATION ENTRE LE PRIX, LE COÛT ET LE NIVEAU DE QUALITÉ

RELATION PRIX - COÛT - QUALITÉ

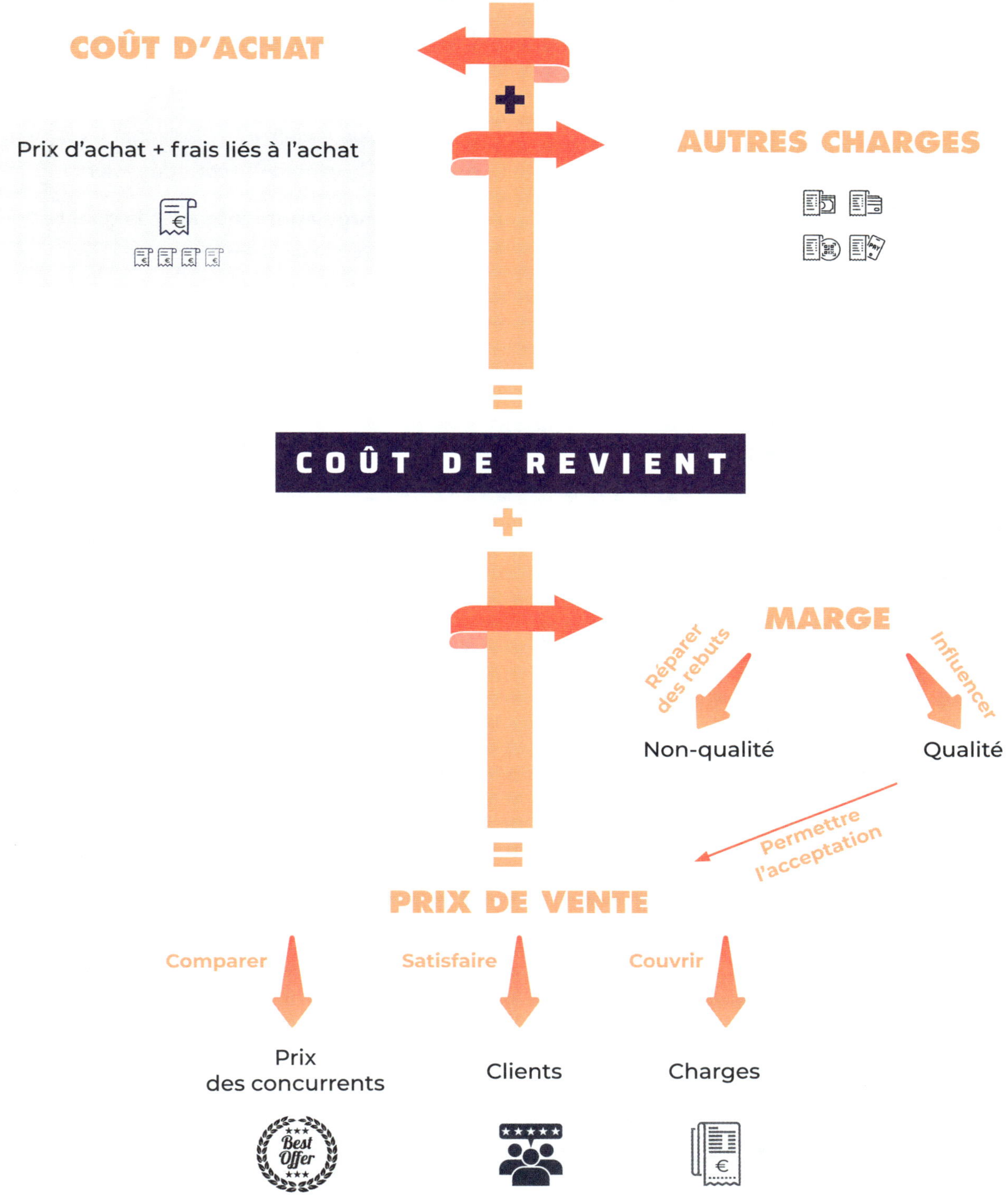

LIEN AVEC LE MANAGEMENT

Domination par les coûts • Différenciation

Tester ses connaissances

Se tester en ligne
https://eqrcode.co/a/qAefHZ

Sélectionner la (ou les) bonne(s) réponse(s)

1. Peuvent composer le coût d'achat d'un produit :

- ◇ **a.** les marchandises et les frais de livraison.
- ◇ **b.** les matières premières et les frais de transport.
- ◇ **c.** la main-d'œuvre et les frais de gestion.

2. Quels éléments doivent être pris en compte lors de la fixation du prix ?

- ◇ **a.** Le coût d'achat.
- ◇ **b.** La concurrence.
- ◇ **c.** La marge souhaitée.

3. Le calcul de la marge totale est :

- ◇ **a.** chiffre d'affaires – coût de revient.
- ◇ **b.** chiffre d'affaires/prix de vente HT.
- ◇ **c.** coût de revient + coût d'achat.
- ◇ **d.** prix de vente HT – coût de revient

4. Quelle charge augmente avec la qualité ?

- ◇ **a.** Les matières premières.
- ◇ **b.** Les rebuts.

Vrai ou faux ?

Affirmations	Vrai	Faux	Justifications
Le prix de vente correspond au résultat unitaire.	☐	☐	
Le coût d'achat concerne toujours des marchandises.	☐	☐	
Le coût de revient est inférieur au coût d'achat.	☐	☐	
Le coût de revient comprend toutes les charges.	☐	☐	
La marge brute est la différence entre le coût de revient et le coût d'achat.	☐	☐	
La qualité peut permettre d'augmenter les prix.	☐	☐	

Rédiger sa synthèse

1. Que doit-on prendre en compte lors de la fixation du prix ?
2. Quels éléments composent un coût ? Que représente le coût de revient ?
3. Pourquoi faut-il prendre en compte le coût de revient pour fixer le prix ?
4. Quel lien peut-on faire entre la qualité et le coût ?
5. Comment définir la qualité ?
6. Quel est l'impact de la qualité sur la fixation du prix ?

Activité 1 Fixer le tarif d'un concert associatif

« NUSDG_13_03 »

Votre association de danse souhaite organiser comme chaque année un concert. Il permet, par ses bénéfices, de financer en partie l'activité du club. Cette année, l'assemblée générale a fait le choix de mettre en valeur des stars sud-coréennes. Ainsi, après une première partie, mettant en avant les élèves de l'association, plusieurs vedettes de K-pop, partageront la scène le temps d'une soirée.

Organiser cet évènement musical nécessite de prévoir les nombreux coûts à supporter pour fixer des tarifs qui permettront de dégager la marge qui financera votre activité. Cette année, l'équipe chargée du concert attend 800 personnes.

Activité sur poste informatique

1 **Évaluer le coût de revient global et unitaire du concert (annexe 1).**

2 **Déterminer le tarif HT à fixer par spectateur pour dégager une marge globale de 1 500 €.**

Finalement, les organisateurs proposent des tarifs en prévente et en achat direct à l'entrée du concert. Ils fixent plusieurs hypothèses quant aux choix des spectateurs.

3 **Déterminer le chiffre d'affaires et la marge qui seront réellement dégagés pour chacune des hypothèses.**

4 **Analyser les résultats et proposer, si besoin, des solutions aux organisateurs.**

Annexe 1 Prévisions de charges - concert K-pop

Charges	Éléments chiffrés	Commentaires
Communication et promotion	1 000 €	Encarts promotionnels dans la presse, les affiches, les tracts et le livret du concert.
Taxes	800 €	Droits d'auteur.
Rémunération des tiers	4 000 €	Agents de sécurité, équipe technique, logistique.
Artistique	5 500 €	Cachets des artistes.
Buvettes et restauration	4 € par participants	Frites, saucisses, sandwichs.

Annexe 2 Hypothèse de vente

Les organisateurs, en se basant sur l'expérience des années passées, vous font part des possibilités :

- hypothèse 1 : 600 billets vendus en prévente et 200 en vente sur place ;
- hypothèse 2 : 300 billets vendus en prévente et 500 en vente sur place.

Annexe 3 Tarif du concert

Tarifs	
Billets - Prévente - Sur place	 11 € 15 €
Vente à la buvette (Par participant)	6 €

Activité 2 Simuler une négociation commerciale

Les négociations entre hypermarchés et industriels

https://eqrcode.co/a/9gJRNq

Un rendez-vous pour des négociations commerciales entre une centrale d'achat de grande surface et son fournisseur est fixé à 10 h 30. La secrétaire a installé les fournisseurs dans la salle de réunion il y a plusieurs minutes. Leurs interlocuteurs, les acheteurs de la grande distribution arrivent...

1. **Former des groupes de 3 ou 4 élèves et répartir les rôles.**
2. **Imaginer le produit concerné par la négociation.**
3. **Rédiger un scénario en réfléchissant aux notions de ce chapitre.**
4. **Jouer ce scénario devant un autre groupe qui va l'évaluer (annexe 3).**

Annexe 1 Enjeux de ces négociations

Les grandes enseignes de la grande distribution (Intermarché, Système U, Leclerc, Carrefour…) négocient régulièrement des accords avec les industriels et fixent le prix d'achat des produits qu'elles commercialiseront. Pour les industriels, l'enjeu de ces contrats est stratégique en termes de débouchés mais aussi de marge et de coût. Négocier avec ses fournisseurs est également primordial pour la grande distribution, car c'est un levier qui permet de réduire leurs prix de vente aux consommateurs, ce qui est stratégique concernant le volume de vente et d'image.

Concrètement, les acheteurs de la grande distribution doivent négocier des tarifs plus avantageux avec les fournisseurs, tout en maintenant ou en augmentant la qualité et le service.

Ces contrats engagent sur de nombreux points : les objectifs de volumes à écouler, les opérations de promotion, la présence dans les prospectus, les prix, les ristournes, les services associés aux produits vendus…

Annexe 2 Acteurs

Chaque groupe se compose de 3 ou 4 acteurs.

Un ou deux acheteurs de la grande distribution (le directeur d'achat et son consultant) : l'un défend des positions plus dures, l'autre affiche des demandes plus raisonnables. Vous savez que vous êtes en position de force pour négocier car les industriels peuvent difficilement se passer de débouchés dans vos enseignes. En même temps, ce produit vous intéresse et vous comptez bien conclure la discussion positivement.

Un ou deux industriels (le dirigeant et son directeur des ventes) : les industriels souhaitent : décrocher ou conserver le marché, préserver leurs marges pour continuer à investir et satisfaire leurs actionnaires, sauvegarder la qualité de leurs produits. Seulement, ils sont conscients de la forte concurrence du marché, de la faible différenciation de certains produits et de ne pas pouvoir prévoir à moyen terme une augmentation du prix des matières premières.

Annexe 3 Grille d'évaluation

Nature du produit : ....

Noms des élèves évalués : ....

Noms des évaluateurs : ....

Critères	Bien	Moyen	Insuffisant	Observations
Répartition des rôles clairs et visibles.				
Qualité des arguments des industriels.				
Qualité des arguments des acheteurs.				
Crédibilité du scénario.				
Relation claire entre le prix de vente et coût de revient.				
Explication du lien entre le coût et la marge.				
Évocation de l'impact du coût sur la qualité.				
Évocation d'autres éléments que le prix dans la négociation.				
Critères de qualité de la communication orale (ton, volume de la voix, débit, diction).				

Activité 3 Établir la relation prix – coût – qualité à la cantine

Vous êtes membre du CVL (Conseil de la vie lycéenne) de votre lycée, et vous êtes chargé d'étudier la relation prix – coût – qualité des repas effectués au self. En effet, les parents trouvent la cantine chère, les élèves se plaignent parfois de la qualité des repas ; le lycée s'interroge sur le gaspillage des usagers. Afin de pouvoir répondre aux questions de chacun, vous allez étudier le fonctionnement du self de votre lycée qui accueille chaque jour 800 personnes. Le proviseur vous a déjà précisé que le lycée veille énormément à l'hygiène, car des contrôles sont fréquemment réalisés, ainsi qu'à la diététique des repas.

Cette année, les parents paient en moyenne, 4,63 € par repas..

1. **Donner une définition d'un repas de qualité au lycée. Citer les éléments en contradiction avec les objectifs énoncés par le proviseur.**
2. **Calculer le montant des recettes et le coût total journalier pour le lycée.**
3. **Préciser qui paie la différence entre le coût réel d'un repas au lycée et le tarif payé par vos parents ? À combien s'évalue cette charge par jour ?**
4. **Repérer les éléments de coûts dénoncés par les témoignages d'élèves.**
5. **Qu'est-il possible de conseiller à l'intendant de la cantine du lycée pour améliorer le ressenti des élèves ? Quelles seraient les conséquences de ses décisions ?**

Annexe 1 Détail des coûts

Éléments	Montant
Denrées alimentaires	2,04 €
Coût du personnel	3,62 €
Autres frais (eau, électricité…)	0,63 €
Investissements (bâtiments, équipements…)	1,66 €
Coût de revient d'un repas	7,95 €

Annexe 2 Définition de qualité

La qualité est définie par l'AFNOR : « Un produit ou service de qualité est un produit dont les caractéristiques lui permettent de satisfaire les besoins exprimés ou implicites des consommateurs ».

Annexe 3 Témoignage d'élèves

Ambre W. Terminale STMG Membre du CVL	« La qualité des repas se dégrade au fil des mois et quand on en demande la raison, on nous répond que les prix des denrées ont augmenté. Quant à aller grignoter à l'extérieur, tous ne peuvent pas se le permettre.
Kenza F. Première STI2D	« Ce qu'on mange est bon. Mais si on veut manger, il vaut mieux venir avant 12 heures ».
Guillaume M. Seconde 1	« On a toujours eu des plats chauds, mais il n'y avait pas de choix. L'argument du lycée, c'est d'éviter le gaspillage ».
Daniel M. Seconde 7	« Des jours, c'est bien ; d'autres, c'est carrément infect. Je regrette l'école primaire... pour sa cantine familiale ».
Murat B. Première STMG Interne	« La nourriture laisse à désirer, la qualité en particulier, des plats huileux et répétitifs, c'est toujours pareil, on nous met en avant les questions de budget. C'est d'autant plus difficile à vivre pour les internes qui quelquefois ne mangent rien du repas de midi, ni du soir ».

Activité 4 Fixer le prix en fonction des coûts

Activité sur poste informatique

https://eqrcode.co/a/AI2Osf

➲ Télécharger cette activité supplémentaire en version numérique.

THÈME 3

Création de valeur et performance

CHAPITRE 14

LES PERFORMANCES SOCIALE ET ENVIRONNEMENTALE

Question » La création de valeur conduit-elle toujours à une performance globale ?

Finalités » Identifier les indicateurs pertinents pour apprécier la performance de l'organisation.
Effectuer des comparaisons dans le temps et dans l'espace pour situer la performance d'une organisation.
Repérer, dans une organisation, en quoi les aspirations des différents acteurs peuvent constituer des contraintes et/ou des opportunités dans la recherche de la performance.
Percevoir le caractère potentiellement contradictoire des différents types de performance.

Notions » Performance des processus : efficacité et efficience. Performance sociale : bilan social.
Performance environnementale. Tableaux de bord.

Contexte

Bjorg Bonneterre et Compagnie

Bjorg, est une entreprise implantée à Saint-Genis-Laval dans la banlieue lyonnaise. Elle emploie 450 salariés et est spécialisée dans la production et la distribution de produits alimentaires biologiques

Créée en 1970 par Régis Pelen, elle est la première marque bio à être présente en grande distribution.

Après plusieurs rachats successifs, la société se nomme désormais Bjorg Bonneterre et Compagnie et est présente dans trois domaines : le bio (78 % de l'activité), la diététique (7 %) et les cuisines du monde (15 %).

Aujourd'hui, les produits Bjorg sont distribués en grande distribution et en magasins spécialisés.

L'entreprise a construit sa réussite et son image de marque sur son approche pionnière et exclusive du bio.

À partir de la vidéo,

1 Expliquer pourquoi Bjorg a été la première marque bio distribuée en grande surface.

2 Indiquer la mission de Bjorg aujourd'hui et préciser sur quels piliers elle repose.

3 Déterminer les priorités de l'entreprise Bjorg.

RSE Bjorg Bonneterre et Compagnie[1]

https://eqrcode.co/a/0eGchq

[1] *RSE : La responsabilité sociétale des entreprises correspond à la contribution des entreprises aux enjeux du développement durable.*

Découvrir

I PERFORMANCE DES PROCESSUS

Laurine Seillaray est superviseur adjointe au transport et à la gestion des stocks. Ce service prépare les commandes des clients (magasins spécialisés dans l'alimentation bio et grande distribution) et expédie les palettes de produits Bjorg à destination de toute la France. Elle s'interroge sur la performance du processus du service transport.

La performance des processus (aussi appelée **performance organisationnelle**) est la capacité d'une organisation à atteindre ses objectifs.

On distingue :
- **l'efficacité :** c'est la capacité à atteindre l'objectif fixé ;
- **l'efficience :** est obtenue lorsque l'on utilise moins de ressources pour atteindre un objectif, ou lorsque l'objectif est dépassé avec les mêmes ressources.

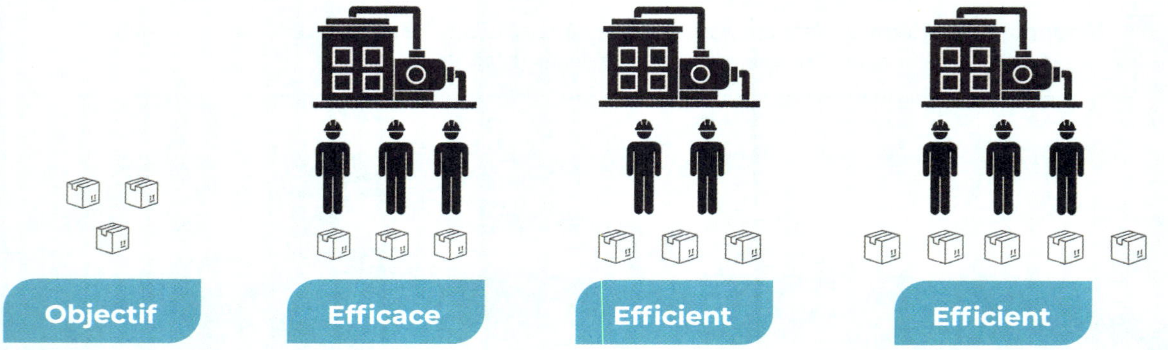

1 Estimer, dans ces différentes situations, si Bjorg Bonneterre et Compagnie a été efficace ou efficiente.

Situations	Performance organisationnelle	Justifications
Le service transport a envoyé les 325 palettes prévues, malgré le congé maternité d'une des membres de l'équipe.		
Le service transport a traité le nombre de commande hebdomadaire prévu.		
Le service transport a envoyé la palette d'un magasin revendeur avec un jour de retard.		
Aujourd'hui, le service transport a préparé 10 commandes de plus que d'habitude.		

Un tableau de bord est un outil de gestion regroupant des indicateurs de performance.

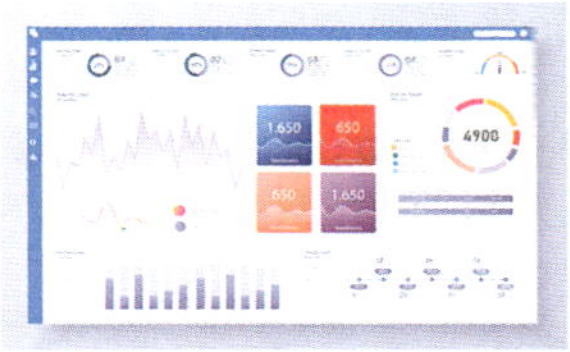

Les dirigeants choisissent la fréquence de réalisation, la forme et les indicateurs contenus dans le tableau de bord.

C'est un instrument essentiel au pilotage de l'organisation.

Il met en évidence les dysfonctionnements et aide le dirigeant à choisir la meilleure stratégie à adopter. Il permet une analyse précise car il est élaboré avec des indicateurs répondant aux besoins de l'organisation.

Laurine Seillaray établit un tableau de bord pour le suivi et le contrôle de la performance du processus du service transport.

2 **Préciser l'intérêt, pour Laurine Seillaray, de réaliser un tableau de bord.**

3 **Compléter le tableau de bord de suivi du service transport en calculant l'écart entre l'objectif et ce qui est réalisé.**

	Objectif	Réalisé	Écart
Nombre de commandes traitées par jour.	150	150	
Temps moyen de préparation des commandes (en minutes).	60	60	
Nombre de palettes expédiées par jour.	325	335	

4 **Analyser le tableau de bord et conclure sur l'efficacité ou l'efficience du service transport.**

II PERFORMANCE SOCIALE

Show your staff you Care[1]

La performance sociale est la capacité de l'organisation à mobiliser efficacement ses ressources humaines. Pour cela, elle doit s'assurer du bien-être de ses employés, du climat social, des conditions de travail, du management…

L'organisation va mettre en œuvre des actions visant à améliorer les conditions de travail afin de donner envie aux salariés de s'investir. Le bien-être des collaborateurs est une source de performance économique, de différenciation concurrentielle et d'image de marque.

La performance sociale peut s'évaluer grâce à différents indicateurs : la moyenne des rémunérations, le taux d'absentéisme, le nombre d'accidents du travail, le taux de rotation, le nombre d'heures de formation…

[1] *« Montrez à votre équipe que vous vous souciez d'elle ».*

En décembre 2018, Bjorg Bonneterre et Compagnie a inauguré un nouveau siège social baptisé « La Ruche ». Un projet qui incarne les valeurs de l'entreprise.

5 **Montrer que l'aménagement du siège social La Ruche intègre, dans sa conception, le bien-être des salariés.**

https://eqrcode.co/a/B9nJZg

La Ruche

Document 1 — La politique sociale de Bjorg Bonneterre et Compagnie

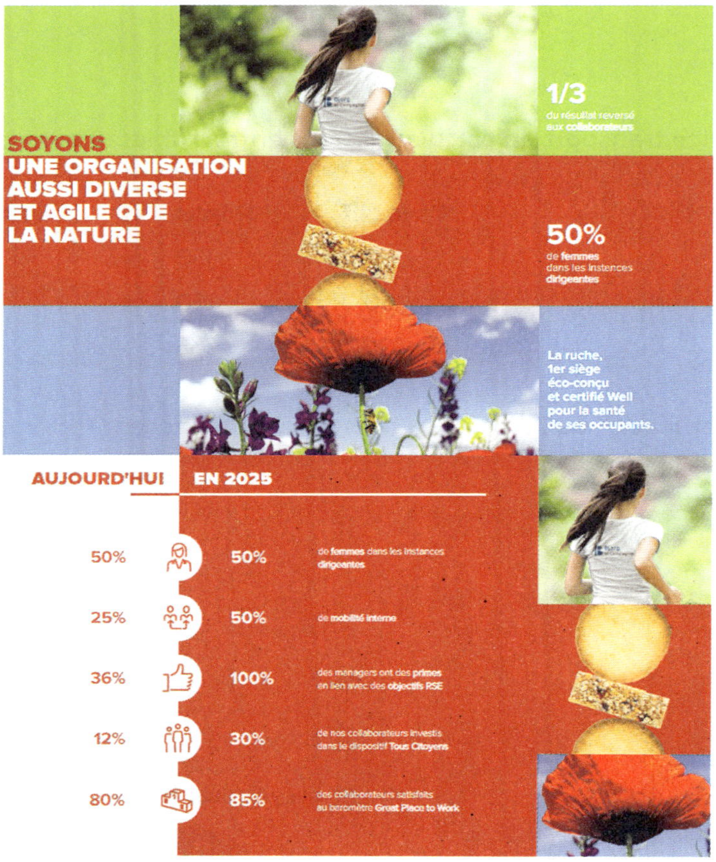

https://www.bjorgetcompagnie.com

6 **Après étude du document 1, identifier les actions de Bjorg Bonneterre et Compagnie dans le domaine social.**

7 **Indiquer en quoi les aspirations des salariés peuvent constituer des contraintes et/ou des opportunités dans la performance sociale.**

Le bilan social récapitule les principales données chiffrées permettant d'apprécier la situation de l'entreprise dans le domaine social, au cours de l'année écoulée et des deux années précédentes.

Ce document est obligatoire pour les entreprises de **plus de 300 salariés**. Les indicateurs sont répartis en six thèmes : l'emploi, les rémunérations, les conditions de travail, les conditions d'hygiène et de sécurité, la formation, les relations professionnelles.

Le bilan social est soumis à l'approbation du comité social et économique, puis est communiqué aux salariés, représentants du personnel, délégués syndicaux et actionnaires.

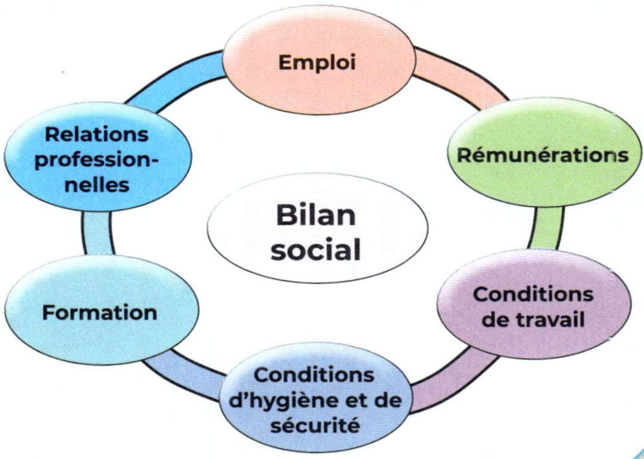

8 Indiquer si Bjorg Bonneterre et Compagnie doit faire un bilan social.

https://eqrcode.co/a/ESlctu

Le bilan social de l'entreprise

9 Retrouver, pour chacun des indicateurs listés ci-dessous, à quel thème du bilan social ils correspondent.

Indicateurs	Thème du bilan social
Taux d'accidents du travail.	
Nombre de CDI.	
Nombre de réunions avec les représentants syndicaux.	
Nombre de salariés exposés à la chaleur.	
Nombre de salariés bénéficiant d'un contrat d'apprentissage.	
Montant des primes.	

10 Compléter le tableau en indiquant les différences entre un tableau de bord et un bilan social.

	Tableau de bord	Bilan social
Contrainte juridique		
Forme		
Périodicité		
Choix des indicateurs		
Diffusion		

11 Expliquer pourquoi il est indispensable, pour Bjorg Bonneterre et Compagnie, de diffuser le bilan social à ses partenaires sociaux.

12 Évaluer les risques encourus par Bjorg Bonneterre et Compagnie en cas de mauvais climat social.

III PERFORMANCE ENVIRONNEMENTALE

La performance environnementale permet de mesurer l'impact de l'activité de l'entreprise sur l'environnement. Concrètement, l'entreprise va veiller à ce que son activité nuise le moins possible à la nature :

- par le recyclage des déchets de la production à la fin de vie du produit fabriqué ;
- par la réduction de la pollution de l'air, de l'eau, de la terre en maîtrisant les rejets chimiques de son activité ;
- par des économies d'énergie ou l'utilisation d'énergies nouvelles en remplacement d'énergies devenues trop polluantes ou plus rares.

La performance environnementale est stratégique car elle renvoie une image d'entreprise responsable et citoyenne.

Document 2 Les valeurs environnementales chez Bjorg Bonneterre et Compagnie

100% d'électricité verte sur nos sites de Saint-Genis-Laval et Rungis

Certification ISO 14001 et Iso 26 000

Certification Bio Entreprise Durable

5 moutons se chargent de tondre la pelouse de nos espaces verts

https://www.bjorgetcompagnie.com

Document 2 (suite)

B-corp, est un label international qui exige un haut niveau de performance à 3 niveaux : économique, sociale et environnementale. Ce label valorise les entreprises « citoyennes » qui s'inscrivent dans un business éthique et qui souhaitent avoir un impact positif sur la société. Un beau résumé de ce qui motive nos équipes au quotidien Bjorg !

https://www.bjorg.fr

13 **Lister les engagements pris par Bjorg Bonneterre et Compagnie en faveur de l'environnement.**

14 **Montrer que la performance environnementale de Bjorg Bonneterre et Compagnie est essentielle pour l'entreprise.**

15 **Déterminer si les performances sociale et environnementale sont contradictoires chez Bjorg Bonneterre et Compagnie.**

À RETENIR

LES PERFORMANCES SOCIALE ET ENVIRONNEMENTALE

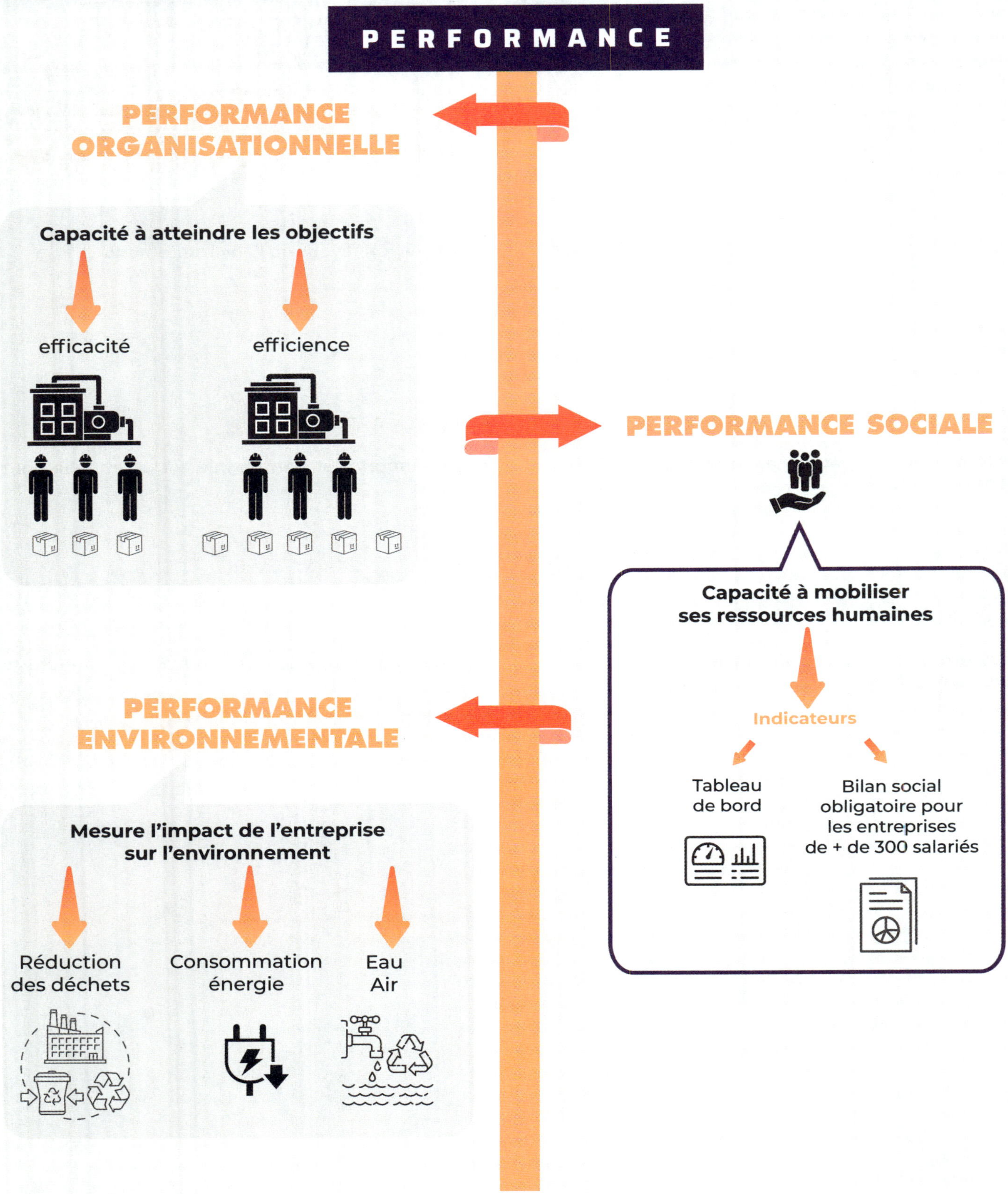

LIEN AVEC LE MANAGEMENT

Parties prenantes • RSE • Conflits et consensus • Indicateurs • Évaluation de la performance

Tester ses connaissances

Se tester en ligne
https://eqrcode.co/a/icupz6

Vrai ou faux ?

Affirmations	Vrai	Faux	Justifications
La performance sociale concerne l'impact de l'organisation sur la société.	☐	☐	
Le bilan social est obligatoire pour toutes les entreprises.	☐	☐	
La performance sociale a un impact sur la valeur financière.	☐	☐	
La performance environnementale permet d'évaluer l'impact de l'organisation sur l'environnement.	☐	☐	
L'efficience correspond à l'atteinte des résultats.	☐	☐	

Relier les notions

Relier le cas proposé à la notion adéquate.

- **L'objectif de chiffre d'affaires a été atteint.**
- **L'objectif de chiffre d'affaires a été atteint avec un vendeur de moins.**
- **Le délai d'attente à la hotline a diminué comme prévu.**
- **Le délai d'attente à la hotline est inférieur de trois minutes aux prévisions.**

- **Efficacité**
- **Efficience**

Rédiger sa synthèse

1. Qu'est-ce que la performance organisationnelle ? Comment l'évalue-t-on ?
2. À quoi correspond la performance sociale ?
3. Quelle est l'utilité du bilan social ?
4. Quelles sont les différences entre un tableau de bord et un bilan social ?
5. Que représente la performance environnementale ?

Activité 1 Analyser la performance organisationnelle

« NUSDG_14_05 »

Activité sur poste informatique

Le cabinet d'avocat Pellat et Horau est spécialisé dans les affaires familiales et notamment les divorces. Chaque avocat se voit confier la responsabilité d'un cas de divorce. La réputation du cabinet est directement liée aux nombres de procès gagnés.

Maître Pellat a créé un document avec les données suivantes pour le mois de mai. Il a fixé un objectif de réussite de 80 %.

1 Compléter le tableau de bord en calculant le pourcentage de réussite de chaque avocat.

Avocat	Cyril	Sarah	Samira	Total
Nombre de procès	25	26	18	69
Nombre de procès gagnés	18	21	13	52
Pourcentage de réussite				

2 Conclure sur l'efficacité du cabinet et de chaque avocat.

Samira est spécialisée dans les divorces de couples ayant des nationalités différentes. Les démarches sont plus compliquées et demandent davantage de temps. M. Pellat décide d'embaucher une assistante à mi-temps afin d'aider Samira dans les démarches. Le tableau suivant vous présente les indicateurs pour le mois de juin.

Avocat	Cyril	Sarah	Samira	Total
Nombre de procès	23	24	20	67
Nombre de procès gagnés	18	20	16	54
Pourcentage de réussite	78,26 %	83,33 %	80 %	80,60 %

3 Évaluer l'efficacité et l'efficience des avocats du cabinet au mois de juin.

Activité 2 Évaluer la performance sociale

L'entreprise de menuiserie Roger et fils est spécialisée dans l'agencement de magasins et notamment de bars et de restaurants. Le processus de fabrication des meubles comprend les étapes de découpe, d'assemblage et de vernissage. Les ouvriers utilisent un outillage manuel dangereux. Récemment, un menuisier qualifié s'est blessé à la main. Il a dû arrêter son activité pendant trois semaines. Monsieur Roger est très attentif aux conditions de travail de ses employés et suit scrupuleusement le nombre d'accidents de travail dans un tableau de bord.

1 Compléter le taux d'accidents du travail dans le tableau de bord ci-dessous.

	Année dernière			Année en cours		
Atelier	Nombre d'accidents de travail	Taux d'accidents de travail	Nombre de formations	Nombre d'accidents de travail	Taux d'accidents de travail	Nombre de formations
Découpe	8		2	4		3
Assemblage	7		0	3		3
Vernissage	4		0	1		3
TOTAL	19		2	8		9

2 Conclure sur l'évolution du nombre d'accidents de travail.

Activité 3 Identifier les éléments de la performance environnementale

1 **Identifier, dans l'annexe, les engagements environnementaux pris par Danone pour l'eau d'Évian.**

2 **Expliquer les raisons de l'engagement de Danone dans la protection de l'environnement.**

Annexe La neutralité carbone d'ici 2050

Aujourd'hui, chacun attend des entreprises qu'elles jouent un rôle de premier plan dans le combat contre le réchauffement climatique.

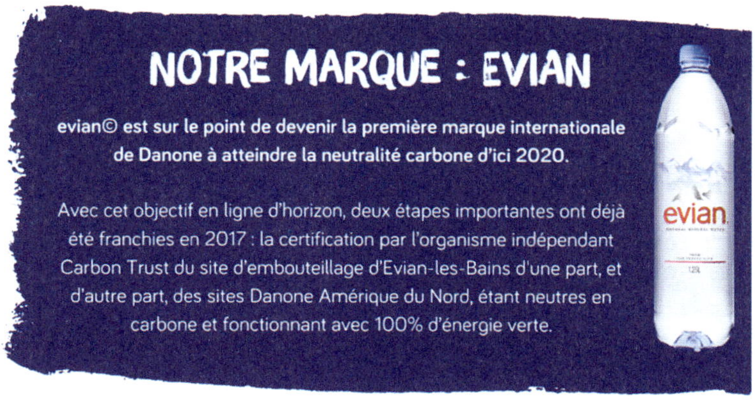

57 % des émissions de carbone de Danone sont liées à l'agriculture, ce qui en fait donc un levier clé de la réduction d'émissions. Durant la COP23 de 2017, Danone a annoncé son intention de renforcer son action pour le déploiement d'une agriculture régénératrice. Danone souhaite notamment favoriser la résilience des sols et la mise en œuvre de pratiques à faibles émissions de gaz à effet de serre.

Notre stratégie en la matière s'appuie sur trois piliers :

- la protection des sols, de l'eau et de la biodiversité ;
- l'accompagnement d'une nouvelle génération d'agriculteurs ;
- la promotion du bien-être animal.

https://www.danone.com/fr/

Activité 4 Analyser la performance sociale

« Work hard, have fun, make history » : Jeff Bezos, le président d'Amazon, aime enjoindre ses troupes à travailler d'arrache-pied, s'éclater et ainsi marquer une page d'histoire, mais le slogan cache une réalité plus obscure. En réponse aux conditions de travail, connues pour être difficiles, l'entreprise affiche une culture fondée sur un certain nombre de valeurs et la création de moments festifs. [...]

Chasse aux œufs dans l'entrepôt

Placer le niveau d'exigence toujours plus haut, avoir l'obsession client, être attentif au détail... Les valeurs internes sont si importantes qu'elles oppressent parfois les salariés. *« Cela donne lieu à des abus et les employés sont tendus »*, comme l'explique Virginia Drummond, professeure de management et RH à l'EM Lyon Business School. Il n'est donc pas étonnant qu'en compensation *« la stratégie culturelle se tourne parfois aussi vers l'amusement »*. Au programme des salariés des entrepôts ? Chasse aux œufs pour Pâques, distribution de glaces l'été, déguisements pour Halloween, organisation de journées en pyjama ou encore goûters d'anniversaire... Amazon s'inspire du monde de l'enfance. Pour Yann Truong, professeur associé de Burgundy School of Business et docteur en marketing et stratégie, ces activités conditionneraient psychologiquement les salariés. *« L'univers bon enfant vient créer un décalage avec le milieu brutal d'Amazon. À travers ces activités très décalées, on se détache plus facilement du travail, ce qui permet de relativiser au maximum »*.

« Que du paraître » ?

Mais Elodie Kahit, déléguée syndicale CGT d'Amazon de Chalon-sur-Saône, estime que ce management par le divertissement ne prend pas sur le long terme. *« Les nouveaux employés sont souvent motivés mais, avec le temps, ils s'en lassent. Ce n'est que du paraître. Aujourd'hui, plus personne n'y adhère »*, confie-t-elle. Pour beaucoup, il suffirait d'abord d'améliorer les conditions de travail pour ensuite pouvoir faire passer le « have fun ». Comme le résume Maurice Thévenet, professeur de management à l'Essec, *« le critère clef d'une bonne culture d'entreprise, c'est de savoir si celle-ci a du sens pour les salariés »*.

Camille Marchais, Les Echos, 06/04/2018

1 **Identifier les aspirations des salariés de l'entreprise Amazon.**

2 **Déterminer l'intérêt, pour Amazon, d'instaurer des moments festifs pour améliorer sa performance sociale.**

3 **Expliquer la phrase soulignée.**

4 **Analyser en quoi les aspirations des salariés et celles d'Amazon sont divergentes dans la recherche de la performance sociale de l'entreprise.**

CHAPITRE 15

LA PERFORMANCE COMMERCIALE

Question » La création de valeur conduit-elle toujours à une performance globale ?

Finalités » Identifier les principaux indicateurs pertinents pour apprécier la performance de l'organisation.
Effectuer des comparaisons dans le temps et dans l'espace pour situer la performance d'une organisation.
Repérer, dans une organisation, en quoi les aspirations des différents acteurs peuvent constituer des contraintes et/ou des opportunités dans la recherche de la performance.

Notions » Chiffre d'affaires - part de marché - fidélité.

Contexte

BENETEAU

Numéro un mondial des constructeurs de voiliers, le **groupe BENETEAU** poursuit sa progression sur le marché des bateaux à moteur, dont il est l'un des tout premiers acteurs mondiaux. En voile comme en moteur, le groupe propose une gamme de plus de deux cents modèles.

Ses savoir-faire sont les suivants :

- le groupe BENETEAU a acquis une expérience confirmée dans le travail du bois comme dans l'aménagement des espaces de vie et l'optimisation des volumes ;
- doté d'une forte capacité de création, le groupe s'attache à répondre aux attentes des clients en matière de design. Lignes épurées, design contemporain, matériaux ultramodernes, équipements audiovisuels...
- chacun de ses produits est le fruit d'un savoir-faire d'exception. À chaque étape de la fabrication, l'expertise de l'homme est incontournable, ce qui garantit une qualité irréprochable et répond aux critères d'exigence des futurs propriétaires ;
- une innovation en continu : les équipes testent chaque nouveauté en situation réelle en vue d'en faciliter et simplifier l'usage. Quelques exemples : des déplacements plus simples à bord, des intérieurs et du mobilier bien conçus et résistants, des salles d'eau d'entretien facile.

Rapport d'activité

https://eqrcode.co/a/UTKOux

Repérer les facteurs clés de succès du groupe BENETEAU.

Découvrir

I CHIFFRE D'AFFAIRES

Document 1 Le chiffre d'affaires pour les bateaux du groupe BENETEAU

Chiffre d'affaires en millions d'euros

2017	2018	2019
915	1 020	1 144

Répartition du chiffre d'affaires 2019 du groupe pour les bateaux (en millions d'euros)

Voiliers	Bateaux à moteur
527	617

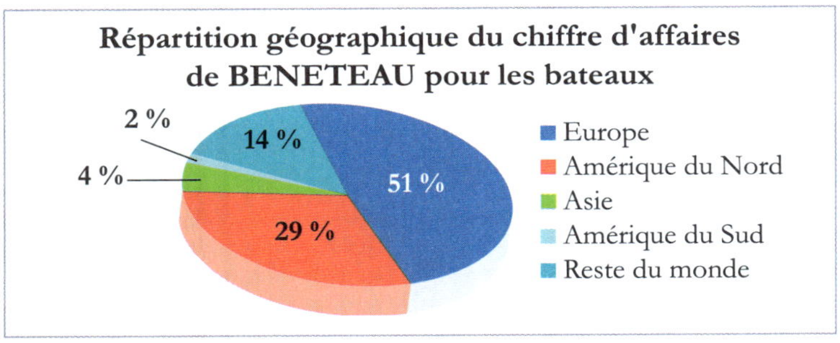

Données fictives

1 Déterminer en pourcentage la répartition du chiffre d'affaires du groupe BENETEAU pour l'activité bateau. Conclure.

Activité	Voiliers	Bateaux à moteur	TOTAL
Chiffre d'affaires en millions d'euros			
Pourcentage			

2 Commenter la répartition géographique du chiffre d'affaires du groupe BENETEAU pour les bateaux.

Utilisation du taux d'évolution (taux de croissance) pour analyser le chiffre d'affaires :

Étape 1 : Calcul

$$\text{Taux d'évolution} = \frac{\text{CA de la valeur d'arrivée } (V_A) - \text{CA de la valeur de départ } (V_D)}{\text{CA de la valeur de départ } (V_D)}$$

Remarques :

- calculer d'abord le **taux d'évolution global** du chiffre d'affaires (c'est-à-dire sur l'ensemble de la période étudiée) puis les **taux d'évolution annuels** ;
- présenter vos résultats dans un **tableau** ;
- un taux d'évolution peut être négatif si la valeur d'arrivée est inférieure à la valeur de départ ; dans ce cas, le chiffre d'affaires a diminué.

Attention : une baisse du taux d'évolution ne signifie donc pas une baisse du chiffre d'affaires, mais plutôt que l'augmentation de celui-ci est moins importante par rapport à l'année précédente.

Étape 2 : Analyse

Une fois le calcul effectué, il faudra commenter vos résultats. L'analyse se fait en trois temps :

- **constat sur l'évolution globale** : le chiffre d'affaires a augmenté, stagné ou diminué. La meilleure solution pour l'entreprise est que l'évolution de ses ventes sur la période étudiée soit positive ;
- **constat sur les évolutions intermédiaires** (annuelle, mensuelle...) **et leur régularité** (régulière, irrégulière) ;
- **explications de ces évolutions** : rechercher dans les données qui seront fournies dans l'énoncé pourquoi le chiffre d'affaires a évolué d'année en année.

3 Analyser l'évolution du chiffre d'affaires pour les bateaux du groupe BENETEAU, en réalisant les calculs adéquats.

Années	2017-2018	2018-2019
Taux d'évolution annuel		
Taux d'évolution global		

Analyse :

Document 2 Les objectifs de chiffre d'affaires

Comme tous les ans, la direction générale donne des objectifs à atteindre au service commercial. Vous trouverez les taux d'évolution attendus pour le chiffre d'affaires des bateaux pour les années 2017 à 2019.

Années	2017 à 2018	2018 à 2019
Taux d'évolution attendus	11 %	12 %

4 **Compléter le tableau de bord ci-dessous et conclure.**

Réalisé 2017 à 2018	Objectif 2017 à 2018	Écart par rapport à l'objectif	Réalisé 2018 à 2019	Objectif 2018 à 2019	Écart par rapport à l'objectif

5 **Proposer une définition de la notion de chiffre d'affaires.**

II PART DE MARCHÉ

Document 3 Les chiffres d'affaires sur le segment des voiliers dans le monde

- **Chiffres d'affaires annuels du groupe BENETEAU pour les voiliers :**

Années	2017	2018	2019
Chiffres d'affaires en milliers d'euros	398 720	455 880	527 000

- **Chiffres d'affaires annuels sur le marché des voiliers :**

Années	2017	2018	2019
Chiffres d'affaires en milliers d'euros	912 250	945 078	999 802

- **Chiffres d'affaires des principaux concurrents du groupe BENETEAU sur le segment des voiliers pour l'année 2019 :**

Concurrents	Bavaria	Dufour	Hanse
Chiffres d'affaires en milliers d'euros	260 670	142 345	95 080

Données fictives

La part de marché permet de comparer les ventes d'un produit ou d'une organisation par rapport aux ventes totales du marché sur une période donnée. Celle-ci peut se calculer soit en valeur, c'est-à-dire par rapport aux chiffres d'affaires réalisés, soit en volume, c'est-à-dire par rapport aux quantités vendues.

$$\textbf{Part de marché} = \frac{\textbf{Ventes de l'entreprise}}{\textbf{Ventes totales du marché}} \times 100$$

Remarque : penser à convertir les ventes de l'entreprise et les ventes du marché dans la même unité (en euros, milliers d'euros, millions d'euros...).

La part de marché permet de déterminer **la position concurrentielle** de l'organisation sur son marché ; elle pourra ainsi se comparer par rapport à ses concurrents :

LEADER (CHEF DE FILE) : C'est l'organisation qui a la part de marché la plus importante et qui cherche à conserver sa première place.

CHALLENGER (PRÉTENDANT) : C'est l'entreprise qui se situe derrière le leader et qui cherchera à le dépasser.

SUIVEURS : Ce sont toutes les entreprises qui sont derrière le challenger et qui cherchent à augmenter leur part de marché pour espérer devenir challenger.

6 **Calculer les parts de marché du groupe BENETEAU de 2017 à 2019 sur le segment des voiliers. Expliquer les calculs et commenter les résultats.**

Explications des calculs : ....

Résultats :

Années	2017	2018	2019
Parts de marché du groupe BENETEAU			

Commentaires : ....

7 **Déterminer les parts de marché des concurrents de BENETEAU en complétant le tableau suivant.**

Concurrents	Bavaria	Dufour	Hanse
Parts de marché pour l'année 2019			

8 **Repérer les positions concurrentielles de chaque organisation intervenant sur le segment des voiliers en 2019 et commenter.**

Document 4 – Les objectifs de part de marché

Même si BENETEAU est le leader sur le segment des voiliers, l'organisation se veut ambitieuse et souhaite voir progresser sa part de marché d'année en année. Voici les objectifs qui ont été fixés par la direction de 2017 à 2019 pour la part de marché :

Années	2017	2018	2019
Objectifs fixés	40 %	44 %	48 %

9 **Compléter le tableau de bord ci-dessous pour les parts de marché du groupe BENETEAU et conclure.**

Réalisé 2017	Objectif 2017	Écart par rapport à l'objectif	Réalisé 2018	Objectif 2018	Écart par rapport à l'objectif	Réalisé 2019	Objectif 2019	Écart par rapport à l'objectif

III NOTION DE FIDÉLITÉ

Théo travaille depuis 7 ans en tant que commercial pour BENETEAU. Il apprécie ses conditions de travail et il est fier de son entreprise et des valeurs qu'elle applique au quotidien. Il est très investi au sein de son entreprise comme tous ses collègues. Le groupe BENETEAU le lui rend bien et a décidé d'agir davantage sur la cohésion en interne. Ainsi, le groupe s'attache à développer un management responsable, favorisant la sécurité, la motivation, l'engagement et le bien-être au travail de ses collaborateurs. Un des objectifs de Théo et de ses collègues du service commercial est de satisfaire ses clients et de les fidéliser.

Document 5 – La fidélisation chez BENETEAU

Pour fidéliser les clients, les commerciaux de BENETEAU utilisent la base de données clients contenant de nombreuses informations personnelles et commerciales sur les clients de BENETEAU. Cette base de données est régulièrement mise à jour, notamment lorsque les commerciaux contactent leurs clients pour évaluer leur satisfaction et répondre à leurs éventuels problèmes. Ainsi, les commerciaux connaissent très bien les besoins et les attentes de leurs clients, et ils peuvent les informer des dernières nouveautés susceptibles de les intéresser.

De plus, BENETEAU est un groupe qui offre de nombreux avantages supplémentaires à ses clients : assistance personnalisée pour la prise en main du bateau, une garantie pièces et main-d'œuvre de 3 ans, une assistance disponible en permanence…

Pour améliorer leur performance commerciale, les organisations doivent fidéliser leurs clients (ceux qui ont déjà acheté dans l'organisation). En effet, les avantages de **la fidélisation** sont nombreux :

- il est moins coûteux de conserver un client plutôt que d'en recruter un autre ;
- un client fidèle consomme davantage et négocie moins les prix, ce qui aura un impact bénéfique sur le chiffre d'affaires de l'organisation ;
- un client fidèle est un véritable ambassadeur de la marque, il fait la promotion de l'organisation autour de son entourage.

Mais si, pour qu'un client soit fidèle il faut le satisfaire, l'inverse n'est pas forcément vrai. En effet, un client satisfait n'est pas forcément fidèle car il est mieux informé, plus exigeant, davantage zappeur et n'hésite pas à changer de marque si nécessaire.

Aujourd'hui, en plus de proposer un produit et des services de qualité, l'organisation doit donc aussi créer un lien affectif avec le client pour le fidéliser, en mettant notamment en avant des valeurs fortes dans lesquels ses clients vont se reconnaître. De plus, il est important de bien connaître son client pour entretenir une relation personnalisée avec lui et répondre le mieux possible à toutes ses attentes. Ainsi, le client sera fidèle car l'organisation lui donnera des avantages par rapport à ses concurrents.

Pour réussir à fidéliser sa clientèle, l'organisation doit motiver ses salariés pour qu'ils s'engagent dans la politique de fidélisation menée et les équiper d'outils adaptés à la fidélisation.

10 **Expliquer pourquoi le groupe BENETEAU a pour objectif de fidéliser ses clients.**

11 **Repérer comment le groupe BENETEAU parvient à fidéliser ses clients.**

12 **En utilisant tous les indicateurs précédents, apprécier la performance commerciale du groupe BENETEAU.**

À RETENIR

LA PERFORMANCE COMMERCIALE

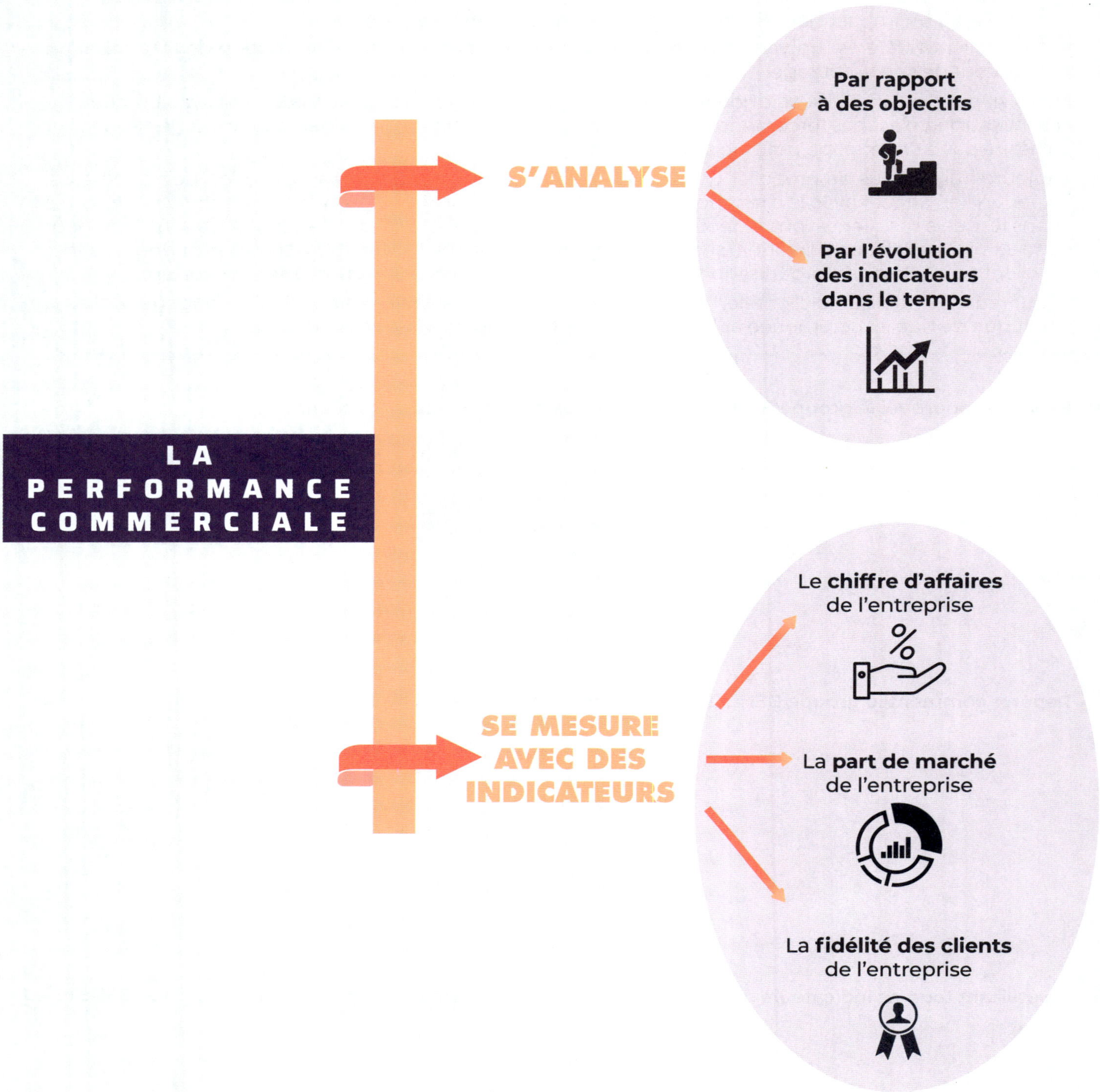

LIEN AVEC LE MANAGEMENT

Ressources humaines • Indicateurs • Évaluation de la performance

Tester ses connaissances

Se tester en ligne
https://eqrcode.co/a/QGp7N0

Sélectionner la (ou les) bonne(s) réponse(s)

1. Le chiffre d'affaires est :

- **a.** un indicateur de performance environnementale.
- **b.** un indicateur de performance commerciale.
- **c.** le montant total des ventes de l'entreprise.
- **d.** ce qui reste à l'entreprise une fois toutes ses charges payées.

2. Si les quantités vendues du produit A par l'entreprise ont baissé mais que son chiffre d'affaires augmente, alors :

- **a.** l'entreprise a diminué le prix de vente du produit A.
- **b.** l'entreprise a augmenté le prix de vente du produit A.
- **c.** l'entreprise n'a pas modifié le prix de vente du produit A.

3. Si le taux d'évolution annuel du chiffre d'affaires de l'entreprise est négatif sur les 4 dernières années alors :

- **a.** ses ventes ont diminué d'une année sur l'autre.
- **b.** les ventes ont augmenté d'une année sur l'autre.
- **c.** sa situation commerciale est inquiétante.
- **d.** elle doit mettre en place des stratégies commerciales pour augmenter rapidement ses ventes.

4. Si les ventes de l'entreprise augmentent et que les ventes sur le marché stagnent, alors :

- **a.** la part de marché de l'entreprise va stagner.
- **b.** la part de marché de l'entreprise va diminuer.
- **c.** la part de marché de l'entreprise va augmenter.

5. Calculer une part de marché en volume, c'est :

- **a.** comparer les chiffres d'affaires de l'entreprise et ceux du marché.
- **b.** comparer les ventes en quantités vendues de l'entreprise et celles du marché.
- **c.** la même chose que calculer une part de marché en valeur.

6. Fidéliser ses clients :

- **a.** développe un bouche-à-oreille positif de la part de ses clients.
- **b.** permet aux organisations de dynamiser leur chiffre d'affaires.
- **c.** n'est pas une tâche facile en raison des comportements des clients.

Vrai ou faux ?

Affirmations	Vrai	Faux	Justifications
Un chiffre d'affaires se détermine toujours toutes taxes comprises.	☐	☐	
La part de marché se calcule ainsi : (Ventes du marché/Ventes de l'entreprise) × 100	☐	☐	
Fidéliser ses clients est indispensable pour une entreprise si elle veut améliorer sa performance commerciale.	☐	☐	

Rédiger sa synthèse

1. Quels sont les indicateurs permettant d'évaluer la performance commerciale d'une organisation ?
2. Qu'est-ce que le chiffre d'affaires ? Comment se détermine-t-il ? Comment s'analyse-t-il ?
3. Comment définir la notion de part de marché ? Quelle est son utilité ?
4. Pourquoi est-ce important de fidéliser ses clients ?
5. Comment une organisation peut-elle fidéliser ses clients ?

Se mettre en activité

Activité 1 Calculer le chiffre d'affaires d'une organisation

« NUSDG_15_03 »

Activité sur poste informatique

Olivier Goraud est le gérant d'une boutique située aux Sables-d'Olonne spécialisée dans l'habillement pour homme. Il souhaite déterminer le chiffre d'affaires réalisé par sa boutique pour l'année.

1 **Préciser quel type d'indicateur est le chiffre d'affaires.**

2 **Déterminer, pour chaque catégorie de produits, le chiffre d'affaires réalisé.**

3 **Représenter graphiquement la répartition des ventes en pourcentage de la boutique pour l'année. Conclure.**

4 **Calculer le chiffre d'affaires de la boutique pour l'année.**

Annexe Bilan des ventes de la boutique

Cette année, la boutique a vendu :

- 3 488 costumes au prix de vente moyen HT de 130 € ;
- 7 974 chemises au prix de vente moyen HT de 42 € ;
- 5 126 pulls au prix de vente moyen HT de 38 € ;
- 6 579 tee-shirts au prix de vente moyen HT de 21 €.

Le reste de son chiffre d'affaires est à classer dans une catégorie « divers » (accessoires, cravates…) et son montant s'élève à 82 717 euros.

Activité 2 Analyser la performance commerciale d'une organisation

« NUSDG_15_04 »

Activité sur poste informatique

En 2015, Amandine Caplan a ouvert Bioshop, un magasin bio dans la ville de Dijon. Elle vend des produits alimentaires bio et de producteurs locaux. En 2019, un nouveau point de vente, Naturalia, s'est installé à quelques kilomètres. Ce magasin bénéficie de la forte notoriété de la chaîne et d'une excellente communication. En 2021, Amandine décide d'élargir sa gamme en proposant des cosmétiques bio, ce qui la différencie de ses concurrents qui ne proposent que de l'alimentaire. Elle diffuse des spots publicitaires sur la radio locale pour faire connaître sa nouvelle gamme.

1. **Analyser l'évolution des ventes de l'entreprise Bioshop.**
2. **Construire le tableau de bord de l'entreprise Bioshop et conclure.**
3. **Calculer les parts de marché de l'entreprise Bioshop et de Naturalia en 2020 et 2021. Commenter les résultats.**

Annexe 1 Les Français sont de plus en plus friands de produits bio

Les ventes sur le marché des produits bio augmentent fortement. Ce marché représente plus de 8 milliards d'euros en 2021. Et il progresse de 15 % en moyenne tous les ans depuis 2017. Plus de 7 Français sur 10 consomment des produits bio régulièrement (au moins une fois par mois). Ils souhaitent, non seulement consommer plus sain, mais également préserver l'environnement suite à leurs actes d'achats. Les Français font de moins en moins confiance aux grandes marques alimentaires et veulent des produits plus locaux, de qualité et naturels. Ils sont prêts à dépenser davantage pour un produit si celui-ci est bio.

Sur le marché du bio, un segment est très dynamique : celui des cosmétiques bio qui progresse fortement tous les ans. Les consommateurs se préoccupent davantage de la composition de leurs produits de beauté. Ils ont particulièrement confiance dans les magasins bio pour ce type de produit. Près de 75 % des Français ont déjà utilisé un cosmétique bio.

Annexe 2 Chiffres d'affaires de l'entreprise Bioshop

Années	2017	2018	2019	2020	2021
Chiffre d'affaires en milliers d'euros	233	271	307	335	409

Annexe 3 Objectifs de chiffres d'affaires de l'entreprise Bioshop

Années	2017 à 2018	2018 à 2019	2019 à 2020	2020 à 2021
Taux d'évolution attendus	16 %	14 %	10 %	15 %

Annexe 4 Informations sur les enseignes bio du Dijonnais de 2020 à 2021

- **Total des ventes des enseignes bio du Dijonnais en 2020 :** 1 387 000 euros.
- **Total des ventes des enseignes bio du Dijonnais en 2021** : 1 246 000 euros.
- **Chiffre d'affaires de Naturalia en 2020 :** 325 milliers d'euros.
- **Chiffre d'affaires de Naturalia en 2021 :** 345 milliers d'euros.
- Tous les autres concurrents réalisent un chiffre d'affaires inférieur à 250 milliers d'euros en 2020 et en 2021.

Activité 3 Utiliser un tableur-grapheur pour gagner en performance

« NUSDG_15_05 »

Vous travaillez pour la société Morino qui fabrique et vend des paquets de farine bio de 1 kg. Elle vous communique ses ventes en volume et en valeur sur les 8 dernières années ; son objectif commercial étant une stabilisation de ses ventes en volume et une augmentation annuelle de 2 % de son chiffre d'affaires sur les 3 dernières années.

1 **Calculer les taux de croissance annuels des ventes en volume et en valeur de l'entreprise (arrondir les résultats deux chiffres après la virgule). Faire apparaître les résultats dans un tableau.**

Activité sur poste informatique

Vous suivrez les consignes suivantes :
- mettez-vous par groupe de deux (de trois si le nombre d'élèves n'est pas pair) ;
- un élève va allumer son poste de travail, ouvrir le fichier intitulé « NUSDG_15_05 » ;
- pendant ce temps, les autres élèves vont prendre une feuille ainsi que leur machine à calculer ;
- vous noterez l'heure à laquelle vous avez tous commencé et l'heure à laquelle vous avez fini ;
- le premier qui aura terminé attendra les autres de son groupe.

2 **Dans les deux situations précédentes, qui a été le plus rapide pour réaliser les calculs ? Que peut-on en conclure ?**

3 **Comparer vos résultats. Avez-vous les mêmes ? S'il y a des différences, essayer de comprendre pourquoi.**

4 **Expliquer la différence qu'il y a entre les notions de ventes en volume et de ventes en valeur.**

5 **Analyser l'évolution des ventes en volume et en valeur de l'entreprise Morino.**

Années	N à N+1	N+1 à N+2	N+2 à N+3	N+3 à N+4	N+4 à N+5	N+5 à N+6	N+6 à N+7
Évolution des ventes en volume							
Évolution des ventes en valeur							

Annexe Ventes en volume et en valeur de la société Morino

Années	N	N+1	N+2	N+3	N+4	N+5	N+6	N+7
Ventes en volume	6 560 500	6 650 800	6 520 400	6 450 900	6 430 600	6 363 000	6 330 200	6 290 400
Ventes en euros	7 695 000	7 974 000	8 280 000	8 450 000	8 645 000	8 850 000	9 030 000	9 219 000

Activité 4 Comprendre l'importance de la fidélisation

La librairie Mollat est située au cœur de la ville de Bordeaux. C'est la première librairie indépendante française. C'est une entreprise qui voit son chiffre d'affaires progresser alors qu'elle se situe sur un marché pourtant en crise (en baisse de 2,5 % de 2019 à 2020). En effet, les Français ne lisent pas assez même s'ils souhaiteraient lire davantage, ils évoquent le manque de temps pour expliquer leur comportement vis-à-vis de la lecture. De plus, les librairies indépendantes, comme Mollat, souffrent de la concurrence d'Internet de plus en plus utilisé par les femmes et les jeunes pour acheter leurs livres. Enfin, le développement des liseuses et des livres dématérialisés influence négativement le marché du livre papier. Dans ce contexte particulier, la librairie Mollat mise sur la fidélisation pour maintenir ses ventes.

1. **Repérer les enjeux de la fidélisation pour la librairie Mollat.**
2. **Identifier les moyens de fidélisation utilisés par la librairie Mollat.**
3. **Conclure sur la performance de la stratégie de fidélisation menée par la librairie Mollat.**

Annexe 1 Lancement de la carte de fidélité de la librairie Mollat

En 2016, la librairie Mollat lance sa nouvelle carte de fidélité. Grâce à cette carte, les adhérents obtiendront systématiquement 5 % de réduction sur les livres, aussi bien en magasin que sur le site web (non cumulable avec les réductions de type étudiant).
De plus, la carte offre de nombreux avantages avec les partenaires de la librairie comme, par exemple, des réductions pour certaines séances de films au cinéma le « CGR Bordeaux Le Français ».
Grâce à sa carte de fidélité, la **librairie Mollat** peut collecter des informations sur ses clients et peut envoyer à ses 140 000 abonnés des newsletters pour les informer des nouveautés et des actions menées.

Annexe 2 La librairie Mollat allie tradition et modernité

La librairie Mollat s'étend sur 2 700 m² et est divisée en 15 espaces proposant chacun une thématique différente : littérature, espace scolaire, jeunesse… Les clients peuvent trouver leur bonheur parmi les 300 000 ouvrages proposés. 55 libraires expérimentés et qualifiés (minimum bac + 4) sont présents pour conseiller et répondre aux différentes questions des individus. Ce large choix et sa qualité de service exemplaire sont à l'origine de la réussite de la librairie.

https://eqrcode.co/a/NnXxCj

La fidélisation client

De plus, la librairie Mollat se transforme plusieurs fois dans l'année en Escape game géant le soir, les visiteurs doivent jouer en équipe pour résoudre des énigmes. Les clients sont très friands de ces soirées et en redemandent.

Mais la librairie Mollat va encore plus loin en utilisant les technologies de l'information et de la communication pour fidéliser sa clientèle. Tout d'abord, la librairie a ouvert son site web sur lequel il est possible d'acheter des livres dans toute la France sans avoir à se déplacer sur Bordeaux. Ainsi les personnes ne pouvant pas se déplacer par manque de temps par exemple pourront continuer d'acheter leurs livres à la librairie Mollat, et elle conservera ses clients.

Plus de 200 auteurs se rendent à la librairie tous les ans pour des conférences et des séances de dédicaces. Ces rendez-vous sont très attendus par les clients de la librairie qui peuvent ainsi échanger avec leurs auteurs préférés. Pour ceux qui n'auraient pas pu se rendre dans la librairie, les séances sont filmées. La librairie dispose de sa propre chaîne Youtube ; certaines vidéos ont dépassé le million de vues et leur chaîne compte plus de 20 000 abonnés.

Sur les réseaux sociaux, la librairie est très présente et se démarque par des contenus originaux. Par exemple, sur Instagram, la librairie fait découvrir les coulisses du magasin en mettant en avant ses événements ainsi que les nouveautés littéraires. Et surtout, elle fait parler d'elle avec son concept Book Face. Il s'agit de photographies qui remplacent une partie du corps d'un individu par des couvertures de livres, le résultat est bluffant. Les clients attendent avec impatience les futures photos et le buzz créé est très important.

THÈME 3

Création de valeur et performance

CHAPITRE 16

LA PERFORMANCE FINANCIÈRE

Question » La création de valeur conduit-elle toujours à une performance globale ?

Finalités » Identifier les indicateurs pertinents pour apprécier la performance de l'organisation.
Effectuer des comparaisons dans le temps et dans l'espace pour situer la performance d'une organisation.
Repérer, dans une organisation, en quoi les aspirations des différents acteurs peuvent constituer des contraintes et/ou des opportunités dans la recherche de la performance.
Percevoir le caractère potentiellement contradictoire des différents types de performance.

Notions » Performance financière : rentabilité, profitabilité, dividendes, autofinancement.

Contexte

Auto-école Tout Roule

Auto-école **Tout Roule** est une école de conduite située à Nice. Avec deux associés Sophie et Nadir, Norbert Luciano a créé trois écoles de conduite : Auto-école Norbert en 2013, puis l'Auto-école du Centre en 2015, et la dernière, l'auto-école Tout Roule en 2016.

Le capital social de la SARL Tout Roule est de 120 000 euros et est composé de 1 200 parts sociales réparties en parts égales entre Sophie, Nadir et Norbert. Cette école de conduite est située en centre-ville, dans un quartier commerçant. La concurrence est féroce, puisque la rue principale de la ville compte trois écoles de conduites réparties sur 400 m. Tout Roule emploie quatre salariés : trois moniteurs et monitrices diplômés et un assistant chargé de la gestion de l'école et des démarches administratives.

La clientèle de Tout Roule est essentiellement composée de jeunes souhaitant passer leur permis de conduire voiture ou moto. L'école de conduite bénéficie d'une excellente réputation basée sur le sérieux et la qualité de ses formations. Son taux de réussite à l'examen est supérieur à celui de ses concurrents.

Durant l'année écoulée, d'importants travaux de voirie engagés par la municipalité ont eu lieu dans une partie de la rue principale. Pendant huit mois, la circulation des voitures et des piétons ainsi que l'accès aux commerces ont été fortement perturbés. Une partie de la devanture de Tout Roule a même été cachée pendant plusieurs mois. Les travaux n'ont pas causé de désagrément à l'un des concurrents de l'école de conduite se situant de l'autre côté de la rue. Le nombre de nouveaux clients est en baisse. Il est indiscutable que les travaux devant l'auto-école ont dissuadé les candidats de venir s'inscrire chez lui. Norbert Luciano a été indemnisé par la municipalité et a dû se séparer d'un des moniteurs en contrat à durée déterminée. Cependant, le gérant est inquiet. Il craint que la baisse de la performance commerciale ait des répercussions sur la performance financière.

1 Déterminer en quoi les travaux du tramway perturbent l'activité des commerçants.

2 Indiquer quelle possibilité s'offre aux commerces pour les aider à assurer leur pérennité.

Impact du chantier sur l'activité commerçante

https://eqrcode.co/a/kj7dLz

Découvrir

I INDICATEURS DE LA PERFORMANCE FINANCIÈRE

Avec l'aide de sa comptable, Françoise Collet, Norbert Luciano souhaite analyser la performance financière de Tout Roule.

La comptable précise que pour cela, il convient d'étudier plusieurs indicateurs. Elle lui fournit le tableau de bord financier permettant le calcul du taux de profitabilité qui indique la capacité de l'entreprise à faire des bénéfices en fonction du chiffre d'affaires.

Document 1 **L'extrait du tableau de bord présentant la profitabilité de Tout Roule**

	N-2	N-1	N
Chiffre d'affaires	180 000	218 300	160 000
Résultat	19 500	24 100	17 420
Taux de profitabilité	10,83 %		

1 **Retrouver le calcul du taux de profitabilité de Tout Roule pour l'année N-2.**

2 **Compléter le tableau de bord du document 1 pour les années N-1 et N.**

3 **Commenter l'évolution du taux de profitabilité de Tout Roule au cours des trois dernières années.**

Dans un but de comparaison, Madame Collet précise à Norbert Luciano que le taux de profitabilité du secteur des auto-écoles est, cette année, de 10 %.

4 **Analyser la performance financière de Tout Roule pour l'année N.**

La rentabilité est un indicateur de la performance financière qui compare les résultats générés par l'activité, aux capitaux propres[1] de l'entreprise.

Ainsi, la mesure de la rentabilité permet aux propriétaires de **vérifier l'efficacité de leur investissement dans l'entreprise.**

$$\text{Taux de rentabilité financière} = \frac{\text{Résultat}}{\text{Capitaux propres}^{1}} \times 100$$

[1] *Les capitaux propres sont composés du capital social de l'entreprise ainsi que des réserves et du résultat.*

Françoise Collet donne à Norbert Luciano, un extrait du deuxième tableau de bord permettant d'évaluer la rentabilité financière de l'entreprise.

Document 2 L'extrait du tableau de bord présentant la rentabilité financière de Tout Roule

	N-2	N-1	N
Capitaux propres	142 307	155 400	160 996
Résultat	19 500	24 100	17 420
Taux de rentabilité financière			

5 **Évaluer, dans le document 2, la rentabilité financière de Tout Roule sur les trois années.**

6 **Conclure sur la rentabilité financière de Tout Roule ces trois dernières années.**

Habituellement, Norbert Luciano fixe à ses trois entreprises l'objectif d'atteindre le même taux de rentabilité financière que celui du secteur de l'enseignement de la conduite. Françoise Collet indique à Norbert Luciano que cette année ce taux est de 15 %. La comptable lui présente un nouvel extrait du tableau de bord, permettant de comparer la rentabilité financière des trois entreprises de Norbert Luciano pour l'année N.

Document 3 L'extrait du tableau de bord présentant le taux de rentabilité financière des écoles de conduite de Norbert Luciano pour l'année N

	Auto-école Tout Roule	Auto-école du centre	Auto-école Norbert
Taux de rentabilité financière	10,82 %	15,34 %	14,45 %

7 **Comparer la performance financière des trois entreprises de Norbert Luciano au regard de leur rentabilité financière.**

II ARBITRAGE DE LA PERFORMANCE FINANCIÈRE

Afin d'attirer davantage de clients, Norbert Luciano souhaite améliorer son offre auprès de ses clients. Tout Roule propose les formations aux permis B, aux motos légères (permis A1) et aux motos intermédiaires (permis A2).

Cependant, plusieurs clients ayant passé le permis A2 depuis plus de deux ans, souhaitent désormais s'inscrire au permis « grosses cylindrées ». Les moniteurs sont parfaitement compétents pour dispenser la formation, néanmoins l'auto-école Tout roule ne possède pas de motos de grosses cylindrées indispensables pour la formation. Norbert envisage donc l'acquisition de deux motos Yamaha MT-07 au prix de 6 600 € chacune. Il présente son idée à ses deux associés Nadir et Sophie qui sont très hésitants. En effet, ils préféreraient percevoir des dividendes, comme cela avait été le cas l'année dernière.

Les dividendes représentent la part des bénéfices versés aux actionnaires ou associés. Ils correspondent à la rémunération de l'apport en capital.

Les dividendes sont déterminés par l'assemblée générale annuelle des propriétaires qui votent l'utilisation qui sera faite du bénéfice de l'exercice précédent.

Les dividendes ainsi prélevés sur les bénéfices réalisés au cours de l'exercice sont appelés le **bénéfice distribué**.

Les bénéfices non distribués sont mis en réserve pour financer les futurs investissements de l'entreprise.

https://eqrcode.co/a/qcROyz

Qu'est-ce qu'un dividende ?

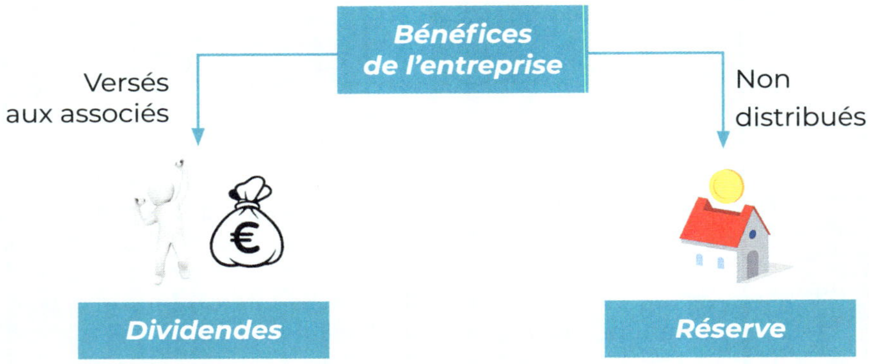

8 **Calculer le montant des dividendes distribués par Tout Roule cette année, à partir des bénéfices dégagés l'année dernière (N-1), sachant que les associés ont reçu 15,42 € par part sociale.**

9 **Déterminer le montant mis en réserve par Tout Roule l'exercice précédent (N-1).**

L'autofinancement permet à une entreprise, de financer elle-même ses investissements, en utilisant ses profits non distribués des années antérieures. L'autofinancement est un mode de financement interne à l'entreprise, contrairement aux emprunts qui sont un mode de financement externe.

Les réserves assurent l'indépendance financière de l'entreprise sans augmenter les dettes. Il faut cependant veiller à ce que les investissements entrepris par autofinancement ne fragilisent pas trop la société, qui n'aurait plus les moyens de faire face aux imprévus.

10 **Déterminer si le résultat de l'année N permet d'envisager un autofinancement pour l'achat des motos Yamaha.**

11 **Estimer le montant des dividendes que pourrait verser Tout Roule dans le cas où l'achat des motos serait totalement autofinancé à partir des bénéfices de N-1.**

Les deux associés Nadir et Sophie sont très déçus de la proposition de répartition des bénéfices : ils avaient espéré percevoir davantage de dividendes que l'année dernière. Norbert argumente sur la nécessité de proposer le permis moto « grosses cylindrées » pour attirer la clientèle. Nadir et Sophie comprennent les enjeux, mais exigent que 9 500 € soient tout de même versés en dividendes.

12 **Préciser la partie des bénéfices mis en réserve si Tout Roule verse 9 500 € de dividendes aux trois associés.**

13 **Évaluer le montant mis en réserve par Tout Roule pour acheter les motos Yamaha.**

14 **Indiquer si Tout Roule doit faire appel à un financement externe, pour à la fois satisfaire un niveau de dividendes acceptables pour les associés, et financer son projet d'investissement.**

À RETENIR

LA PERFORMANCE FINANCIÈRE

Taux de profitabilité = $\frac{\text{Résultat}}{\text{Chiffre d'affaires}} \times 100$

Taux de rentabilité financière = $\frac{\text{Résultat}}{\text{Capitaux propres}} \times 100$

Elle se mesure avec des indicateurs

PERFORMANCE FINANCIÈRE

Elle nécessite des arbitrages

Dividendes
Versés aux associés en rémunération de l'apport en capital

OU

Autofinancement
Capacité de l'entreprise à financer elle-même ses investissements

Risque de désengagements des associés si les dividendes sont insuffisants

⚠

Mise en danger de l'entreprise si les investissements sont insuffisants

LIEN AVEC LE MANAGEMENT

Parties prenantes • RSE • Conflits et consensus • Indicateurs • Évaluation de la performance

Tester ses connaissances

Se tester en ligne
https://eqrcode.co/a/d5Jk2Q

Sélectionner la (ou les) bonne(s) réponse(s)

1. La profitabilité dépend :
- ◇ **a.** du capital.
- ◇ **b.** du chiffre d'affaires.
- ◇ **c.** des capitaux propres.
- ◇ **d.** du résultat.

2. Les dividendes :
- ◇ **a.** dépendent du résultat.
- ◇ **b.** sont versés systématiquement.
- ◇ **c.** sont obligatoires.
- ◇ **d.** rémunèrent les salariés.

3. La rentabilité dépend :
- ◇ **a.** du capital.
- ◇ **b.** du chiffre d'affaires.
- ◇ **c.** des capitaux propres.
- ◇ **d.** du résultat.

4. L'autofinancement est :
- ◇ **a.** la rémunération des associés.
- ◇ **b.** la capacité de l'entreprise à financer seule ses investissements.
- ◇ **c.** égal aux bénéfices.

Qui suis-je ?

Retrouver le mot correspondant aux définitions proposées.

	Mot trouvé
Je suis évalué en comparant le résultat au chiffre d'affaires.	
Je suis un financement interne.	
Je peux être distribué aux associés.	
Je suis conservé par l'entreprise.	
Les associés me surveillent pour vérifier l'efficacité de leurs placements.	
L'assemblée générale décide de mon montant.	

Rédiger sa synthèse

1. Quels sont les indicateurs permettant de calculer la performance financière ?
2. Comment définir la profitabilité et la rentabilité ?
3. De quelle manière rémunère-t-on les associés ?
4. Quelle est l'utilité de l'autofinancement ?
5. Pourquoi la performance financière nécessite-t-elle des arbitrages ?

Activité 1 Analyser un tableau de bord de performance financière

Activité sur poste informatique

La société Lov'Laine est spécialisée dans la fabrication de couvertures, plaids et châles en laines. Cette PME est bien implantée sur son marché. Les clients apprécient la qualité de ses produits. L'entreprise possède 10 000 actions. Mais face à la concurrence, la dirigeante, Mme Oilazola s'interroge sur la performance de son entreprise. Elle vous communique certains indicateurs.

1 Compléter le tableau de bord ci-dessous en calculant le taux de profitabilité et le taux de rentabilité.

	N-2	N-1	N
Chiffre d'affaires	5 125 635	5 547 365	5 689 326
Résultat	190 000	200 000	201 000
Capitaux propres	1 900 000	2 050 000	2 120 000
Taux de profitabilité			
Taux de rentabilité			

2 Réaliser le tableau de bord dans un tableur. Insérer les formules de calcul qui conviennent, puis ajouter des graphiques pour constater les évolutions des taux de profitabilité et rentabilité (choisir le type de graphique approprié).

3 Analyser l'évolution du taux de profitabilité de ces trois dernières années. Conclure.

Mme Oilazola s'est procuré les taux de rentabilité et de profitabilité du secteur d'activité et les a fixés comme objectif à atteindre.

4 Insérer des nouveaux graphiques dans la feuille de calcul pour comparer les indicateurs de Lov'Laine avec ceux du secteur d'activité présenté dans le tableau ci-dessous (choisir le type de graphique approprié.)

	N-2	N-1	N
Taux de profitabilité du secteur	3,5 %	3,20 %	3 %
Taux de rentabilité du secteur	9 %	10,3 %	9,2 %

5 Conclure sur l'évolution de la performance financière de Lov'Laine en comparant l'entreprise à son secteur d'activité.

Pendant l'année N, le concurrent Solilaine a réalisé un chiffre d'affaires de 2 652 250 € et un résultat de 83 000 €.

6 Calculer l'indicateur permettant de comparer les deux entreprises. Conclure.

Activité 2 Déterminer le montant des dividendes

L'entreprise SARL BeauJardin commercialise des jeux de plein air. Les capitaux propres de la société sont composés de 1 000 parts sociales de 200 €. Durant l'année N, l'entreprise a réalisé un bénéfice de 31 000 €. En N-1, l'entreprise avait réalisé un bénéfice de 37 000 €. Un dividende de 33 € avait été versé pour chaque action.

1 **Présenter la répartition du bénéfice de N-1.**

2 **Déterminer s'il est possible de verser les mêmes dividendes pour l'année N.**

3 **Calculer le montant des dividendes à verser par action pour l'année N, sachant que BeauJardin souhaite mettre 1 550 € en réserve pour l'année N.**

L'entreprise BeauJardin souhaiterait développer son activité et faire appel à des investisseurs. La comptable estime à 15 % le pourcentage de rémunération des capitaux susceptible de satisfaire de nouveaux investisseurs.

4 **Vérifier si BeauJardin dégage une rentabilité suffisante pour attirer les investisseurs.**

Activité 3 Arbitrer entre dividendes et autofinancement

La société CroqChoc est spécialisée dans la fabrication de chocolats. Cette PME est bien implantée sur son marché. Les clients apprécient la qualité de ses produits. L'entreprise possède 10 000 actions. Mais le dirigeant, M. Lami, s'interroge sur la performance financière de son entreprise.

En N-1, il a été versé 15 € par actions pour un bénéfice de 200 000 €. En N, les bénéfices atteints sont de 201 000 €.

M. Lami envisage d'acheter une nouvelle machine d'un montant de 126 000 €. Il souhaite pour cela utiliser l'autofinancement des années N-1 et N.

1 **Déterminer le montant mis en réserve par CroqChoc pour l'année N-1.**

2 **Évaluer l'autofinancement que M. Lami doit conserver en N pour pouvoir acheter la nouvelle machine.**

3 **Indiquer la répartition du bénéfice que doit faire CroqChoc pour pouvoir autofinancer l'achat de la nouvelle machine en N.**

Activité 4 Déterminer l'importance des dividendes et de l'investissement

Renoncer aux dividendes pendant la crise

https://eqrcode.co/a/KWxrNt

1 **Relever, dans la vidéo, les cas dans lesquels l'État demande aux entreprises de renoncer à verser des dividendes.**

2 **Expliquer l'intérêt, pour une entreprise, de distribuer des dividendes aux actionnaires.**

3 **Envisager le risque que courent les entreprises qui versent d'importants dividendes à leurs actionnaires.**

Activité 5 Comprendre le fonctionnement de l'autofinancement des collectivités

1. Retrouver la cause de la baisse de l'autofinancement de la métropole lyonnaise.
2. Identifier la raison d'un autofinancement aussi important en 2019.
3. Analyser les conséquences de la baisse de l'autofinancement pour la métropole lyonnaise.

Annexe 1 Baisse de la capacité d'autofinancement de la métropole lyonnaise

Un mandat qui démarre mal : la capacité d'autofinancement de la métropole lyonnaise divisée par deux

Ce n'est certes pas la seule métropole française dans ce cas, mais les débuts de l'exécutif dirigé par Bruno Bernard (EELV) se font dans la douleur. À la suite des dépenses d'urgence liées à l'épidémie de Covid-19, la capacité d'autofinancement de la deuxième agglomération de France a été divisée par deux, passant de 464 à 230 millions d'euros. […]

Bruno Bernard, le président (EELV) de la Métropole l'avait annoncé peu avant lors d'une conférence de presse : la capacité d'autofinancement de l'agglomération a été divisée par deux.

La raison ? Bien sûr la pandémie, la hausse très importante qu'elle a suscitée pour accompagner la population en difficulté, mais aussi la forte baisse de revenus qu'elle a provoquée, les deux se cumulant.

Le président de la Métropole a précisé les chiffres : d'ores et déjà, alors que la pandémie n'est pas finie, ladite capacité d'autofinancement passe de 464 à 230 millions d'euros.

Certes, comme l'avaient reconnu les deux anciens présidents, Gérard Collomb et David Kimelfeld, la Métropole bénéficiait auparavant d'une gestion « de bons pères de famille » et avait donc de beaux atours financiers. En 2019, elle était même au plus haut depuis la création de la Métropole !

Une situation de rêve dont pensait bénéficier à plein la majorité emmenée par les Verts… Las !

Son ambitieux programme ne va pas pouvoir être mené dans son intégralité. Et elle va être contrainte de revoir ses projets.

Des choix vont devoir être opérés : « Il va falloir trouver des équilibres et arbitrer », prévient Bruno Bernard, l'air grave. […]. Il va falloir donc que la majorité fasse des choix. Reste à savoir lesquels, mais ce sera sans doute douloureux. Elle comptait puiser sur les résultats de la bonne gestion de ses prédécesseurs. […]

Lyon Entreprises, Dominique Largeron, 23/11/2020

Annexe 2 La programmation des investissements de la métropole lyonnaise

[…] Le président écologiste de la Métropole de Lyon, Bruno Bernard, a présenté également […] la programmation pluriannuelle des investissements (PPI) de la Métropole ; autrement dit, le plan de mandat qui va orienter les dépenses de la Métropole jusqu'en 2026. […]

Parmi les plus fortes augmentations mises en avant, on note également :
- cycle des déchets : 145 millions d'euros, pour étendre la collecte des déchets organiques ;
- agriculture et alimentation : 10 millions, notamment pour développer les repas bios dans les collèges ;
- métropole cyclable et apaisée : 200 millions pour construire particulièrement le « Réseaux express vélo » ou REV.

[…] On remarque par ailleurs sur quelles enveloppes l'exécutif veut renier : la gestion des ouvrages d'art et les opérations d'urbanisme.

Concernant les ponts, exit notamment la réhabilitation du pont de Vernaison qui ne peut plus être emprunté par les poids lourds.

Concernant les opérations d'urbanisme, la vice-présidente en charge de la question, Béatrice Vessiller (EELV) a indiqué la ligne : continuer les grands projets lancés mais ne pas en lancer de nouveaux. […]

Rue89Lyon.fr

Cas pratique 3 Création de valeur et performance

King Jouet

Vos outils

Activité sur poste informatique

Un tableur *(facultatif)*
La feuille de calcul : « NUSDG_CAS_03_01 »

La mise en situation

King Jouet est une entreprise familiale qui figure parmi les leaders européens de la distribution des Jeux et Jouets. Créé en 1987, le groupe King Jouet est actuellement le premier spécialiste de son secteur sur le territoire français et le troisième derrière Amazon et Leclerc avec 10 % de parts de marché[1].

En effet, après six années de croissance consécutive de ses ventes, l'entreprise, dont le siège social est situé à Voiron en Isère, est clairement un des leaders de son marché.

Forte de ses 1 000 salariés et des 250 magasins physiques porteurs de son enseigne, King Jouet cherche à satisfaire pleinement sa clientèle. Pour faire correspondre son offre aux besoins des consommateurs, l'organisation propose depuis quelques années à ses clients, la possibilité d'acheter leurs jouets par drive, vente en ligne, click and collect, application smartphone ou par des bornes de commande en magasin. Cette diversité des canaux de distribution permet au groupe de réaliser 10 % de son chiffre d'affaires avec le digital.

Pour accompagner les nouveaux comportements des consommateurs visitant à la fois magasins physiques et site web, King Jouet a mis en place un système de fidélisation reconnu en magasin, comme sur le web : le programme de fidélité « King Premium ».

Face aux évolutions de son secteur d'activité, le dirigeant Philippe Gueydon demande à ses services de mesurer la capacité de King Jouet à créer de la valeur, afin d'améliorer la performance commerciale et financière de l'enseigne.

[1] Depuis le rachat de Maxi Toys.

QUESTION 1 : Établir la fiche d'identité de l'entreprise King Jouet à partir de la grille ci-dessous.

Fiche d'identité de King Jouet	
Type	
Dirigeant	
Siège social	
Nationalité	
Secteur d'activité	
Taille	
Champ géographique	

QUESTION 2 : Préciser les indicateurs de mesure de la valeur perçue impactés positivement par la récompense reçue par King Jouet (annexe 1). Justifier.

Maxime, du service commercial, travaille sur l'analyse de la valeur perçue que revêt le service vente en ligne dans l'esprit des clients.

Il consulte l'ensemble des avis figurant sur la plateforme d'avis en ligne Trustpilot, qui lui paraissent représentatifs de l'ensemble des avis clients.

QUESTION 3 : Identifier dans le tableau ci-dessous, les avantages perçus et les coûts perçus par les clients de King Jouet (annexe 2). Conclure.

Bénéfices	Coûts
Conclusion :	

Maxime et Pascal, du service comptable, sont chargés d'établir un tableau de bord commercial et financier sur tableur. Chacun renseigne les éléments qui le concernent. Les graphiques ont déjà été créés et vont se mettre à jour automatiquement.

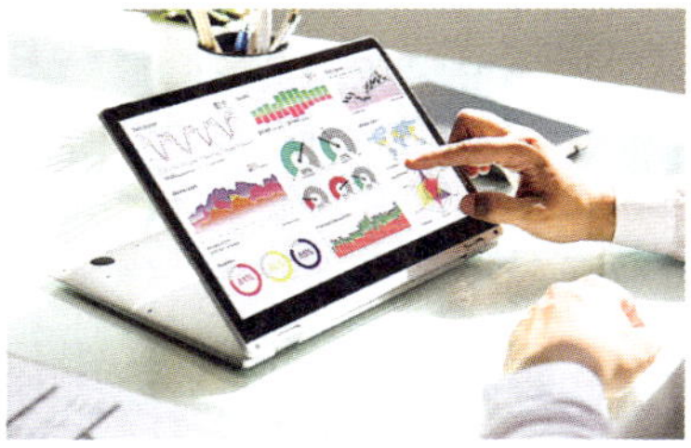

QUESTION 4 : Relever, dans le tableau de bord, le montant de la valeur financière fondée sur le revenu de King Jouet en N-1 et N (annexe 3).

QUESTION 5 : Évaluer la valeur financière du patrimoine de King Jouet pour les années N-1 et N. Préciser les résultats dans le tableau de bord.

QUESTION 6 : Réaliser les taux d'évolutions des « principales données chiffrées de King Jouet ».

QUESTION 7 : Compléter les indicateurs financiers et commerciaux du tableau de bord.

QUESTION 8 : Expliquer comment l'entreprise King Jouet parvient à fidéliser ses clients.

QUESTION 9 : À l'aide des réponses aux questions précédentes, apprécier la performance commerciale de King Jouet.

QUESTION 10 : Qualifier la performance financière de King Jouet. Justifier.

Annexe 1 Récompense 2019/2020

L'enseigne King jouet a été élue « meilleure chaîne de magasins » (pour la quatrième fois) dans la catégorie JOUETS.

Annexe 2 Extraits des avis en ligne sur https://fr.trustpilot.com

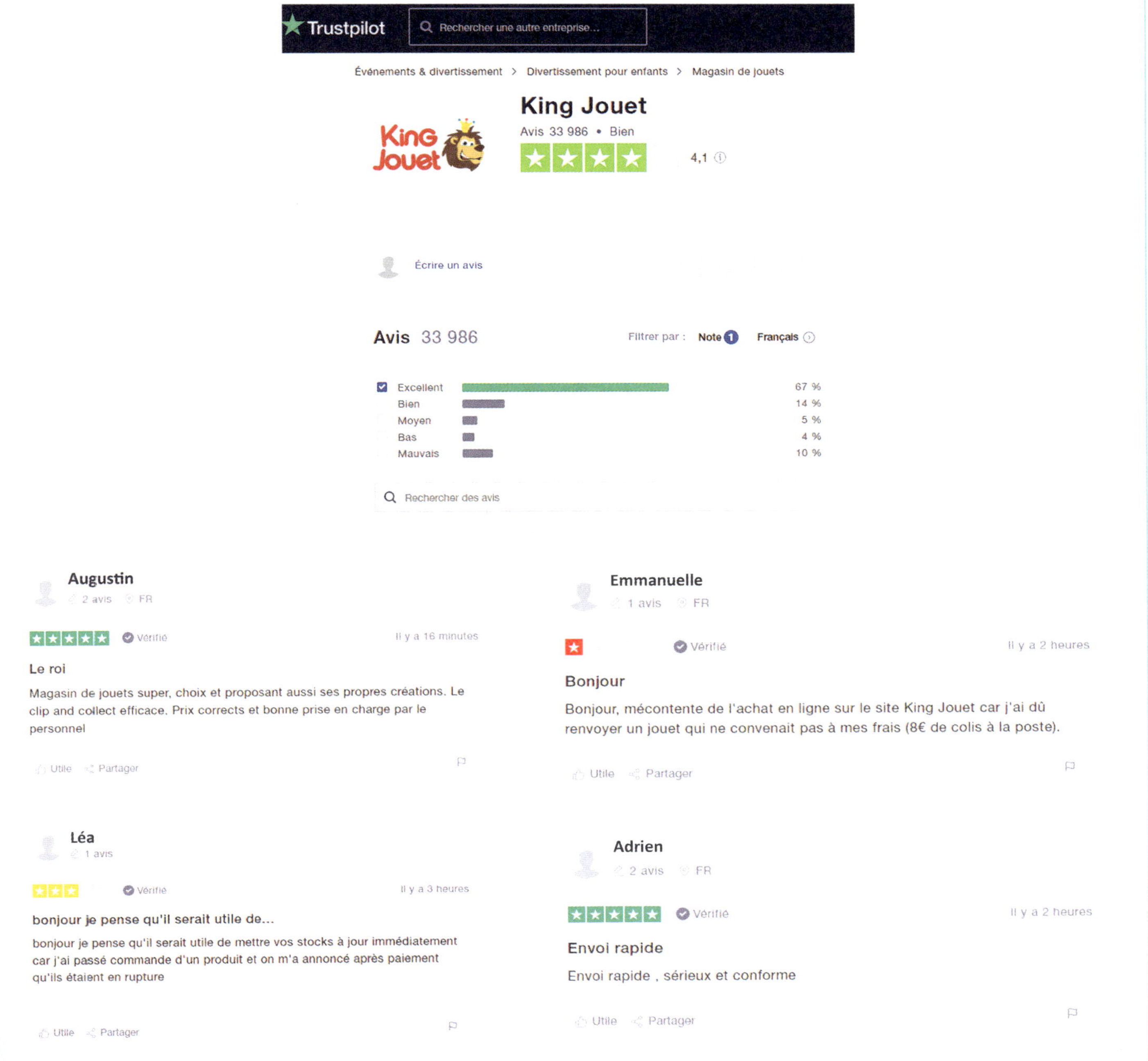

Annexe 3 Tableau de bord des performances commerciale et financière

• Principales données chiffrées de King Jouet

Éléments	N-1	N	% Évolution
Chiffre d'affaires	172 000 000 €	182 000 000 €	
Résultat de l'exercice	2 300 000 €	2 750 000 €	
Total actif	135 000 000 €	140 000 000 €	
Dettes et emprunts	100 500 000 €	103 500 000 €	
Capitaux propres			

Ventes totales du secteur des jeux et jouets : 1 790 000 000 € en N-1 et 1 819 000 000 € en N.

• Indicateurs de la performance commerciale

Éléments	King Jouet N-1	King Jouet N	Moyenne du secteur en N
Taux d'évolution du CA	4,78 %		2,03 %
Part de marché			

• Indicateurs de la performance financière du groupe King Jouet

Éléments	King Jouet N-1	King Jouet N	Moyenne du secteur en N
Taux de profitabilité			1,17 %
Taux de rentabilité			3,00 %

Annexe 4 Programme de fidélité King Jouet « King Premium »

https://www.king-jouet.com

QUIZ https://eqrcode.co/a/q5d6Mz
GRAND
Testez et évaluez-vous sur tout le
THÈME 3

THÈME 4

Temps et risque

CHAPITRE 17

LE TEMPS DANS LES DÉCISIONS DE GESTION

Question » Quelle prise en compte du temps dans la gestion de l'organisation ?

Finalités » Expliquer en quoi le temps est source d'incertitude.
Identifier, en lien avec le contexte proposé, les temps caractéristiques de l'organisation.
Expliquer pourquoi, au sein de l'organisation, il peut y avoir des rétentions et de l'asymétrie d'informations.
Repérer l'importance d'une information actualisée pour prendre des décisions pertinentes.

Notions » Horizon et période, actualité et pérennité de l'information, veille informationnelle, lien entre temps et valeur financière, outils de planification, de gestion du temps et de simulation, calendrier prévisionnel.

Contexte

POURVOUS

En 2005, Camille et Mélissa, stylistes de mode et Franck, spécialisé en gestion, se sont associés pour créer **POURVOUS**, une SAS proposant une marque française de vêtements hommes/femmes volontairement tendance, associant originalité, qualité et prix juste.

L'entreprise réunit 51 salariés, propose ses produits dans 6 boutiques implantées en région Auvergne-Rhône-Alpes, confectionne dans un atelier de fabrication situé en Savoie.

Après des débuts florissants, POURVOUS fait aujourd'hui face à une baisse d'activité pour plusieurs raisons :

- comme 67 %[1] des points de vente en prêt à porter, les boutiques POURVOUS sont implantées dans les centres-villes et sont soumises à une concurrence acérée ;
- le marché du textile est bouleversé depuis quelques années par le développement du e-commerce. Les achats de vêtements sur le web représentent désormais 19,5 % des dépenses des Français dans l'habillement. Les comportements d'achat ont changé ;
- la fermeture des boutiques pendant les périodes de confinement a généré un stock d'invendus, ce qui pèse sur la trésorerie de l'entreprise.

Face à ces difficultés, les trois associés élaborent une nouvelle stratégie qui consisterait, à la fois, à devenir un acteur du e-commerce, et à développer leur capacité à proposer en permanence de la nouveauté dans leurs lieux de vente. L'objectif est de réaliser 15 % du chiffre d'affaires dès la première année grâce au web.

Dans cette perspective, les entrepreneurs se documentent et prennent connaissance d'une entreprise qui a renouvelé son modèle économique avec une plate-forme de e-commerce pour les particuliers.

[1] *Source : INSEE*

1 Identifier la stratégie de e-commerce mise en place dans l'entreprise présentée dans la vidéo.

2 Repérer quelle a été la durée du projet pour mettre en œuvre la nouvelle plateforme de e-commerce.

3 Citer les trois mots-clés énoncés en fin de vidéo qui caractérisent la réussite du projet.

Nouveau modèle économique avec le numérique

https://eqrcode.co/a/On4BmW

I HORIZON DE L'ORGANISATION

Pour mettre en œuvre la nouvelle stratégie, les trois actionnaires prennent un certain nombre de décisions.

1 **Identifier l'horizon pour chaque décision. Justifier la réponse.**

Analyse de la décision ⇒ / Décisions prises ⇓	Horizon de la décision			Type de décision	Justifications
	Long terme : 5 ans et plus	**Moyen terme :** de 1 an à moins de 5 ans	**Court terme :** moins d'un an	**Stratégique** (direction) **Tactique** (cadres) **Opérationnelle** (cadres/exécutants)	
a) Contacter assez rapidement la chambre du commerce et de l'industrie pour connaître les modalités d'accompagnement à la création d'une plateforme numérique.	☐	☐	☐		
b) Élaborer d'ici une dizaine de mois, une plateforme du e-commerce en lien avec des conseillers experts.	☐	☐	☐		
c) Recruter d'ici 1 à 2 ans un directeur marketing pour assurer le développement commercial de l'entreprise.	☐	☐	☐		
d) Être visible d'ici 1 an sur les réseaux sociaux, en invitant des clients à s'exprimer sur les produits.	☐	☐	☐		
e) Recruter chaque année des influenceurs pour la marque.	☐	☐	☐		
f) Innover et créer d'ici 5 ans, une nouvelle ligne de vêtements exclusive pour le web qui serait personnalisable à partir de simples clics transmis par l'internaute.	☐	☐	☐		

2 **Retrouver le lien entre horizon, type de décision et niveau d'incertitude des décisions.**

POURVOUS a contacté plusieurs entreprises de transport pour assurer la livraison dans les différents points de vente. Les nouvelles contraintes en termes de temps de transport sont de 3 jours (expédition et délai de réponse compris).

3 **Sélectionner le transporteur qui offre la meilleure proposition au regard de la contrainte de temps.**

Document 1 **Le récapitulatif des offres de transporteurs**

Transporteurs	A	B	C
Durée du contrat	2 ans	1 an	1 an
Délai de réponse à la demande de transport	2 jours	2 jours	4 jours
Durée du transport	1 jour	1 jour	1 jour
Coût (par m^3 transporté)	120 €	130 €	110 €
Délai de paiement	30 jours	60 jours	30 jours

II PÉRIODE ET CONTRAINTES DE L'ORGANISATION

Les trois actionnaires doivent également prendre en compte des contraintes liées à l'activité de l'entreprise.

La période correspond à un découpage du temps. Par exemple, le calendrier scolaire est découpé en plusieurs périodes : un temps de travail en classe, un temps de vacances scolaires, un temps d'examen pour les niveaux concernés (épreuves du baccalauréat).
Les périodes sont liées à différentes contraintes :
- les **contraintes institutionnelles** : liées aux normes, aux règles provenant de l'organisation elle-même (règlement intérieur, conventions collectives...) ou de son environnement (lois...) ;
- les **contraintes sectorielles** : liées à des fluctuations saisonnières (tourisme en basse et haute saison, restauration...), ouverture de nouveaux marchés (téléphonie mobile...), cycle de production...
- les **contraintes technologiques** : liées aux innovations, à l'utilisation de machines (formation du personnel, temps d'utilisation des machines, nettoyage...).

4 **Déterminer la contrainte et la période pour chacune des situations suivantes. Justifier les réponses.**

❶ De nouvelles technologies apparaissent dans l'industrie du textile. L'association de l'automatisation et de la miniaturisation a donné naissance à des robots qui sont aujourd'hui capables d'assembler des vêtements, de réduire les délais de fabrication (deux semaines) et la chaîne d'approvisionnement[1] du textile (trois semaines).

https://eqrcode.co/a/4eKd9I

Automatisation complète

[1] *La chaîne d'approvisionnement inclut tous les flux concernant les fournisseurs et les clients.*

Contrainte : ....

Période : ....

❷ La convention collective des industries textiles prévoit un temps de travail des salariés de 35 heures par semaine.

Contrainte : ....

Période : ....

❸ Selon la nouvelle stratégie, POURVOUS présentera deux collections par saison. Les modèles produits resteront articulés autour des saisons : printemps - été - automne - hiver.

Contrainte : ....

Période : ....

❹ Les collaborateurs de l'entreprise vont devenir des ambassadeurs de la marque. Les associés prévoient de former les salariés à l'uti lisation des réseaux sociaux. Une action de formation de 2 jours est prévue.

https://eqrcode.co/a/omdOBx

Offre digitale de la CCI Paris Île-de-France

Contrainte : ....

Période : ....

III VEILLE INFORMATIONNELLE, VALEUR ET ASYMÉTRIE DE L'INFORMATION

Franck pratique en continu, à raison d'une heure par jour, la veille informationnelle pour anticiper les évolutions du marché, rester concurrentiel et accompagner l'entreprise dans la prise de décisions stratégiques. De ce fait, il surveille de manière active l'environnement économique, commercial et technique du marché du textile, grâce à ses lectures quotidiennes. Pour gagner du temps, il privilégie une veille automatisée. Il est devenu adepte de Pocket, un outil de marque-page qui permet de sauvegarder des liens de pages web et de Scoop.it, plateforme qui offre la possibilité de réaliser sa propre veille en faisant remonter des pages ou des articles et de la partager. Plus classiquement, il est inscrit à des newsletters qui sont des lettres d'information périodiques d'un site web.

Selon l'AFNOR (Agence française de la normalisation) : **la veille informationnelle** est « une activité continue et en partie itérative[1] visant à une surveillance active de l'environnement technologique, commercial, etc., pour en anticiper les évolutions ».

[1] *Itérative : action répétitive.*

5 **Citer les outils qu'utilise Franck pour pratiquer la veille informationnelle.**

....

....

Document 2 L'exemple d'une veille informationnelle pratiquée par Franck

Extrait d'une newsletter, datée du 20/04/2020, résultat de la veille informationnelle pratiquée par Franck

Créer une nouvelle stratégie de gestion des invendus et réévaluer la chaîne d'approvisionnement

Il s'agit avant tout de faire valoir la valeur maximale des stocks invendus et cela passe notamment par de nouvelles négociations avec les fournisseurs afin de mettre en place une nouvelle stratégie de gestion concernant les invendus. Si les contrats stipulent que les détaillants doivent respecter leurs engagements d'achat, ils ont besoin, aujourd'hui plus que jamais, d'un plan « au cas où » afin de gérer le stock en cas de fermeture de leurs canaux de vente habituels.

« Traditionnellement, les invendus étaient intentionnellement inclus dans la stratégie de vente au détail afin de garantir que la demande des clients était satisfaite. Ils représentaient généralement de 3 à 5 pour cent des revenus alors qu'ils sont désormais devenus la principale préoccupation des détaillants » précise Julie.

L'orientation durable que prend le secteur de la mode depuis plusieurs saisons est donc un élément à prendre en compte dans la gestion des invendus. La loi relative à la lutte contre le gaspillage et à l'économie circulaire, intégrant notamment l'interdiction de la destruction des invendus non-alimentaires, a été publiée au Journal officiel le 11 février 2020 et entrera en vigueur en 2022. Elle amènera notamment les entreprises à optimiser le cycle de vie des produits mis sur le marché. Le défi actuel des excédents de stocks peut donc être appréhendé comme un avant-goût et une étape éducative de préparation à un modèle plus durable.

https://fashionunited.fr, 20/04/2020

6 **Analyser l'actualité et la pérennité de cette information.**

Critères à analyser	Réponse	Justifications
Actualité : information datée, récente.	Oui ☐ Non ☐	
Pérennité : information durable si mise à jour périodiquement.	Oui ☐ Non ☐	

Franck réfléchit à un plan d'actions pour anticiper les effets de la loi interdisant de jeter les vêtements invendus.

7 **Présenter le rôle de la veille informationnelle dans les décisions de gestion.**

La rétention d'informations consiste à ne pas divulguer des informations aux parties prenantes de l'organisation. L'information est une ressource stratégique, qui a de la valeur pour l'organisation. Les acteurs qui disposent d'informations détiennent du pouvoir sur les autres et peuvent agir en prenant des décisions adaptées.

L'asymétrie de l'information apparaît lorsque les participants réunis dans une situation, ne disposent pas du même niveau d'information pour conclure un échange

Exemple : lors de la signature d'un contrat de travail, un employeur connaît la fiche de poste et les conditions de travail du futur salarié. Le candidat ne dispose pas de toutes les informations pour négocier son salaire.

8 **Préciser, pour chacune des situations, s'il y a rétention ou asymétrie de l'information. Justifier les réponses.**

❶ Franck fait part aux actionnaires de la loi interdisant de jeter les vêtements invendus. Depuis sa création, POURVOUS a détruit près d'une tonne de vêtements. Aucun communiqué n'a circulé à ce sujet. Les actionnaires souhaitent que cette information reste confidentielle pour préserver leur image.	☐ Rétention d'information ☐ Asymétrie d'information Justification :
❷ Lors d'une vente, un responsable de boutique met en avant le « made in France » pour vanter la qualité du produit et justifier le prix de vente auprès de la cliente, qui ignore que les tissus proviennent d'Asie du sud-est. La cliente achète un chemisier 109 €.	☐ Rétention d'information ☐ Asymétrie d'information Justification :
❸ Afin de financer l'achat de nouveaux robots pour la confection des articles, les actionnaires ont été reçus par un conseiller bancaire. La banque a proposé un taux de crédit élevé car d'après les informations qu'elle détient, elle estime que le risque financier est important. Les actionnaires pensent autrement, ils ont réalisé une étude de marché et ils estiment que le risque financier est réduit.	☐ Rétention d'information ☐ Asymétrie d'information Justification :

IV OUTILS DE PLANIFICATION

Pour célébrer la première collection, il a été décidé de réaliser un défilé de mode virtuel. Pour ce faire, plusieurs actions sont prévues comme l'envoi d'invitations privées aux clients, les possibilités de voter pour choisir son modèle préféré et de réserver des pièces à tarif préférentiel au moment du défilé.

Les trois actionnaires choisissent de créer l'événement sur Instagram. Ils réalisent une liste de contrôle des tâches (document 3) pour prévoir les différentes actions à réaliser dans le temps.

Dans les boutiques, la mise en rayon de la collection est prévue au début du mois d'avril.

9 **Présenter l'intérêt de rédiger une liste de contrôle des tâches (document 3).**

Document 3 **L'ébauche de la liste de contrôle des tâches en vue de la préparation d'un événement sur Instagram**

N°	Liste des tâches	Durée (en heure ou jour)	Responsable	Date de début prévue	Date de fin prévue	Date de fin réelle
1	Déterminer la date de l'événement, l'heure de début, l'heure de fin.	1 h	Franck	07/03	07/03	
2	Définir un hashtag afin de permettre aux internautes de suivre toutes les publications liées à l'événement.	2 h	Franck, Camille, Mélissa	07/03	07/03	
3	Fixer le budget pour l'événement.	4 h	Franck	08/03	08/03	
4	Déterminer et construire le contenu de l'événement (vidéo du défilé, photos, articles à mettre en valeur, promotions, cadeaux…).	Sur 5 jours	Franck, Camille, Mélissa	11/03	15/03	
5	Contacter les influenceurs pour définir le nombre de followers (inclus délai de réponse).	Sur 5 jours	Franck	18/03	22/03	
6	Établir la liste des invités.	4 h	Franck	19/03	19/03	
7	Finaliser le contenu à publier.	Sur 2 jours	Franck, Camille, Mélissa	25/03	26/03	
8	Envoyer un brief aux influenceurs sélectionnés (résumé du projet, objectif de l'événement, résultats escomptés ou actions proposées, public-cible, mots-clics, budget, durée et informations sur le produit, la marque).	1 jour	Franck, Mélissa	27/03	27/03	
9	Lancer les invitations.	1 jour	Franck	28/03	28/03	
10	Réaliser l'événement.	1 jour	Franck, Camille, Mélissa	06/04	06/04	

À présent, Franck commence à mettre à jour son agenda partagé pour le mois d'avril.

Un agenda partagé est accessible à partir d'un logiciel (exemple : Outlook). Il permet à chacun d'organiser son temps de travail (fixer les dates, heures, et lieux des rendez-vous) en fonction de celui de ses collaborateurs, sans les déranger. Les responsables accèdent ainsi aux événements et aux rendez-vous planifiés avec la possibilité d'en saisir d'autres.

Lors du report des tâches de son agenda partagé, Franck relève des contraintes et est amené à prendre des décisions en concertation avec Camille et Mélissa (document 4).

Document 4 Les tâches à réaliser par Franck

- Tous les lundis, la réunion de direction se déroule de 17 h 30 à 19 h 30 (impossibilité de la reporter ou de l'annuler). Franck inscrit sur son agenda ses réunions hebdomadaires.
- Mélissa est en déplacement du 13 au 14/04 : possibilité de décaler le déplacement à la semaine suivante.
- Camille a une réunion interne le 13/04 à 10 h avec le service communication pour préparer le rendez-vous avec le journal local du 15/04 à 16 h 30. Possibilité de décaler la réunion interne le 12/04 à 17 h.
- la tâche 4 va s'établir de 8 h à 15 h pendant 5 jours consécutifs.
- la tâche 5 peut s'étaler sur 5 jours. Il convient de consacrer 1 à 2 h par jour de travail sur cette tâche.

10 **Indiquer les tâches qui vont apparaître sur l'agenda de Franck lorsque Mélissa et Camille vont mettre à jour leur agenda du mois d'avril.**

Document 5 L'agenda partagé de Franck du mois d'avril à mettre à jour

LUN. 25	MAR. 26	MER. 27	JEU. 28	VEN. 1 mars
4	5	6	7 08:00 Déterminer la date de l'évè 09:00 Définir un hashtag:2h	8 08:00 Fixer le budget:4h
11 Déterminer et construire le contenu de l'événement de 8h à 15h	12	13	14	15
18 Contacter les influenceurs	19 09:00 Établir liste invités	20	21	22
25 Finaliser le contenu	26	27 Envoyer un brief	28 Lancer les invitations	29

V OUTILS DE GESTION DU TEMPS

Franck a de plus en plus de difficultés à gérer l'ensemble de ses missions. La mise en place de l'événement sur Instagram l'a mobilisé une bonne partie du mois de mars. Il décide d'améliorer l'organisation de son temps de travail. Installé à son poste informatique, il clique sur un flux RSS présentant brièvement la matrice Eisenhower et la méthode NERAC.

La matrice d'Eisenhower est un outil de gestion du temps pour évaluer le degré de priorité des tâches, en fonction de leur urgence, de leur importance :

- Tâche **A** : important[1] et urgent[2] ;
- Tâche **B** : important et non urgent ;
- Tâche **C** : non important et urgent ;
- Tâche **D** : non important et non urgent.

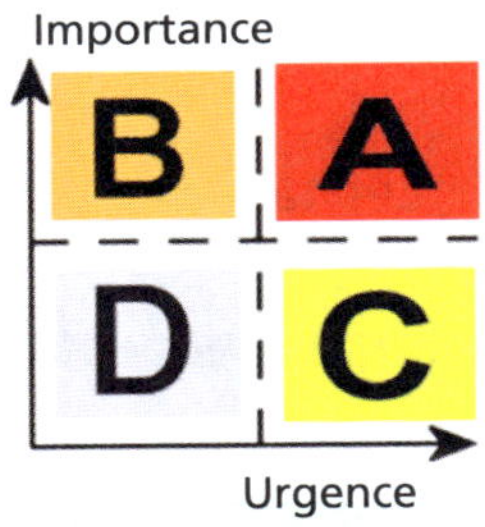

La méthode NERAC

N comme **N**oter toutes les tâches à accomplir.
E comme **E**stimer la durée de chaque tâche.
R comme **R**éserver du temps pour les imprévus et les activités sociales : ne planifier que 60 % de son temps.
A comme **A**rbitrer, c'est-à-dire établir des priorités entre les tâches (matrice Eisenhower).
C comme **C**ontrôler l'exécution des tâches.

[1] Une tâche est importante par rapport à la réalisation des objectifs fixés.
[2] Une tâche est urgente au regard du temps (à exécuter rapidement).

11 **Appliquer la matrice Eisenhower pour les nouvelles tâches que doit réaliser Franck.**

Tâches à réaliser par Franck	Tâche A	Tâche B	Tâche C	Tâche D	Justifications
Budget à finaliser pour la réunion de demain.					
Amélioration de la procédure « traitement des congés du personnel ».					
Invitation dans J+15 par la mairie à l'inauguration d'une nouvelle salle.					
Signatures de lettres de refus pour un appel d'offres validé en réunion. Délégation à l'assistant de gestion.					
Lecture d'articles juridiques afin d'effectuer une veille juridique.					

12 **Préciser ce que peut apporter la méthode NERAC à Franck.**

VI LIEN ENTRE-TEMPS ET VALEUR FINANCIÈRE

Afin de profiter du canal de la vente en ligne, POURVOUS souhaite proposer de nouveaux services web.

L'entreprise proposera aux clients internautes d'acheter les vêtements de sa gamme avec la possibilité de les personnaliser. Ils pourront ainsi ajouter du texte, modifier les couleurs et même ajouter un logo ou une photo sur les produits de la marque.

Cette nouveauté nécessite d'investir dans une nouvelle machine spécifique à cette production. Franck a retenu deux solutions. Une première machine un peu plus coûteuse à l'achat et plus innovante ; une deuxième plus robuste.

L'actualisation d'une valeur financière

Actualiser, c'est transformer une somme d'argent future afin d'en connaître la valeur actuelle. Cela va permettre de comparer des flux financiers se produisant à des dates différentes.

La valeur actuelle se calcule ainsi :

$$\mathbf{Va = Vf \times (1 + t)^{-\,durée}}$$

Va : valeur actuelle
Vf : valeur future
t : taux d'actualisation

Pour calculer la valeur actualisée d'un investissement, il faut additionner l'ensemble des flux de trésorerie (liquidités) générés par l'investissement.

<u>Exemple</u> : un investissement de 8 000 euros, avec un taux d'actualisation de 10 %, va permettre d'encaisser 1 900 € de flux de trésorerie annuel durant 4 ans.

Va des flux d'encaissement** = $1\,900/(1{,}1)^{-1} + 1\,900/(1{,}1)^{-2} + 1\,900/(1{,}1)^{-3} + 1\,900/(1{,}1)^{-4}$ **= 9 699,69 €

Cet investissement de 8 000 € va dégager environ 9 700 € d'entrée de trésorerie actualisée soit un gain de 1 700 €.

13 **Évaluer la valeur actuelle pour les deux solutions envisagées (taux d'actualisation de 3 %).**

Solutions envisagées	Machine A	Machine B
Coût à l'achat	12 000 €	11 500 €
Encaissements prévus	4 500 € de flux de trésorerie annuel durant 3 ans.	2 500 € de flux de trésorerie annuel durant 5 ans.
Calculs		

14 **Indiquer la proposition qui semble financièrement la plus avantageuse.**

15 **Déterminer en quoi l'actualisation est un outil d'aide à la prise de décision.**

À RETENIR

LE TEMPS DANS LES DÉCISIONS DE GESTION

INFORMATIONS

VEILLE INFORMATIONNELLE

INFORMATIONS
- Actualité
- Pérennité

TEMPS DE L'ORGANISATION

HORIZON
- Long terme
- Moyen terme
- Court terme

PÉRIODE (découpage du temps)

CONTRAINTES
- sectorielles
- institutionnelles
- technologiques

OUTILS D'AIDE À LA DÉCISION

OUTILS DE PLANIFICATION
- Liste de contrôle des tâches
- Rétroplanning

OUTILS DE GESTION DU TEMPS
- Matrice Eisenhower
- Méthode NERAC

CALENDRIER PRÉVISIONNEL

ACTUALISATION
(lien entre temps et valeur financière)

LIEN AVEC LE MANAGEMENT

Action collective • Intérêts individuels et collectifs • Groupe organisé • Conflits et consensus • Décisions stratégiques • Décisions opérationnelles • Parties prenantes • Démarche stratégique • Veille stratégique

Tester ses connaissances

Se tester en ligne
https://eqrcode.co/a/ksEoCa

Qui suis-je ?

Propositions	Mot trouvé	Justification
Tous les lundis matin, les salariés d'une agence bancaire se réunissent pour faire le point sur l'activité et déterminer les objectifs de travail de la semaine. Quel est l'horizon ?		
En Guadeloupe, la canne à sucre se récolte de février à juin. Quelle est la contrainte ?		
Aux Antilles, le prix de la tonne de canne à sucre est fixé aujourd'hui à 36,86 €. Il a augmenté de 0,06 point depuis hier. Quelle est la caractéristique de cette information ?		
Pour son exploitation agricole, Monsieur Sylvestre a déterminé la durée d'utilisation de son nouveau tracteur pour 4 ans.		
Passionné de foot, dès qu'une information paraît sur le PSG, l'utilisation de l'outil Google Alertes me permet d'être alerté. Quelle est cette action ?		
Il permet de noter diverses informations utiles, d'indiquer les opérations à effectuer à une date, éventuellement à une heure précise.		
Cette méthode permet de prioriser les tâches urgentes par rapport aux tâches importantes.		

Sélectionner la (ou les) bonne(s) réponse(s)

1. Le nettoyage d'une machine toutes les 3 heures correspond à une contrainte :
- **a.** sectorielle.
- **b.** institutionnelle.
- **c.** technologique.

2. Une journée de formation pour découvrir un nouveau logiciel, correspond à :
- **a.** horizon.
- **b.** période.

3. Ne pas divulguer un plan de licenciement pour ne pas désorganiser la production est une :
- **a.** rétention de l'information.
- **b.** asymétrie de l'information.

4. Le recours à l'outil Doodle correspond à un :
- **a.** outil de planification.
- **b.** outil de gestion du temps.

5. Mon client me rembourse 100 € dans un an, la valeur actuelle de cette somme (taux de 3 %) est de :
- **a.** 97,08 €.
- **b.** 100 €.
- **c.** 103 €.

Rédiger sa synthèse

1. Quelles différences faites-vous entre les notions d'horizon et de période ?
2. Qu'est-ce que la veille informationnelle ? Comment se pratique-t-elle ?
3. Quels critères permettent de définir la notion de « valeur de l'information » ?
4. Quelles sont les définitions de « rétention de l'information » et « asymétrie de l'information » ?
5. Citer les outils de planification que vous connaissez. Qu'apportent ces outils ?
6. Quels outils de gestion du temps connaissez-vous ?
7. À quoi correspond la notion d'actualisation d'une valeur financière ?

Se mettre en activité

Activité 1 Réaliser une activité de veille et utiliser la méthode NERAC

2
Fiche méthode

Activité sur poste informatique

Spécialiste des sols, des chapes, des revêtements industriels, décoratifs pour particuliers, **Ain'SOL** situé dans le département de l'Ain, réunit 25 salariés sur son site de fabrication.

Le dirigeant, Rodolphe Blanc, souhaite aujourd'hui étendre son champ d'action en développant une activité commerciale par la création d'un site e-commerce.

1 **Citer deux avantages du e-commerce.**

2 **Préciser l'horizon pour chaque action professionnelle liée au développement de l'action commerciale et justifier les réponses :**
a) Conquérir une nouvelle clientèle, de nouveaux segments d'ici 6 ans.
b) Contacter 3 prestataires spécialistes du e-commerce pour demander des conseils dans l'année.
c) Définir le contenu du site e-commerce (arborescence) et son design dans l'année.
d) Fixer des objectifs de vente pour les 6 prochains mois.

Prudent, ce chef d'entreprise désire dans un premier temps, recueillir des informations sur le marché des revêtements de sols. Il a sélectionné quelques outils de veille comme Google Alertes, les flux RSS, Hootsuite, le microblogage. Mais, faute de temps, il n'arrive pas à développer une activité de veille digitale. Il missionne son assistant afin de le seconder dans cette activité.

3 **Rechercher sur le web les définitions des outils et/ou techniques : Google alertes - flux RSS - Hootsuite - microblogage.**

Lors de l'activité de veille, l'assistant a relevé un article intéressant sur la mise en œuvre de la veille digitale en entreprise. Il l'a communiqué à Rodolphe Blanc qui a validé une procédure inspirée de la méthode NERAC (annexe).

4 **Définir la veille digitale.**

5 **Retrouver les étapes de la méthode NERAC dans la procédure liée à l'activité de veille pratiquée dans l'entreprise (annexe).**

Annexe Procédure liée à la mise en œuvre de la veille digitale dans l'entreprise

Le veilleur réalisera une veille sur Internet à raison de 1 à 2 heures par jour, à partir de moyens mis à sa disposition (matériels, outils, logiciels). Cette activité sera notée dans sa fiche de poste.

Le veilleur travaillera sur des sujets de veille en nombre limité qui répondront à un besoin ou à un but fixé dans l'entreprise, validé par la direction.

Il suivra la méthode retenue dans l'entreprise : collecte de l'information, regroupement, classification, stockage, traitement et diffusion de l'information aux intéressés.

Pour ce faire, le veilleur notera chaque jour dans un tableau de bord les sources, les idées principales des supports sélectionnés. Une fois le contenu organisé, vérifié, il sera partagé avec les collaborateurs concernés.

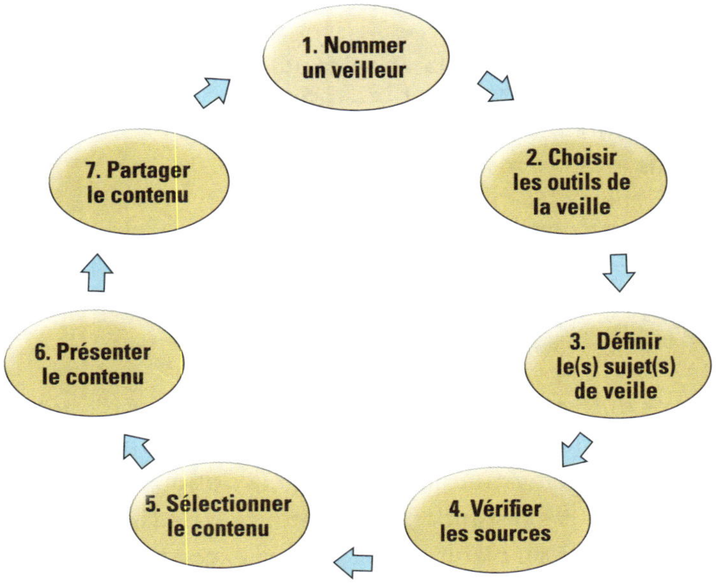

Activité 2 Planifier les étapes d'un projet avec le diagramme de Gantt et GanttProject, logiciel de gestion de projet

Six mois après l'ouverture de sa boutique spécialisée dans les bougies parfumées bio, Stéphanie souhaite organiser une journée portes ouvertes (JPO) pour se faire connaître et développer ses ventes.

Information sur l'organisation

Stéphanie travaille seule, elle dispose d'une boutique attenante à l'atelier de fabrication. Le magasin situé en centre-ville est ouvert du **mardi au samedi** de 9 h 30 à 19 h. Il est fermé le dimanche et le lundi.

1 Citer les outils de planification que Stéphanie pourrait utiliser pour organiser cet événement.

Stéphanie a construit un diagramme de Gantt à l'aide du logiciel GanttProject (voir annexe). Le 5 mars correspond à un mardi.

2 Traiter les questions suivantes :
- **Préciser pourquoi l'échelle de temps exprimée en jours passe de 2 à 5 et de 9 à 12.**
- **Calculer la durée du projet en jours de travail, en jours calendaires (7 jours par semaine).**
- **Retrouver la date du début du projet, la date de l'événement.**
- **Expliquer pourquoi les tâches « déterminer la communication externe », « faire la liste des invités » et « construire un planning du programme » se présentent en parallèle et sont rattachées à « définir le programme ».**

Le 14 au soir, Stéphanie fait un bilan négatif de sa journée portes ouvertes. Les invités ne se sont pas déplacés, toute la documentation commerciale n'a pas été distribuée et une partie du buffet n'a pas été consommée.

De plus, lorsque les clients souhaitaient visiter son atelier de production, Stéphanie ne pouvait pas surveiller la boutique.

Activité sur poste informatique

3 Donner des conseils à Stéphanie pour mieux organiser la prochaine JPO.

Stéphanie décide d'organiser une prochaine journée portes ouvertes le samedi 22 juin et souhaite démarrer l'organisation du projet dès le 21 mai.

Elle désire recruter quelqu'un pour la seconder le jour de la JPO. Une fois que le planning du programme sera établi, elle contactera l'agence Manpower dès le lendemain pour le recrutement d'un intérimaire. Elle réalisera la formation de l'intérimaire le 20 juin.

https://eqrcode.co/a/oTNxmD

4 Proposer une nouvelle planification des tâches à l'aide du logiciel GanttProject.
Consulter la vidéo « Comment utiliser facilement GanttProject ? »

Utiliser simplement GanttProject

Annexe GanttProject

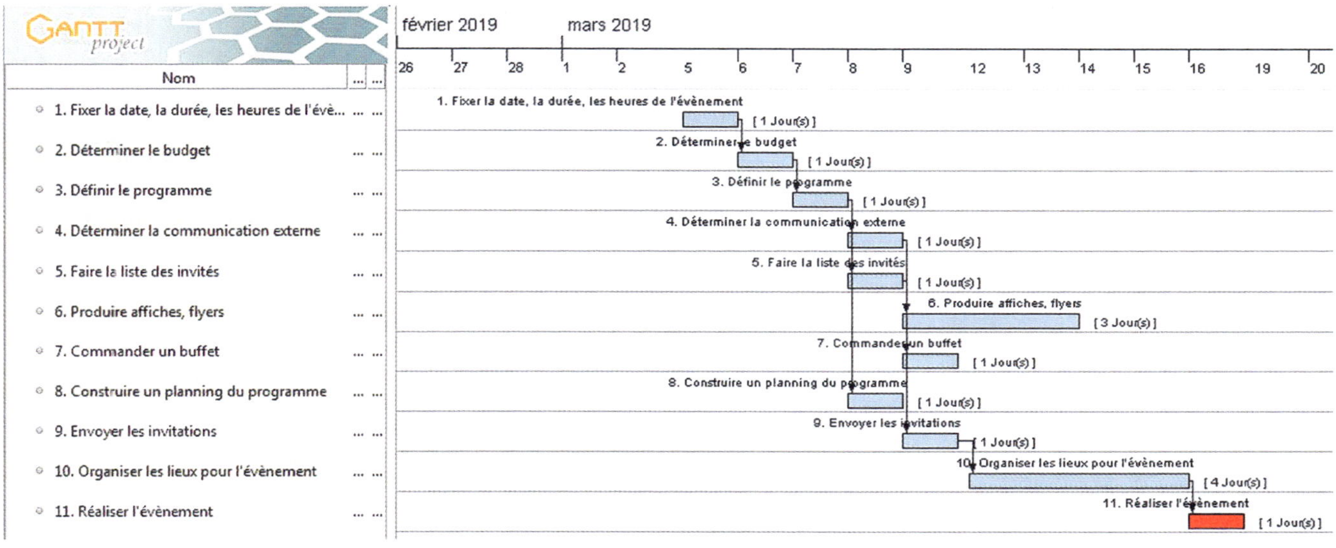

Activité 3 Recourir à un outil de simulation pour planifier un évènement sportif

https://eqrcode.co/a/VkUFD4

Mode opératoire

Activité sur poste informatique

Pour renforcer une bonne ambiance de classe ou développer de la cohésion entre les élèves, vous décidez d'organiser un événement sportif.

Après un brainstorming, vous optez pour un tournoi de basket. Vous conviez vos professeurs afin de constituer une équipe rivale.

Le délégué de classe propose d'utiliser l'outil DOODLE pour planifier l'événement. Il propose trois dates et les participants disposeront d'un délai d'une semaine pour répondre.

1 **Proposer des dates, des horaires, prévoir la durée de l'événement.**

2 **Utiliser l'outil DOODLE et procéder à la simulation (s'aider du mode opératoire joint).**

3 **Préciser l'horizon de cette décision.**

Activité 4 Utiliser Pocket pour conserver vos liens hypertextes

Activité sur poste informatique

Pour votre culture générale, vous mettez en place une activité de veille sur le thème : la transformation digitale des entreprises.

Vous utilisez Pocket pour sauvegarder les contenus informationnels qui vous intéressent.

1 **Présenter les avantages qu'apporte Pocket lors de recherches documentaires.**

2 **S'inscrire à Pocket via Google pour utiliser cette application.**

3 **Tester Pocket sur le thème : la transformation digitale des entreprises. Vous enregistrez des liens hypertextes provenant de documents de nature différente (vidéos, articles).**

4 **Filtrer les documents sélectionnés en fonction de leur nature (vidéos, articles).**

5 **Analyser la valeur de l'information selon les critères de sélection suivants : actualité et pérennité.**

THÈME 4

Temps et risque

CHAPITRE 18

LA PROSPECTIVE EN MATIÈRE D'ACTIVITÉS

Question » Quelle prise en compte du temps dans la gestion de l'organisation ?

Finalités » Utiliser des données prospectives pour repérer l'incidence d'une évolution de l'activité d'une organisation sur sa trésorerie (démarche budgétaire).
Utiliser des données prospectives pour repérer l'incidence d'une évolution de l'activité d'une organisation sur son résultat (seuil de rentabilité).

Notions » Prospective en matière d'activités : enquête, budget, seuil de rentabilité.

Contexte

Biscuiterie JEANNETTE

BISCUITERIE Jeannette 1850

La **Biscuiterie Jeannette** est une entreprise forte d'un savoir-faire de plus de 150 ans dans la fabrication de madeleines haut de gamme.
Après une menace de fermeture en 2013, la société a trouvé un repreneur et a redémarré grâce à un financement participatif.
Actuellement, une trentaine de salariés fabriquent des madeleines artisanales à partir d'ingrédients de qualité, principalement locaux dont les recettes sont élaborées avec un chef pâtissier.
En plein développement, après l'ouverture d'une deuxième usine près de Caen, son P-DG, André Réol, réfléchit au lancement de nouveaux produits.

L'un de ces projets consiste à créer un nouvel assortiment pour les fêtes de fin d'année. Cela nécessite d'étudier son impact sur la trésorerie de l'entreprise pour déterminer si celui-ci mettrait la biscuiterie en difficulté.
Il envisage également de lancer une nouvelle gamme de madeleines sans gluten et souhaite s'assurer que l'incidence sur ses bénéfices sera favorable.

1 Citer la difficulté subie par la Biscuiterie Jeannette en 2013.

2 Identifier les atouts actuels de l'entreprise lui permettant de rester performante.

La participation à l'exposition de Paris

https://eqrcode.co/a/PygBa0

Découvrir

I ENQUÊTE

M. Martinet, le directeur commercial de la Biscuiterie Jeannette, a réalisé une enquête via les réseaux sociaux auprès d'un échantillon de 1 000 individus ayant réalisé dans l'année un achat en ligne sur son site web. Cette enquête a pour objectif de collecter des informations sur l'opportunité de lancer un assortiment de madeleines pour célébrer la fin d'année.

Document 1 — L'extrait des résultats de l'enquête pour la boîte de huit madeleines « fêtes de fin d'année »

1 - Parmi les propositions suivantes, quels nouveaux parfums aimeriez-vous découvrir pour les fêtes de fin d'année ?

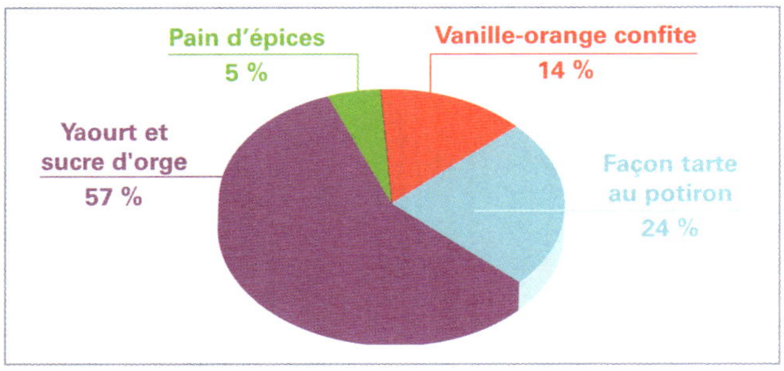

2 - Quel prix maximum seriez-vous prêt à payer pour cette boîte de huit madeleines de 250 grammes ?

Prix	Nombre de réponses
Moins de 4 €	18
Entre 4 € et 5 €	42
Entre 5 € et 6 €	114
Entre 6 € et 7 €	640
Plus de 7 €	186

3 - À partir de quel prix estimeriez-vous les madeleines de mauvaise qualité ?

Prix du coffret	Nombre de réponses
Moins de 4 €	416
Entre 4 € et 5 €	322
Entre 5 € et 6 €	237
Entre 6 € et 7 €	15
Plus de 7 €	10

4 - Pensez-vous acheter cette boîte événement ?

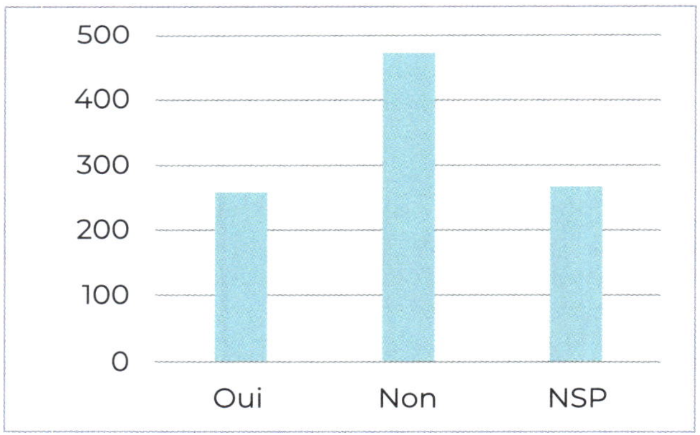

La population de base correspond à l'ensemble des personnes sur lequel porte l'étude.

Le mode d'administration est la méthode utilisée pour soumettre le questionnaire à l'échantillon.

L'échantillon correspond à la partie de la population de base qui sera étudiée concrètement dans l'enquête.

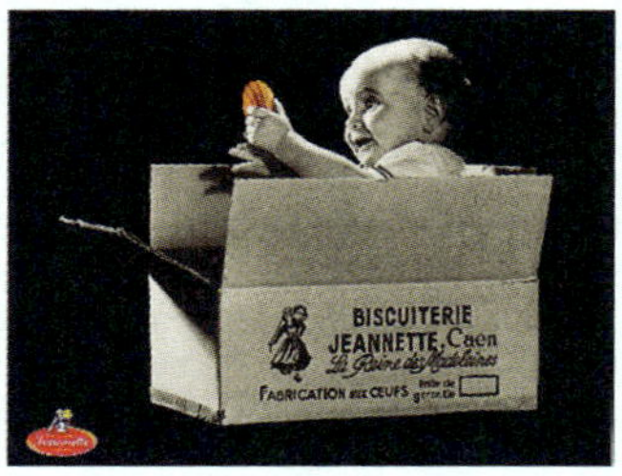

1 Identifier les objectifs de cette enquête et caractériser sa population de base.

2 Caractériser le mode d'administration utilisé. Justifier la pertinence de ce mode d'administration et montrer ses limites.

3 Repérer l'intervalle de prix le plus adapté à la vente de cette boîte. Justifier.

4 Proposer d'autres renseignements qui auraient été utiles à l'organisation Biscuiterie Jeannette pour prévoir les évolutions de son marché.

II PRÉVISION DES VENTES ET DES ENCAISSEMENTS

« NUSDG_18_02 »

Les résultats de l'enquête sont encourageants pour la Biscuiterie Jeannette : son dirigeant valide le projet et fixe le prix d'une boîte de huit madeleines à 7 euros TTC. La production de cette collection est exceptionnelle et les ventes vont s'étaler de novembre à janvier uniquement.

Le service comptable vous communique le budget des ventes, c'est-à-dire l'état prévisionnel du chiffre d'affaires spécifique à ce coffret spécial.

Document 2 **Le budget des ventes (en euros)**

	Novembre	Décembre	Janvier
Ventes TTC	3 587	8 018	2 743

La clientèle de **Jeannette** est composée à 80 % de particuliers payants comptant. Les autres clients sont des magasins indépendants qui règlent leurs achats à crédit le mois suivant.

Document 3 **Le budget des encaissements (en euros)**

	Novembre	Décembre	Janvier	Février
Ventes de novembre	2 869,6	717,4		
Ventes de décembre				
Ventes de janvier				
Total				

5 **Montrer que les encaissements du mois de novembre correspondent uniquement aux achats des particuliers.**

6 **Compléter le tableau (document 3). Déterminer le montant total des sommes que le projet a permis à l'organisation Biscuiterie Jeannette d'encaisser.**

7 **Expliquer pourquoi la réalisation d'un budget peut être qualifiée d'approche prospective.**

La prospective correspond à un ensemble d'études permettant de dégager des éléments de prévision pour l'entreprise.

III PRÉVISION DES ACHATS ET DES DÉCAISSEMENTS, BUDGET DE TRÉSORERIE

« NUSDG_18_02 »

Afin de produire ce coffret événement, l'organisation Biscuiterie Jeannette réalise des achats auprès de différents fournisseurs de matières premières (œufs frais, farine de blé, beurre, sucre, arômes naturels…) qu'elle règle au comptant pour moitié, l'autre partie est décaissée le mois suivant l'achat.

D'autres charges liées à ce projet sont décaissées mensuellement de novembre à janvier pour 300 euros.

Pour les 3 mois de production, les salaires sont estimés, en moyenne, à 2 500 euros par mois.

Document 4 Le budget des achats (en euros)

	Novembre	Décembre	Janvier
Achat TTC	2 637,50	1 582,50	527,50

Document 5 Le budget des décaissements (en euros)

	Novembre	Décembre	Janvier	Février
Achats de novembre	1 318,75	1 318,75		
Achats de décembre		791,25		
Achats de janvier				263,75
Autres charges	300,00	300,00		
Salaires	2 500,00	2 500,00		
Total	4 118,75	4 910,00		263,75

8 Retrouver, par le calcul, le montant des décaissements liés aux achats **HT de novembre** (document 4).

9 Compléter le budget des décaissements pour janvier (document 5).

Document 6 Le budget de trésorerie (en euros)

	Novembre	Décembre	Janvier	Février
Trésorerie initiale	0			
Encaissements				
Décaissements				
Trésorerie finale				

10 Compléter le budget de trésorerie (document 6).

11 Déterminer le montant de trésorerie dégagé par le projet.

Le budget de trésorerie fait apparaître un flux de trésorerie insuffisant en novembre. La direction propose d'affecter 1 500 euros disponibles sur son compte bancaire afin d'assurer la solvabilité du projet.

12 Repérer les raisons qui expliquent l'insuffisance de la trésorerie en novembre. Montrer que l'affectation de 1 500 euros rend possible le projet.

IV SEUIL DE RENTABILITÉ

André REOL souhaite votre expertise sur le lancement d'une nouvelle gamme de madeleines à la vanille sans gluten. En effet, dans son usine de Démouville (capacité de production d'environ une tonne par jour), la production serait dédiée à la fabrication des variétés de madeleines sans gluten uniquement. La boîte de huit madeleines à la vanille sans gluten serait vendue 7 €. M. REOL souhaite mesurer l'incidence de ce choix sur le résultat.

Document 7 **Les prévisions de charges des madeleines « Vanille sans gluten »**

Charges	Éléments chiffrés	Commentaires
Matières premières	2 € en moyenne par boîte de 8 madeleines	Œufs frais, farine de blé, beurre, sucre, gousse de vanille…
Autres achats	0,50 € par boîte	Boîtes en carton, autocollants…
Loyer et assurance	200 € par mois	Loyer de la partie du bâtiment dédiée à la fabrication des madeleines vanille sans gluten.
Charges liées au personnel	2 350 € par mois	Cotisations patronales comprises.
Impôts et taxes	100 € par an	

Une charge variable évolue en fonction de l'activité : plus la production augmente, plus elle progresse.
Une charge fixe est indépendante du niveau des ventes ou de la production.

13 **Pour chaque élément du tableau présent dans le document 7, indiquer de quels types de charges il s'agit.**

	Charges variables	Charges fixes
Matières premières		
Autres achats		
Loyer et assurance		
Charges de personnel		
Impôts et taxes		

14 **Identifier d'autres charges variables et d'autres charges fixes pouvant peser sur l'activité d'une organisation.**

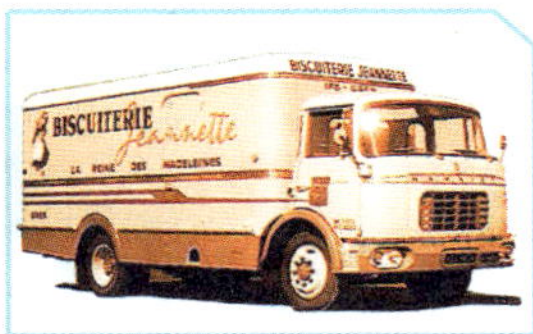

M. Martinet, le directeur commercial, Vous communique ses hypothèses de ventes pour la première année d'exploitation des madeleines « sans gluten » :
- hypothèse haute : 10 000 coffrets ;
- hypothèse basse : 5 000 coffrets.

15 **Calculer le montant total des charges variables et fixes pour chaque hypothèse et compléter le compte de résultat différentiel.**

Un compte de résultat différentiel est un outil de prospection. Il indique le niveau de marge dégagé par l'activité permettant de couvrir les charges fixes.

Il permet également de dégager un taux de marge sur coût variable pour chaque hypothèse.

Le taux de MCV désigne le ratio de marge sur coût variable exprimé en pourcentage du chiffre d'affaires.

Taux de MCV = MCV/CA

Document 8 La présentation du compte de résultat différentiel

	Hypothèse basse		Hypothèse haute	
Éléments	Montant	% de chiffre d'affaires	Montant	% de chiffre d'affaires
Chiffre d'affaires (CA)				
Charges variables (CV)				
Marge sur coût variable (MCV)				
Charges fixes (CF)				
Résultat				

Le seuil de rentabilité (SR) désigne le montant du chiffre d'affaires qui permet d'obtenir un résultat nul en couvrant l'intégralité des charges.

SR = CF/taux de MCV

16 **Déterminer le seuil de rentabilité du projet mis en œuvre par l'organisation Biscuiterie Jeannette.**

La marge de sécurité correspond à la partie du chiffre d'affaires supérieure au seuil de rentabilité permettant de réaliser des bénéfices.

MS = CA - SR

17 **Identifier le montant de la marge de sécurité de l'hypothèse haute.**

À RETENIR

LA PROSPECTIVE EN MATIÈRE D'ACTIVITÉS

DONNÉES PROSPECTIVES

ENQUÊTE PAR QUESTIONNAIRE

Afin de prévoir les besoins des clients

Objectifs

- *Population de base*
- *Mode d'administration*
- *Rédaction*
- *Test*
- *Administration*
- *Traitement*

BUDGET DE TRÉSORERIE

Afin de prévoir la trésorerie

Trésorerie initiale
\+ encaissements
\- décaissements
= **trésorerie finale**

SEUIL DE RENTABILITÉ

Afin de prévoir le résultat

$$SR = \frac{\text{Charges fixes}}{\text{Taux de MCV}}$$

DÉCISIONS DE L'ORGANISATION

- Décisions opérationnelles
- Décisions stratégiques

LIEN AVEC LE MANAGEMENT

Décisions stratégiques et décisions opérationnelles • Différenciation et domination globale par les coûts

Tester ses connaissances

Se tester en ligne
https://eqrcode.co/a/nkp3XY

Sélectionner la (ou les) bonne(s) réponse(s)

1. Lors de la prise de décision d'un dirigeant, le temps :
- ◇ **a.** augmente l'incertitude.
- ◇ **b.** nécessite des méthodes de prévisions.
- ◇ **c.** n'a pas de conséquences.

2. La trésorerie est positive si :
- ◇ **a.** la trésorerie initiale est plus importante que la trésorerie finale.
- ◇ **b.** la trésorerie finale est plus importante que la trésorerie initiale.
- ◇ **c.** les encaissements sont supérieurs aux décaissements.
- ◇ **d.** les décaissements sont supérieurs aux encaissements.

3. Le budget des achats est :
- ◇ **a.** établi après le budget des décaissements.
- ◇ **b.** établi après le budget de trésorerie.
- ◇ **c.** établi en lien avec le budget des ventes.

4. Le seuil de rentabilité est égal à :
- ◇ **a.** chiffre d'affaires – le total des charges.
- ◇ **b.** chiffre d'affaires/taux de MCV.
- ◇ **c.** charges fixes/taux de MCV.
- ◇ **d.** charges fixes/charges variables.

5. Un fort seuil de rentabilité indique :
- ◇ **a.** que l'activité est très rentable.
- ◇ **b.** que l'activité est peu rentable.

Qui est quoi ?

Associer chaque élément aux budgets correspondants.

- **Les salaires**
- **Les achats**
- **Les ventes**
- **Les impôts et taxes**
- **Un emprunt**

- **Budget des encaissements**
- **Budget des décaissements**

Rédiger sa synthèse

1. Quelles sont les différentes étapes de réalisation d'une enquête ?
2. Qu'est-ce qu'un budget ? Que permet-il ? Qu'est-ce qu'un encaissement ? Un décaissement ?
3. Quels éléments étudier pour réaliser les prévisions de trésorerie ?
4. Quelle est la différence entre une charge variable et une charge fixe ?
5. Comment détermine-t-on la marge sur coût variable ? Le résultat ?
6. Comment définir le seuil de rentabilité ? Comment le calcule-t-on ?
7. Dans quelle mesure l'enquête, le budget et le seuil de rentabilité sont-ils des instruments prospectifs ?

Se mettre en activité

Activité 1 Réaliser une enquête pour prendre des décisions pertinentes

2
Fiche méthode

Activité sur poste informatique

L'intendant de votre lycée souhaite missionner votre classe. À l'aide de votre enseignant, vous réaliserez une grande enquête sur les habitudes alimentaires des lycéens. À partir de vos réponses, il pourra prendre des décisions pour améliorer le bien-être et la satisfaction des usagers de la cantine et éventuellement accroître l'attractivité du self qui, l'année dernière, a perdu quelques élèves.

1. **Rechercher sur Internet la notion « d'habitudes alimentaires » pour comprendre le sens du travail que propose l'intendant et définir les objectifs de l'enquête.**
2. **Identifier les étapes qu'il faudra suivre pour réaliser le questionnaire.**
3. **Rédiger les questions de ce sondage avec l'outil conseillé par votre enseignant (Sphinx, Ethnos, Google Formulaire...).**
4. **Sélectionner un mode d'administration adapté à la situation puis administrer le questionnaire.**
5. **Dépouiller les résultats et rédiger un rapport d'enquête. Effectuer en classe une comparaison des résultats.**

Activité 2 Étudier l'impact d'une création d'entreprise sur le budget

« NUSDG_18_03 »

Activité sur poste informatique

Émeric souhaite ouvrir une boutique de jouets pour enfants dans un local se situant dans la galerie marchande d'un supermarché. Il débutera son activité le 1er juillet prochain avec deux salariés.

Afin de justifier sa demande de prêt à la banque et anticiper d'éventuels problèmes de découverts, il fait appel à vous pour établir son budget de trésorerie.

Selon une étude du site web de la Fédération Française des industries Jouet - Puériculture, le quatrième trimestre représente près de 57 % du marché total. Le mois de décembre, représentant à lui seul 33 % du marché.

Sur la période de juillet à décembre, Émeric prévoit un chiffre d'affaires total de 256 000 euros TTC.

Informations complémentaires (prévisions) :
- les achats représentent 60 % des ventes en moyenne ;
- conditions de règlements des clients : 100 % au comptant ;
- conditions de règlement des fournisseurs : 50 % au comptant et 50 % à 30 jours ;
- les autres charges sont évaluées à 2 500 € par mois ;
- le salaire de chacun des deux employés est fixé à 1 950 euros, cotisations sociales comprises ;
- emprunt de 20 000 euros disponible dès juillet et remboursable par mensualités de 2 500 €.

1. **Repérer le problème de gestion rencontré par Émeric.**
2. **Montrer que la mise en place d'un budget prévisionnel permettrait à Émeric de réduire ses risques financiers.**
3. **Établir le budget prévisionnel (annexe) d'Émeric.**
4. **Formuler les conseils à prodiguer à Émeric.**

Annexe Budget prévisionnel

Budget des ventes

	Juillet	Août	Septembre	Octobre	Novembre	Décembre
Répartitions des ventes (en %)	4 %	5 %	5 %	9 %	15 %	33 %
Ventes TTC						

Budget des encaissements

	Juillet	Août	Septembre	Octobre	Novembre	Décembre
Ventes TTC						
Emprunt						
Total						

Budget des achats

	Juillet	Août	Septembre	Octobre	Novembre	Décembre
Achat TTC						

Budget des décaissements

	Juillet	Août	Septembre	Octobre	Novembre	Décembre
Achats TTC						
Autres charges						
Salaires et cotisations						
Mensualités d'emprunt						
Total						

Budget de trésorerie

	Juillet	Août	Septembre	Octobre	Novembre	Décembre
Trésorerie initiale	0					
Encaissements						
Décaissements						
Trésorerie finale						

Activité 3 Étudier la rentabilité d'un produit

« NUSDG_18_06 »

Activité sur poste informatique

L'entreprise Fragot commercialise des réfrigérateurs qu'elle fabrique en France. Afin de préparer le lancement du F62, son nouveau modèle, elle souhaite réaliser une étude portant sur sa rentabilité.

1 **Expliquer pourquoi les « salaires et charges sociales » sont présents en charges variables et en charges fixes dans l'annexe 1.**

2 **Réaliser le compte de résultat différentiel (annexe 2).**

3 **Calculer le seuil de rentabilité et la marge de sécurité du modèle F62.**

4 **Commenter vos résultats.**

Annexe 1 Données prévisionnelles pour le modèle F62

Le prix de vente unitaire du F62 serait de 739,00 € HT.

L'entreprise prévoit des ventes annuelles de 2 000 unités du F62. Pour ce niveau de production, elle anticipe les charges suivantes.

Charges variables	
Achats de matières premières	384 800
Fournitures diverses	15 300
Autres achats et charges externes	23 000
Salaires et charges sociales	210 000
Total	**633 100**

Charges fixes	
Autres achats et charges externes	4 500
Impôts et taxes	8 900
Charges financières	12 600
Salaires et charges sociales	640 000
Total	**666 000**

Annexe 2 Compte de résultat différentiel du produit F62

	Montant	Taux
Chiffre d'Affaires		
Charges variables		
Marge sur coût variable		
Charges fixes		
Résultat		

Activité 4 Identifier les conséquences d'un choix du dirigeant sur le résultat de l'entreprise

« NUSDG_18_04 »

Bernadette est exploitante agricole depuis de nombreuses années : elle produit et commercialise un jus de fruits de qualité à partir de pommes provenant de son verger. Son jus de pommes, doux et délicieux, est parfait pour le petit-déjeuner ou le goûter. Il est conditionné dans des bouteilles d'un litre.

Aujourd'hui, elle aimerait transmettre son activité à ses deux filles. Avant de se retirer, il s'agit de prendre une décision stratégique car ses enfants proposent des options différentes. En effet, son aînée Stéphanie, souhaite que l'exploitation se lance dans une production Bio plus haut de gamme, alors que sa cadette Marie considère qu'il faut privilégier une production plus classique, à ses yeux plus rentable.

Le jus de pommes traditionnel

Activité sur poste informatique

1 **Calculer les charges variables unitaires du jus traditionnel (annexe 1).**

2 **Évaluer le montant des charges fixes annuelles.**

3 **Réaliser le compte de résultat différentiel (onglet Partie 1 - NUSDG_18_04) en automatisant les calculs du tableau.**

4 **Déterminer le résultat pour 30 000 bouteilles vendues, puis pour 50 000 bouteilles.**

5 **Bernadette souhaite connaître le seuil de rentabilité en quantité de l'activité jus de pommes. Utiliser la fonction valeur cible de votre tableur. Déterminer le chiffre d'affaires permettant d'obtenir un résultat égal à zéro (annexe 2).**

6 **Avec l'outil valeur cible, calculer à quel prix unitaire, le seuil de rentabilité serait atteint avec une production de 40 000 bouteilles, puis une production de 50 000 bouteilles.**

Annexe 1 Données concernant le jus de pommes traditionnel (production annuelle de 40 000 bouteilles)

Éléments	Éléments chiffrés en euro	Commentaires
Prix de vente	1,80 € le litre	Vente en circuit court.
Matières premières	0,40 € le litre	Pommes, sucre, eau, jus de citron.
Autres achats	0,50 € le litre	Bouteille fraîcheur, capsule, étiquette.
Amortissement des matériels	1 000 € par mois	Presse, cuve, étiqueteuse…
Autres frais	3 500 € par an	Frais financiers, de distribution…
Rémunération de l'exploitant	1 500 € par mois	

Annexe 2 Fonction valeur cible pour définir le seuil de rentabilité

<table>
<tr><th>Avec Excel</th><th>Avec LibreOffice</th></tr>
<tr><td>1. Cliquez sur la cellule indiquant le montant du résultat. Cette cellule à définir doit toujours contenir une formule.</td><td>1. Cliquez sur la cellule indiquant le montant du résultat. Cette cellule à définir doit toujours contenir une formule.</td></tr>
<tr><td>2. Activez l'onglet Données, dans le groupe prévision, cliquez sur Analyse de scénarios, puis sur valeur cible.</td><td>2. Activez l'onglet Outils, cliquez sur Recherche de valeur cible.</td></tr>
<tr><td>

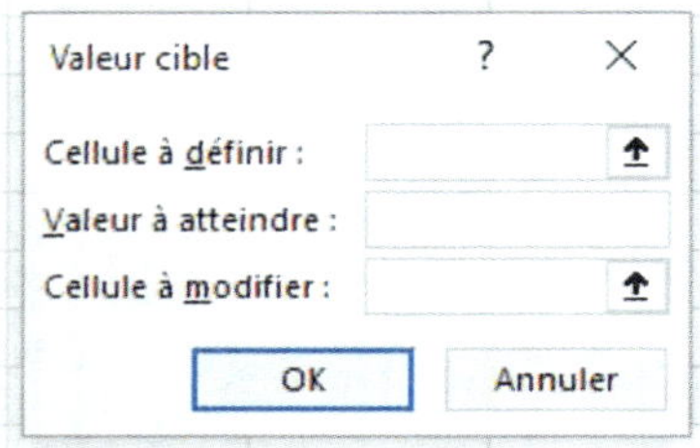

</td><td>

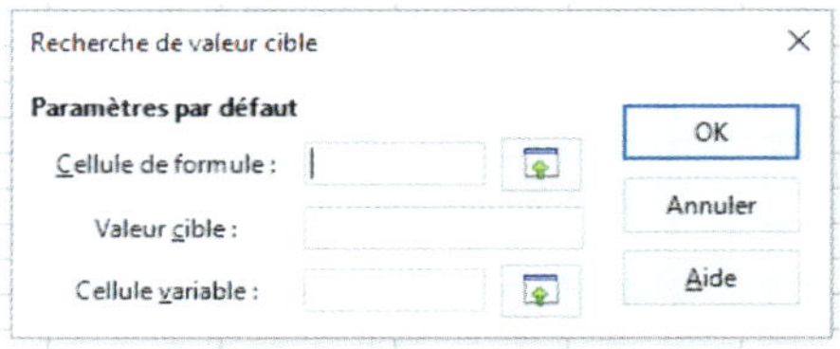

</td></tr>
<tr><td>3. Dans la zone valeur à atteindre, tapez le résultat souhaité lorsqu'on cherche le seuil de rentabilité.</td><td>3. Dans la zone valeur cible, tapez le résultat souhaité lorsqu'on cherche le seuil de rentabilité.</td></tr>
<tr><td>4. Dans la zone cellule à modifier, entrez la référence de la cellule qui contient la valeur que vous souhaitez ajuster (le prix ou la quantité selon l'exercice).</td><td>4. Dans la zone cellule variable, entrez la référence de la cellule qui contient la valeur que vous souhaitez ajuster (le prix ou la quantité selon l'exercice).</td></tr>
</table>

Activité 4 (suite)

Le jus de pommes Bio

7 **En prenant en compte l'annexe 3, calculer le résultat d'une production de 40 000 litres de jus de pommes Bio (onglet Partie 2 - NUSDG_18_04).**

8 **Déterminer le volume de litres de jus de pommes Bio nécessaire pour atteindre le seuil de rentabilité.**

9 **Calculer le seuil de rentabilité et la marge de sécurité. Conseiller Bernadette quant à sa production future.**

10 **Déterminer le prix unitaire de vente qui permettrait de dégager un résultat nul avec une production de 40 000 litres. Montrer que cette information est essentielle pour Bernadette.**

Annexe 3 Incidence du passage au Bio

Le prix de vente d'un litre de jus issu de l'agriculture biologique est estimé à 3 €.

Le prix des matières premières augmenterait de 50 %.

Les autres frais vont progresser de 1 000 €.

Les autres éléments de coût sont inchangés.

THÈME 4

Temps et risque

CHAPITRE 19

LES RISQUES DANS L'AMÉLIORATION DE LA PERFORMANCE

Question » L'amélioration de la performance est-elle sans risque ?

Finalités » Repérer les risques externes auxquels les organisations sont confrontées.
Repérer les risques induits par une décision dans un contexte organisationnel donné.
Apprécier l'incidence du risque sur la performance de l'organisation.
Mesurer les conséquences écologiques de la recherche de performance.

Notions » Facteurs externes : évolution de la demande, cycle de vie, obsolescence, rupture technologique, dépendance énergétique et technologique, approvisionnement, empreinte environnementale.
Facteurs internes de risques liés aux décisions de l'organisation.

Contexte

RENAULT TRUCKS

Créée en 1894, la **SAS RENAULT TRUCKS** est membre du groupe VOLVO depuis 2001. RENAULT TRUCKS est un des leaders mondiaux dans la construction de camions. Présent dans plus de cent pays à travers un réseau de distribution de plus de 1 600 points de vente, RENAULT TRUCKS propose une gamme complète de véhicules industriels et utilitaires. Cette grande entreprise privée produit ses véhicules en France, à Blainville-sur-Orne (Calvados), Bourg-en-Bresse (Ain), Lyon (Rhône) et Limoges (Haute-Vienne) et emploie 10 000 salariés en France sur un total de 14 000 collaborateurs dans le monde.

RENAULT TRUCKS est une entreprise innovante qui mise notamment sur la motorisation électrique et sur les camions connectés pour améliorer ses performances dans les années futures. Ces changements dans la stratégie de l'organisation s'accompagnent de risques internes et externes. Le directeur général de RENAULT TRUCKS France souhaite identifier les différents risques auxquels son entreprise est confrontée et mettre en place des modalités de gestion permettant d'en limiter les conséquences. Kenza, stagiaire dans le service gestion prend en charge cette mission.

Conséquences de la Covid 19

https://eqrcode.co/a/HE3G1s

1 Expliquer la situation des constructeurs automobiles après le confinement lié à la Covid 19.

2 Préciser les risques auxquels pourraient être confrontés ces entreprises par la suite.

Découvrir

I FACTEURS EXTERNES DE RISQUE

1.1 - Cycle de vie du produit

Document 1 — Les phases du cycle de vie du produit

Le cycle de vie du produit comporte quatre phases avec une durée plus ou moins longue selon la nature du produit.

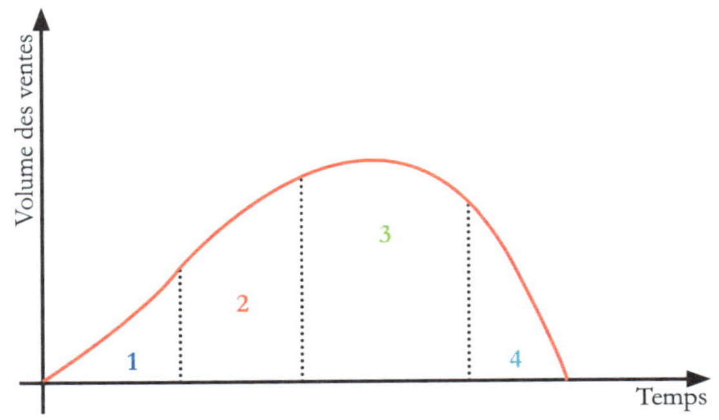

1 **Indiquer le nom des phases *(maturité - déclin - lancement - croissance)* avec les caractéristiques décrites dans le tableau ci-dessous.**

N°	Phases	Caractéristiques
1		Coûts de production élevés et volume des ventes faible. L'entreprise fait des pertes. Concurrence faible.
2		Augmentation des ventes et du nombre de clients. Les coûts se réduisent par l'apparition d'économies d'échelles. Les profits apparaissent. Concurrence plus importante.
3		Le produit est « installé » sur son marché. Tendance à la baisse des prix et à l'augmentation des coûts de promotion commerciale du fait de la concurrence. Les coûts de production demeurent plus faibles qu'à l'origine. Les profits sont importants mais stagnent.
4		Le chiffre d'affaires et les profits diminuent. De nouveaux produits de remplacement apparaissent. Les raisons peuvent être multiples : l'obsolescence, la disparition du besoin ou la lassitude du client.

Document 2 — Renault Master ZE

Le Renault Master ZE, utilitaire 100 % électrique est désormais disponible dans le réseau Renault Trucks. [...] Renault Master ZE est doté d'une autonomie réelle de 120 km et six heures seulement sont nécessaires pour une charge complète. Les batteries ayant été placées sous les sièges avant, le volume de chargement du Renault Master ZE est identique à celui d'un Renault Master diesel[1].

Communiqué 2018, https://corporate.renault-trucks.com/fr

[1] ***Le Renault Trucks Master Diesel*** *est produit depuis 2010. Sur ce marché, Renault Trucks cohabite avec de nombreux concurrents. Les principaux sont le groupe PSA, Fiat et Mercedes-Benz.*

Document 3 — Renault Trucks prépare la transition vers l'électrique depuis dix ans

Depuis plus de dix ans, le constructeur expérimente des camions électriques avec des clients partenaires afin de récolter des informations fondamentales sur l'usage, le comportement des batteries, les infrastructures de recharge et la maintenance des camions électriques.
« Il y a dix ans, nous étions les premiers à démarrer avec pour objectif d'ouvrir la voie du camion électrique pour améliorer la qualité de l'air en ville », explique Bruno Blin, président de Renault Trucks. « Aujourd'hui, notre gamme de véhicules électriques est performante et les experts de notre réseau sont prêts à accompagner nos clients dans leur transition vers l'électromobilité. Il y a dix ans nous démarrions, aujourd'hui, nous sommes prêts ».

Communiqué 2018, https://corporate.renault-trucks.com/fr

Document 4 **L'extrait d'un communiqué de presse de Renault Trucks du 09/07/2018**

Si, pour Renault Trucks, l'électromobilité s'est imposée très tôt comme étant la réponse à la problématique de la qualité de l'air et des nuisances sonores en ville, s'agissant du transport routier de longue distance, le constructeur français est convaincu que le diesel restera pour de longues années encore l'énergie dominante. C'est pourquoi Renault Trucks poursuit ses recherches pour améliorer l'efficacité énergétique des camions diesel. […]

Communiqué 2018, https://corporate.renault-trucks.com/fr

2 **Repérer, en complétant le tableau ci-dessous, dans quelle phase du cycle de vie du produit se situent les véhicules Renault Master ZE et Renault Master Diesel. Justifier en s'appuyant sur les documents 1 à 4.**

	Renault Master ZE	Renault Master Diesel
Phases		
Justifications		

1.2 - Rupture technologique

3 **Montrer en quoi le choix de la motorisation électrique pourrait créer une rupture technologique.**

Une rupture technologique intervient quand une nouvelle technologie supplante puis remplace les technologies en place sur un marché. Elle vient donc améliorer les performances d'un produit ou d'un service dans un marché déjà existant.

1.3 - Obsolescence

4 **Déterminer si la motorisation Diesel des véhicules industriels et utilitaires est frappée d'obsolescence.**

L'obsolescence est le fait pour un produit d'être dépassé, périmé. Un produit obsolète peut être neuf et en parfait état de fonctionnement mais contenir une technologie ancienne ou tout simplement être démodé.

5 Donner au directeur général des exemples de produits devenus obsolètes pour illustrer ce phénomène.

1.4 - Évolution de la demande

Document 5 **À la reconquête des marchés internationaux**

[…] À l'international, Renault Trucks est essentiellement actif en Afrique et au Moyen-Orient. En 2017, les volumes[1] ont reculé de - 4 % avec 4 886 unités facturées. Un repli qui s'explique par l'introduction de quotas d'importation en Algérie. Renault Trucks reste néanmoins leader du marché des constructeurs européens en Afrique francophone, atteignant 40 % de parts de marché en Algérie sur le segment des plus de 16 tonnes.

Renault Trucks a également augmenté ses volumes de + 40 % en Turquie, dans un marché qui reste déprimé[2]. Le constructeur y a ouvert en 2017 quatre nouveaux points de vente et de service, à Izmir, Istanbul, Denizli et Ankara.

En Iran, Renault Trucks a renouvelé sa coopération avec Arya Diesel Motors portant sur l'importation des gammes T, C, K et l'assemblage de la gamme T. […]

Enfin, 2017 a également été marquée par le lancement des gammes T, C et K au Chili. […]

Communiqué 2017, https://corporate.renault-trucks.com/fr

[1] Volumes de vente, quantités vendues
[2] Marché en baisse

6 Déterminer en quoi l'évolution de la demande sur les marchés internationaux est un risque externe (en provenance de l'environnement).

7 Repérer les éléments menaçant la demande de produits Renault Trucks sur les marchés Algérien et Turc.

8 Relever la décision prise par Renault Trucks sur le marché Turc pour améliorer ses performances dans ce contexte.

9 Qualifier la performance évoquée dans le document 5.

1.5 - Empreinte écologique

Document 6 **Qu'est-ce que l'EcoCalculator ?**

Grâce à l'EcoCalculator de Renault Trucks, vous pouvez évaluer l'impact environnemental d'un véhicule Renault Trucks ou d'une flotte ainsi que le gain financier que peut représenter une baisse de la consommation de carburant.
En fonction des paramètres que vous saisissez (type d'énergie [...], type de véhicule, consommation, distance), l'EcoCalculator vous permet de réaliser les 3 simulations suivantes :

- **calculer l'empreinte environnementale** de votre (ou vos) véhicule(s) (en CO_2, CO, NO_x, HC, particules) et le bénéfice d'une baisse de la consommation de votre flotte sur votre budget et sur l'environnement ;
- **calculer les quantités de CO_2 émises** lors d'une prestation de transport conformément à la législation française en vigueur depuis le 1er octobre 2013 ;
- **calculer le coût des émissions de polluants** et de l'incidence énergétique des véhicules pour répondre aux appels d'offres publics en Europe (Directive EU 2009/33/CE).

Vous pouvez sauvegarder vos simulations et les envoyer par e-mail à votre correspondant.

https://ecocalculator.renault-trucks.com/fr

L'empreinte écologique est l'estimation de la superficie dont la terre a besoin pour subvenir aux besoins des individus. Elle dépend de leur mode de vie.

10 **Déterminer les risques auxquels sont confrontés les clients de Renault Trucks ne prenant pas en compte leur empreinte écologique.**

1.6 - Dépendances énergétique et technologique

Document 7 **L'extrait d'une conversation téléphonique entre Yacine, commercial Renault Trucks et un client**

Yacine : La nouvelle version du Renault Trucks D Wide est plus aérodynamique et son nouveau moteur est moins gourmand en carburant.
Le client : Avec l'augmentation du prix de l'énergie et des taxes, c'est déjà une bonne nouvelle...
Yacine : Le modèle est également équipé d'un nouveau système d'aide à la conduite et d'un régulateur de vitesse. Celui-ci va maintenir automatiquement une distance minimum avec le véhicule qui le précède.
Le client *(inquiet)* **:** C'est le camion qui conduit tout seul ? Vous pouvez en prendre le contrôle ?
Yacine *(souriant)* **:** Le camion est autonome, vous pouvez reprendre la main à tout moment très simplement.
Le client : Vous me rassurez !
Yacine : L'ensemble de ces améliorations permet une forte réduction de la consommation, c'est avantageux.
Le client : Il est disponible en Biodiesel ?
Yacine : Bien sûr et en version gaz naturel également.

11 **Identifier les deux facteurs de dépendance qui inquiètent le transporteur de marchandises, client de Renault Trucks.**

12 **Dégager, pour le client, les conséquences d'une trop forte dépendance énergétique en termes de performance.**

1.7 - Approvisionnement

Le directeur général explique à Kenza l'importance de la maîtrise de la chaîne d'approvisionnement. Il considère que sa performance est liée aux actions de ses fournisseurs et souhaite faire l'état des lieux des différents risques auxquels ils pourraient être confrontés.

L'approvisionnement consiste, pour une organisation, à se faire livrer par un fournisseur les marchandises, les matières premières ou les services utiles à son fonctionnement.

Document 8 — Les risques externes de la chaîne d'approvisionnement

Le risque financier : c'est la possibilité que le fournisseur soit insolvable ou fasse faillite.

Le risque de responsabilité sociale des entreprises (RSE) : le fournisseur ne respecte pas l'éthique, l'environnement, la sécurité de ses salariés…

Le risque juridique : est lié aux relations contractuelles avec le fournisseur.

Le risque politique : les troubles politiques locaux ou internationaux nuisent aux achats.

Le risque de défaillance du fournisseur : peut être dû à un problème de qualité, des conflits sociaux, des retards…

13 **Indiquer, pour chaque situation du tableau ci-dessous, le type de risque correspondant.**

Situations	Types de risque
Le transporteur chargé des boîtes de vitesses tarde à livrer. Monsieur Martin se sent otage de sa relation avec son fournisseur (contrat à long terme).	
L'insolvabilité du fournisseur de moteur Euro 6 pourrait causer des retards de livraison.	
Le Royaume-Uni a décidé de se retirer de l'Union européenne (Brexit), créant ainsi un climat d'incertitude économique, financière et géopolitique, qui peut avoir un impact sur nos approvisionnements.	
Renault Trucks découvre que son fournisseur italien ne respecte pas le droit du travail pour ses salariés.	
Des citoyens protestent contre le gouvernement et bloquent les camions du transporteur.	

II FACTEURS INTERNES DE RISQUE

Le directeur général a prévu une réunion demain pour aborder les différents risques liés aux ressources internes de l'entreprise. Il se focalise sur les ressources humaines et financières qui le préoccupent principalement.

Kenza est chargée de prendre des notes.

Document 9 L'extrait de l'entretien avec la directrice financière, Madame Hazan

Mme Hazan : l'investissement dans notre nouveau centre de R&D de Lyon est financé. Vous pouvez l'annoncer officiellement.

M. le directeur général : 33 millions d'euros permettront de préparer la marque aux nouvelles innovations. Espérons que cet investissement portera ses fruits et sera rentable à terme.

Mme Hazan : l'inauguration est prévue pour le premier semestre 2021. Nos équipes pourront travailler dans de bonnes conditions pour lancer de nouveaux projets.

Document 10 Le courriel de la responsable RH

Monsieur le directeur général,
Dans le cadre du projet de centre R&D, Madame Hamelin, notre ingénieure spécialisée dans la motorisation électrique, m'indique qu'elle ne souhaite pas déménager du Calvados pour Lyon. Elle souhaiterait être réaffectée à un autre poste.

Document 11 L'extrait d'un tract syndical

Alors que la direction de Renault Trucks accepte de revaloriser les salaires de 2 %, elle oublie que ses profits ont explosé cette année. Nous vous appelons à un rassemblement devant l'usine vers 17 h pour protester collectivement.

14 Identifier les risques internes que doit prendre en compte le directeur général.

15 Déterminer des solutions à apporter à Renault Trucks pour éviter de perdre le savoir-faire de Madame Hamelin avec l'arrivée de son successeur.

16 Présenter les conséquences d'un mauvais choix lors du recrutement du successeur de Madame Hamelin.

À RETENIR

LES RISQUES DANS L'AMÉLIORATION DE LA PERFORMANCE

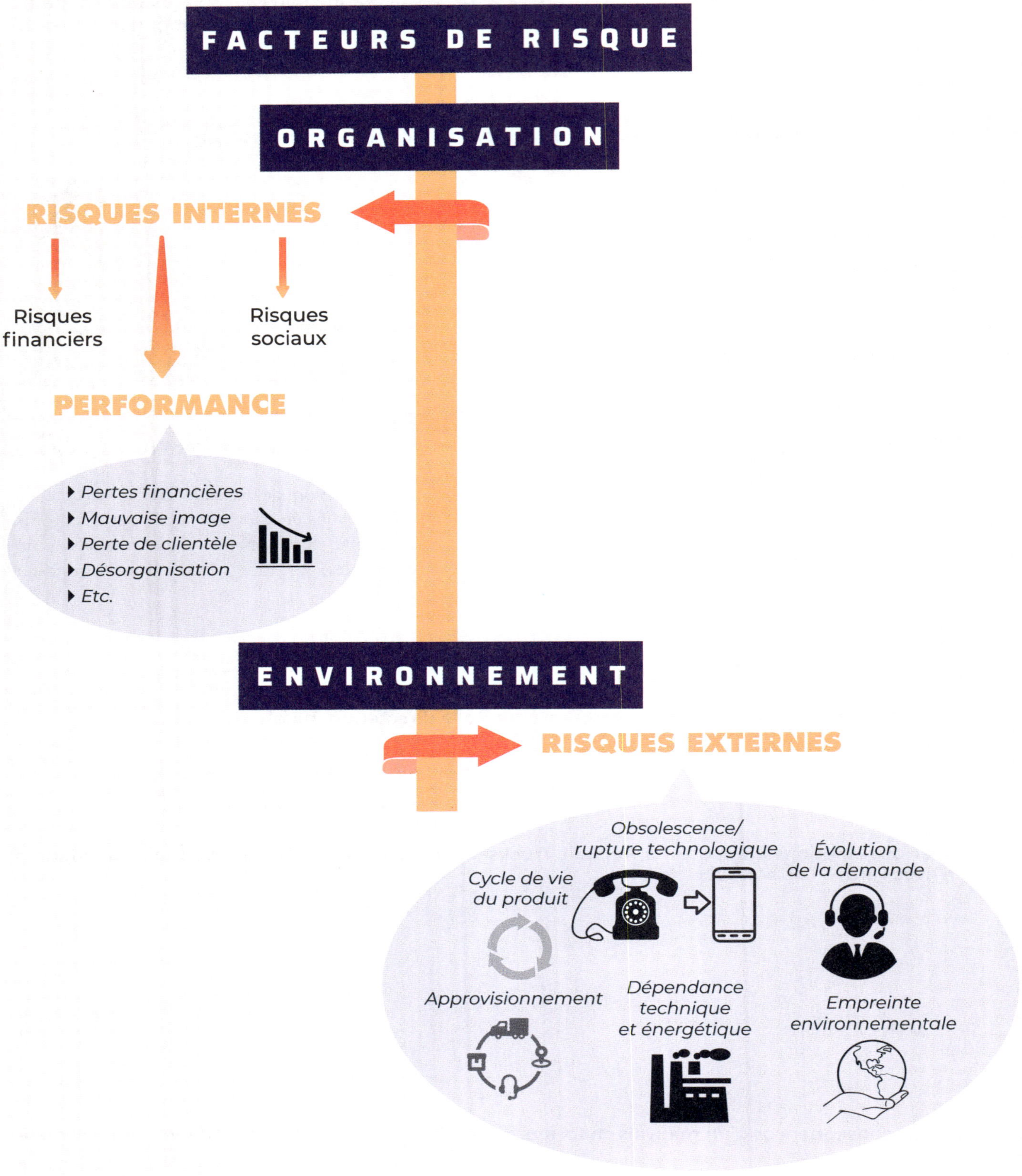

LIEN AVEC LE MANAGEMENT

Ressources humaines et financières • Décisions stratégiques • Décisions opérationnelles • Transformations numériques • Mutations écologiques • Responsabilité sociétale des entreprises • Diagnostic interne • Diagnostic externe • Conflits et consensus • Chaîne de valeur

Tester ses connaissances

Se tester en ligne
https://eqrcode.co/a/smAofH

Qui est quoi ?

Associer chaque élément aux risques correspondants.

- **Un conflit social dans l'entreprise**
- **De la neige sur les routes**
- **Une hausse des taxes sur le carburant**
- **Une nouvelle technologie émerge**
- **Un accident dans l'usine**
- **Un emprunt important est réalisé**

- **Risque interne**
- **Risque externe**

Sélectionner la (ou les) bonne(s) réponse(s)

1. La phase du cycle de vie du produit qui correspond au risque d'obsolescence est :

- **a.** la maturité.
- **b.** le déclin.
- **c.** le lancement.

2. Une rupture technologique :

- **a.** est le fait pour un produit d'être périmé.
- **b.** intervient suite à l'arrivée d'une technologie nouvelle.
- **c.** diminue les performances d'un produit.
- **d.** améliore les performances d'un produit.

3. L'évolution de la demande est un risque qui influence la performance de façon :

- **a.** toujours positive.
- **b.** toujours négative.
- **c.** positive ou négative.

4. Un risque social non géré peut provoquer :

- **a.** du turnover.
- **b.** une perte de productivité.
- **c.** une grève.
- **d.** de l'obsolescence.

Rédiger sa synthèse

1. Quelle est la différence entre les risques externe et interne ?
2. Quelles sont les quatre phases du cycle de vie du produit ?
3. Quelles sont les définitions des notions suivantes : rupture technologique, obsolescence et approvisionnement ?
4. Pourquoi, selon vous, l'évolution de la demande est-elle un risque externe ?
5. Quel est l'intérêt, pour l'organisation, de surveiller son empreinte écologique ?
6. Quels sont les deux types de dépendances constituant des risques externes ?
7. Quelle présentation des facteurs de risque externe pouvez vous proposer ?

Se mettre en activité

Activité 1 Repérer le cycle de vie des consoles Nintendo

Nintendo est une firme multinationale japonaise présente sur le marché des consoles et des jeux vidéo. L'organisation possède des licences célèbres comme Mario ou Pokémon et se place comme un des leaders de son marché.

1. **Identifier, dans le tableau ci-dessous, la phase de cycle de vie dans laquelle se situent les consoles Nintendo.**

2. **Dégager l'intérêt, pour Nintendo, d'analyser le cycle de vie de ses produits.**
3. **Justifier le lancement par Nintendo d'une nouvelle console portable : la Switch Lite.**
4. **Caractériser le risque externe ayant favorisé le remplacement de la DS par la 3DS. Conclure sur l'obligation pour une entreprise de renouveler ses produits.**

Console	Phases	Justifications
Switch		
3DS		
Switch Lite		

Annexe 1 Ventes mondiales de consoles Nintendo (07/05/2020)

Switch : 55,77 millions

3DS : 75,77 millions

Switch Lite : 6,29 millions

Données site Nintendo

Annexe 2 Ventes de cartouches de jeux

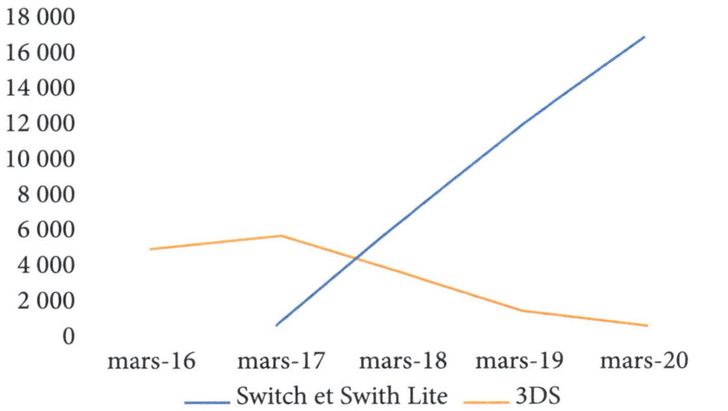

En dizaine de milliers

Données site Nintendo

Annexe 3 Date de sortie des consoles

Switch : mars 2017
3DS : février 2011
Switch Lite : septembre 2019

Données Wikipédia

Annexe 4 La technologie 3DS

En 2010, Nintendo révolutionne le marché des consoles portables une nouvelle fois avec sa 3DS. Son affichage 3D sans lunettes semble révolutionnaire pour l'époque. La 3DS vient remplacer la DS classique qui avait été un succès en son temps.

Activité 2 Étudier le risque d'approvisionnement

Prendre connaissance de l'**annexe** puis analyser la situation en traitant les questions.

1. **Identifier le risque auquel a été confronté Tavola, le client de Spanghero et ses impacts.**
2. **Déterminer l'incidence probable de ces risques sur la performance commerciale de Tavola.**
3. **Proposer à Tavola des solutions pour pallier ces risques dans l'avenir.**

Annexe Le scandale de la viande de cheval

Poursuivi pour escroquerie en bande organisée et tromperies, J. P., l'ancien directeur de l'entreprise de fabrication de viandes Spanghero, est soupçonné d'avoir vendu entre 2012 et 2013 plus de 500 tonnes de cheval comme étant du bœuf au fabricant de plats préparés Tavola, dans une entente frauduleuse avec un négociant néerlandais J. F. Le parquet de Paris a requis mardi trois ans de prison, dont deux avec sursis à l'encontre de J. P. et contre J. F., quatre ans de prison avec mandat d'arrêt ont été requis.

Le parquet a aussi demandé leur interdiction définitive d'exercer dans la viande en France et, pour J. P., la confiscation de plus de 870 000 euros. Dans cette affaire, « l'une des plus importantes fraudes alimentaires de ces dernières années », « la traçabilité a été méticuleusement torpillée » dans des entrepôts néerlandais puis en France chez Spanghero, a fustigé la procureure.

Pour l'accusation, une fraude « organisé de concert »

Pour la représentante de l'accusation, les prévenus de ce dossier « ont organisé de concert » la fraude dans laquelle les deux hommes avaient un intérêt économique « tout particulier ». Selon le parquet, le négociant en viandes J. F. achetait du cheval roumain ou canadien, ensuite dépouillé de ses étiquettes dans les frigos néerlandais de son bras droit [...] La viande partait ensuite pour l'ex-entreprise Spanghero à Castelnaudary (Aude), sans plus aucune mention explicite de l'espèce « cheval » ou de la provenance canadienne – synonyme de cheval – d'une partie de la marchandise.

Chez Spanghero, J. P. et le directeur de l'usine P. M. « brouillaient encore plus la traçabilité », selon la magistrate, en apposant des étiquettes laissant croire que la viande était transformée sur place. Elle était enfin expédiée à Tavola étiquetée comme du bœuf, plus cher que le cheval. J.P. et J. F. réfutent chacun les accusations et se renvoient la faute. Mais pour l'accusation, la marge « tout à fait exceptionnelle » qu'ils ont réalisée « sur le dos de Tavola » constitue « quasiment la signature de l'escroquerie ».

La procureure a requis 18 mois avec sursis contre H.W. et deux ans avec sursis et 10 000 euros d'amende contre P. M. Selon la magistrate, il n'est pas certain que les prévenus aient réalisé « les effets catastrophiques qu'ils ont engendrés en chaîne » pour le secteur des plats cuisinés et la filière viande.

Dépêche AFP parue sur Lavoixdunord.fr, 12/02/2019

Activité 3 Analyser le risque social

Prendre connaissance de l'**annexe** puis analyser la situation en traitant les questions.

1 **Repérer les conséquences induites par les décisions des directions de ces magasins Lidl.**

2 **Apprécier l'incidence du risque social sur la performance de ces magasins.**

Annexe Les salariés d'une trentaine de magasins Lidl de Bretagne en grève : « On n'en peut plus »

Cadences trop soutenues, flux de plus en plus tendus, arrêts maladie à la chaîne… Les salariés d'une trentaine de magasins Lidl de Bretagne ont décidé mercredi d'entamer une grève.

Un mouvement social massif et inédit a démarré en milieu de semaine dans une trentaine de magasins Lidl de Bretagne. Il se concrétise par des grèves totales sur une journée complète, ou des débrayages de plusieurs heures. Les salariés dénoncent des conditions de travail épuisantes, le flux tendu et le chronométrage. Les arrêts maladie se multiplient.

« On n'a jamais connu ça à ce point-là ». Dans le magasin Lidl où travaille A., un salarié sur quatre est en arrêt maladie. « On n'en peut plus, on est à plat, à bout de forces », lâche-t-elle au micro d'Europe 1. Cette salariée dénonce le « manque de bras », « la fatigue » liée aux « heures supplémentaires ». « On n'a jamais connu ça à ce point-là », assure-t-elle. En rentrant après une journée de travail, elle décrit une fatigue morale, mais aussi physique. « On ressent des douleurs un peu partout », confie A. […]

Autre point de crispation, qui conduit à l'épuisement psychologique : dans certains magasins, un classement du meilleur au moins bon salarié est affiché en permanence.

www.europe1.fr

Activité 4 Identifier un risque pour l'organisation

Télétravail : les cyberattaques se multiplient

1 **Préciser si le risque présent dans la vidéo est interne ou externe. Justifier.**

2 **Identifier les conséquences de ce risque sur la performance de l'organisation.**

https://eqrcode.co/a/HU0LpC

Cas pratique 4 Temps et risque

Bliss Chaussures

Vos outils

Activité sur poste informatique

Un tableur (facultatif)
La feuille de calcul : « NUSDG_CAS_04_01 »

La mise en situation

Créée en 1952, la société **Bliss Chaussures** située à Remire-Montjoly en Guyane emploie 23 salariés. L'entreprise conçoit et fabrique des chaussures pour femme dans un marché fortement touché par les délocalisations. Actuellement, les chaussures commercialisées sous la marque « Bliss » misent sur la qualité et la fabrication « made in France ». Ce positionnement haut de gamme et sa situation géographique lui permettent un développement international croissant. Bliss Chaussures réalise depuis 3 ans plus de 60 % de ses ventes à l'étranger.

Alicia, la petite fille du fondateur de la marque est désormais la dirigeante de cette SARL au capital de 250 000 €. Elle prépare activement le lancement de son ambitieuse nouvelle collection dont le concept est axé sur des semelles personnalisées aux besoins des clientes. Cette innovation nécessite d'investir dans des machines coûteuses et un échec commercial pourrait être synonyme de restructuration voire de fermeture de l'usine française.

Pour permettre la réussite de cette stratégie, plusieurs décisions ont été prises :
- lancer une nouvelle collection ;
- recruter une nouvelle salariée (Océane) en CDI pour gérer la communication, cette tâche est assurée par la responsable des ressources humaines ;
- commander des cartes de visite pour Océane.

QUESTION 1 : Établir la fiche d'identité de l'entreprise Bliss Chaussures à partir de la grille ci-dessous..

Fiche d'identité de Bliss Chaussures	
Type	
Statut	
Siège social	
Nationalité	
Secteur d'activité	
Taille	
Champ géographique	

QUESTION 2 : Repérer l'horizon et le type des trois décisions du contexte. Justifier.

QUESTION 3 : Identifier les facteurs de risques internes et externes auxquels est confronté Bliss chaussures.

Alicia consciente des risques liés au lancement de sa collection souhaite déterminer le chiffre d'affaires minimum lui permettant de ne pas réaliser de pertes. Le directeur commercial lui a transmis des hypothèses à étudier (annexe 1).

QUESTION 4 : Évaluer le montant des charges variables et fixes engendrées par la production de la nouvelle collection (annexe 2).

QUESTION 5 : Établir le compte de résultat différentiel (annexe 3).

QUESTION 6 : Déterminer le seuil de rentabilité de la nouvelle collection et le nombre de paires de chaussures correspondant à ce niveau de chiffre d'affaires. Commenter.

QUESTION 7 : Identifier si la marge de sécurité est suffisante dans le cadre de l'hypothèse moyenne. Commenter.

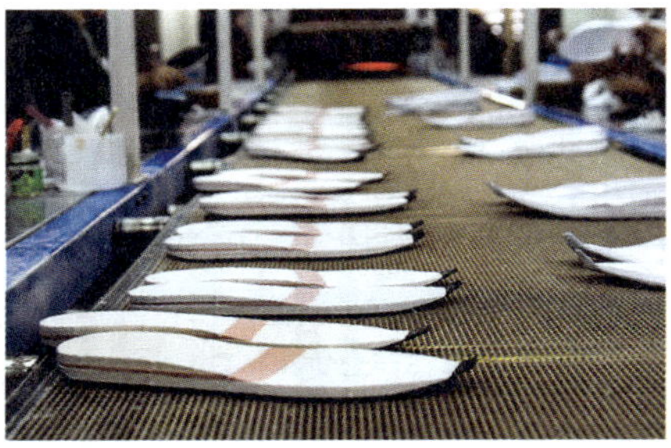

Pour lancer sa nouvelle collection innovante avec semelles personnalisées, **Bliss chaussures** doit se munir de nouvelles machines. Elles serviront également pour la fabrication des cinq années à venir. Cette entreprise est financièrement très saine et sa banque lui fait confiance.
Alicia, la dirigeante souhaite emprunter 40 000 € sur 3 ans.
Le coût de l'emprunt (les intérêts) sera de 900 € la première année, 550 € la seconde et 325 € la dernière pour un total de 1 775 €.

QUESTION 8 : Calculer le coût total actualisé de cet emprunt (taux d'actualisation de 3 %). Expliquer la différence de montant avec le coût total non actualisé.

QUESTION 9 : En sachant que les décaissements liés aux achats et autres charges représentent 50 % du montant des ventes, compléter le budget prévisionnel (annexe 4). Commenter la situation financière de l'entreprise.

Océane est chargée d'organiser un évènement promotionnel pour lancer la nouvelle collection. Diverses tâches sont à prévoir et elle souhaite réaliser un diagramme pour s'organiser. L'organisation de cette soirée débute le 10 mai.

QUESTION 10 : À partir de l'annexe 5, déterminer dans l'annexe 6, la date à laquelle toutes les tâches pourront être effectuées.

QUESTION 11 : Déterminer les conséquences d'un retard de deux journées pour la tâche B.

QUESTION 12 : À partir de vos connaissances et de la situation de gestion de **Bliss Chaussures,** vous répondrez en une page de façon structurée à la question suivante : la recherche de l'efficacité en gestion nécessite-t-elle une prise en compte du temps et du risque ?

Annexe 1 Note du directeur commercial

En se basant sur un prix moyen de 150 € HT par paire de chaussures, nous pensons vendre en moyenne 6 600 paires de la nouvelle collection les 6 mois de la saison. Toutefois, si les événements commerciaux prévus pour le lancement sont un succès, nous pouvons envisager une hypothèse haute de 7 500 paires.

Annexe 2 Répartition des montants de charges variable et fixe (en milliers d'euros) pour 6 600 paires

Éléments	Observations	Montant	Montant variable	Montant fixe
Matières premières	Proportionnelles à l'activité.	450		
Énergie	60 % de la charge est fixe.	50		
Impôts et taxes	La totalité est fixe.	20		
Charges de personnel	Aucun salaire variable.	400		
Autres charges	50 % de la charge est fixe.	40		
	Totaux	**960**		

Annexe 3 Compte de résultat différentiel (en milliers d'euros)

	Hypothèse moyenne (6 600 paires)		Hypothèse haute (7 500 paires)	
Éléments	**Montant**	**% de chiffre d'affaires**	**Montant**	**% de chiffre d'affaires**
Chiffre d'affaires				
Charges variables				
Marge sur coût variable				
Charges fixes				
Résultat				

Annexe 4 Budget prévisionnel

Le budget des encaissements	Janvier	Février	Mars	Avril	Mai	Juin
Ventes	78 600	232 000	247 600	213 400	188 400	198 000
Emprunt	40 000					
Total	**118 600**	**232 000**	**247 600**	**213 400**	**188 400**	**198 000**

Le budget des décaissements	Janvier	Février	Mars	Avril	Mai	Juin
Achats et autres charges						
Salaires et cotisations	66 667	66 667	66 667	66 667	66 667	66 667
Mensualités d'emprunt	1 200	1 200	1 200	1 200	1 200	1 200
Total						

Le budget de trésorerie	Janvier	Février	Mars	Avril	Mai	Juin
Trésorerie initiale	500					
Encaissements						
Décaissements						
Trésorerie finale						

Annexe 5 Planification de la soirée de « lancement de la collection »

Étapes	Nature	Étapes antérieures	Durée en jours
A	Réserver l'emplacement.	-	2
B	Commander au traiteur.	A	1
C	Préparer les outils de communication.	A	2
D	Promouvoir la soirée (presse, web…).	C	5
E	Envoyer les invitations.	D	1
F	Organiser et former le personnel.	D	7
G	Décorer et préparer la salle.	F	2

Annexe 6 Diagramme de Gantt du mois de mai (en jours)

Étapes	10	11	12	13	14	15	16	17	18	19	20	21	22	23	24	25	26	27
A																		
B																		
C																		
D																		
E																		
F																		
G																		

GRAND QUIZ https://eqrcode.co/a/FXe0Jh

Testez et évaluez-vous sur tout le THÈME 4

S'exercer à la recherche de l'information pour traiter une problématique

Objectifs

- Apprendre à formuler une problématique.
- Savoir rechercher des informations permettant de répondre à la problématique.
- Sélectionner les documents selon leurs qualités.
- S'entraîner à la rédaction d'une synthèse structurée.
- Se préparer à une soutenance orale.

ÉTAPE 1 » Dégager une problématique

1 Fiche méthode

1. Sélection d'un thème

Procéder à une recherche pour définir les thèmes suivants :

- **Thème 1 :** La réalité augmentée et les organisations
- **Thème 2 :** L'engagement des collaborateurs
- **Thème 3 :** La communication de crise

Choisir le thème qui vous convient le plus.

2. Chercher la problématique

- Réaliser un remue-méninges (QQOQCP ou une carte mentale) sur le thème choisi pour mieux analyser le sujet.
- Formuler la problématique.

ÉTAPE 2 » Rechercher des informations disponibles

2 Fiche méthode

1. Sur internet

- Identifier le besoin d'information en décomposant la problématique et en la reformulant avec des synonymes ou expression équivalente. Si la problématique contient le mot « conséquence », il est possible de le remplacer par les mots suivants : résultats, impact, effet…
- À partir des résultats de la réflexion précédente, écrire au moins quatre combinaisons de mots-clés pour la recherche sur internet.
- Définir une période correspondant à l'actualité de recherche.
- Procéder à la recherche : il est possible de trouver des documents de différentes natures tels que des vidéos, des photos, des graphiques, des articles de presse…
- Sélectionner les ressources qui seront les plus pertinentes, fiables et actuelles : réaliser un tableau permettant d'évaluer ces critères et d'expliquer pourquoi vous avez retenu la ressource.

2. Au CDI

- Consulter le moteur de recherche de l'établissement.
- Se rendre au CDI pour lire les ressources sélectionnées.
- Sélectionner un document pertinent, fiable et actuel, à l'aide d'un tableau de sélection de l'information permettant d'évaluer ces critères et d'expliquer pourquoi vous avez retenu le document.

ÉTAPE 3 » Créer sa propre information

5 Fiche méthode

Pour compléter les informations trouvées précédemment, il est possible de s'entretenir avec un professionnel.

Pour cela, il est nécessaire de :
- préparer sa prise de rendez-vous par téléphone ou par e-mail ;
- réfléchir aux questions à poser : guide d'entretien ;
- adopter une conduite professionnelle lors de l'entretien (politesse, ponctualité…).

ÉTAPE 4 » Répondre à la problématique

3 Fiche méthode

- Relire vos documents et surligner les idées qui semblent essentielles pour répondre à la problématique.
- Rédiger, dans un plan détaillé, une réponse à la problématique grâce aux informations sélectionnées.
- Faire le lien entre chaque idée développée et le document duquel provient l'information, pour appuyer l'argumentation développée (il ne s'agit pas de copier-coller des phrases provenant de document mais de reformuler le sens général pour faire du lien entre les idées développées).

ÉTAPE 5 » Préparer son oral

4 Fiche méthode

- Structurer votre oral en élaborant un plan permettant de mettre en valeur le travail réalisé précédemment.
- Organiser votre oral en réalisant une fiche contenant les idées à développer dans chaque partie de votre plan, les documents à montrer...
- Préparer les supports numériques utiles pour soutenir votre oral.
- Répéter l'oral pour ainsi effectuer les corrections nécessaires, s'adapter au temps imposé, être plus à l'aise.

Grille d'évaluation de l'entraînement oral

Nom/Prénom de l'élève interrogé : **Nom/Prénom de(s) la personne(s) évaluatrice(s) :**

À évaluer	Critères	++	+	-	--
Contenu de la présentation	Plan adapté et cohérent.				
	Description complète du travail effectué.				
	Qualité et pertinence des informations restituées.				
	Analyse des informations collectées.				
	Maîtrise des savoirs et savoir-faire.				
Aptitude à communiquer	Prise de distance par rapport aux notes.				
	Argumentation et expression de bonne qualité.				
	Posture et relationnel adéquat pendant l'entretien.				
	Utilisation pertinente de documents supports.				
Usage du numérique	Pertinence des technologies mobilisées.				
	Qualité des résultats présentés.				
	Lisibilité, clarté des supports numériques utilisés.				
Gestion de l'entretien	Respect du temps imposé pour l'exposé : .... minutes.				
	Pertinence des réponses aux questions posées.				

BILAN DE L'ORAL : Très bien ❑ Bien ❑ Assez bien ❑ Passable ❑ Insuffisant ❑

OBSERVATIONS ET CONSEILS POUR S'AMÉLIORER :

Fiche méthode 1

Dégager une problématique

1 » Trouver une problématique

- La problématique doit se rapporter au thème choisi.
- Une problématique présente un problème sous différents aspects concernant un domaine de compétences particulières.
- Une problématique doit ouvrir un débat et amener à s'interroger sur un sujet. On ne doit pas répondre à une problématique par ***« Oui »*** ou ***« Non »***.
Exemple : « Êtes-vous en classe de 1re ? » → ***oui*** ou *« Les élèves de 1re STMG étudient-ils la philosophie ? »* → ***non*** ! ne sont pas des problématiques.
- La réponse à la problématique peut s'appuyer sur une ou plusieurs organisations.

2 » Réaliser un remue-méninges

- L'objectif est de **rédiger une réponse à la problématique** : pour cerner le sujet et le délimiter, il convient de se poser des questions.
- Pour cela, il est judicieux d'utiliser des méthodes de **remue-méninges** pour explorer le sujet et guider la réflexion. Plusieurs méthodes existent dont :

1. La méthode QQOQCP

- Elle consiste, pour mieux appréhender le sujet, à se poser un ensemble de questions.

Qui ?	Qui est concerné par le problème, le résultat, la mise en œuvre ?
Quoi ?	Quel est le problème ?
Où ?	Où le problème apparaît-il ? À quel stade des processus a-t-il lieu ?
Quand ?	Depuis quand le problème existe-t-il ? Quand apparaît-il ?
Comment ?	Comment se produit le problème ? Dans quelles circonstances ?
Pourquoi ?	Pourquoi le problème se pose-t-il ? Quelles sont ses causes ?

2. La carte mentale

- Une carte mentale est un diagramme qui représente graphiquement le **schéma de la pensée** d'une personne. Cela permet **d'exprimer ses idées** en créant des liens entre elles.
- Le principe est de mettre le **thème principal au centre de la feuille** en le représentant par un mot, puis de développer des branches comportant les idées se rapportant au thème.

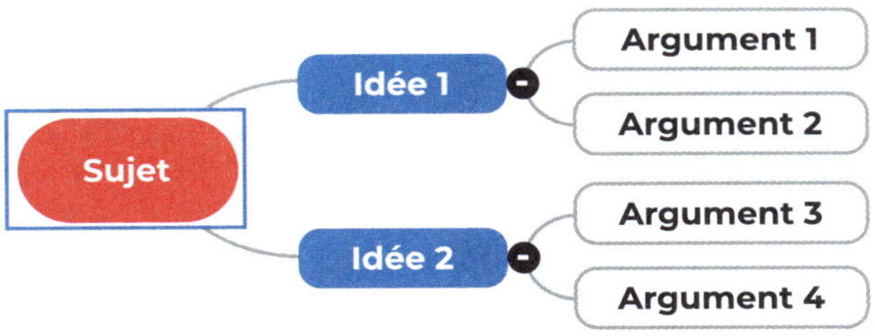

Fiche méthode 2

Rechercher et sélectionner des informations

1 » Rechercher des documents sur le web

- Avant de démarrer la recherche des informations, déterminer les **mots-clés** qui seront utiles pour trouver des informations sur **internet**.
- La liste des mots-clés se fait **à partir du sujet**, ou de la **carte mentale**.
- **Le moteur de recherche** est l'outil préconisé pour accéder à des informations sur internet.
  Les plus utilisés sont : **Google, Qwant, Bing, Ask...**
- Les moteurs de recherche ayant recours à **des bases de données différentes**, les résultats de recherche ne seront pas les mêmes. Il semble donc pertinent de varier les moteurs de recherche.
- Les outils de recherche sur internet utilisent tous les mots saisis dans la barre de recherche. Il est donc préférable de saisir des **mots-clés** à la place d'une phrase entière.
  Exemple : Il faut chercher « *politique communication Apple* **»** et non « *Quelle est la politique de communication de l'entreprise Apple ?* »
- Pour la recherche, il faut utiliser les mots-clés de la problématique et des outils de remue-méninges.
- La plupart des outils de recherche proposent des recherches avancées.
  Ainsi dans Google le bouton **« Outils de Recherche »** permet de choisir les pages en français, de sélectionner la période de recherche...

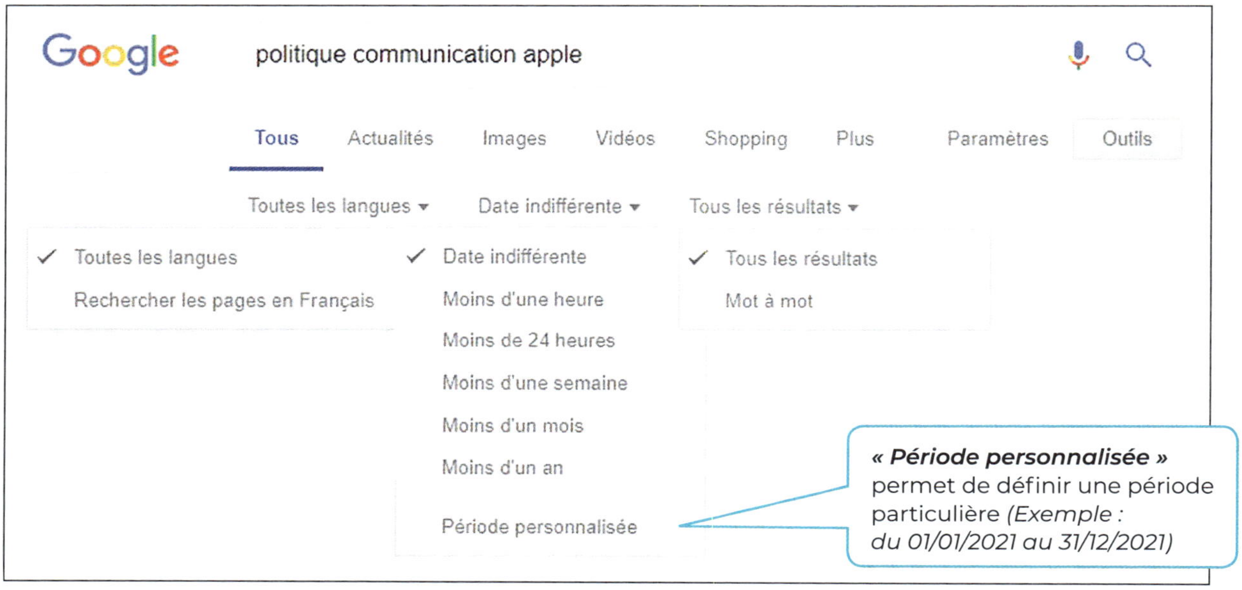

- Pour chaque document : il faut noter sa date de création, son auteur, sa source (provenance, adresse du site web, nom du magazine...).

2 » Sélectionner des documents

- **Sélectionner,** parmi tous les documents trouvés, ceux qui **seront nécessaires** pour la réponse à la problématique.
- **Évaluer les documents** en fonction de plusieurs critères : **la fiabilité, la pertinence, l'actualité** (voir chapitre 7 : l'information et le système d'information).
- Renseigner le tableau suivant pour recenser les informations trouvées.

Numéro du document	Titre	Date de création	Source (provenance)	Auteur	Actualité	Fiabilité	Pertinence Intérêt du document

- Les documents non pertinents, non fiables ou non actuels seront écartés.

Fiche méthode 3

Construire la réponse à la problématique

1 » Établir un plan

- Rechercher un plan à partir des informations que vous avez sélectionnées.
- Relire soigneusement les documents et surligner les idées essentielles pour répondre à la problématique.
- Organiser les idées en plan.
- Ne pas recopier les phrases des documents mais les reformuler en prenant soin de ne pas s'écarter de la problématique.
- Pour organiser les idées, il peut être judicieux de remplir le tableau suivant.

1re partie - Nom :		
1re sous-partie Nom :	Idées à développer :	Numéro du document utilisé, exemple ou idée à retenir :
2e sous-partie Nom :	Idées à développer :	Numéro du document utilisé, exemple ou idée à retenir :
2e partie - Nom :		
1re sous-partie Nom :	Idées à développer :	Numéro du document utilisé, exemple ou idée à retenir :
2e sous-partie Nom :	Idées à développer :	Numéro du document utilisé, exemple ou idée à retenir :

2 » Rédiger la réponse à la problématique

La réponse à la problématique doit être structurée. Il faut donc respecter la structure suivante.

- L'introduction

  Elle est composée :
  - **d'une accroche :** c'est la phrase qui permet d'amener le sujet et d'inciter le lecteur à poursuivre sa lecture ;
  - **d'une définition des termes** du sujet ;
  - **de la problématique** ;
  - **de l'annonce** de votre plan.

- Le développement

  Il doit reprendre les parties annoncées dans l'introduction. Son contenu proviendra des documents que vous aurez sélectionnés :
  - faire des phrases courtes ;
  - proposer une seule idée par phrase ;
  - utiliser les mots de liaison (néanmoins, cependant, toutefois, ainsi, afin de...) pour articuler les idées entre elles.

- La conclusion

  Elle est composée :
  - **d'un résumé**, qui reprend les principales idées du développement ;
  - **de la réponse à la question posée** : il s'agit de répondre à votre problématique en quelques phrases simples ;
  - **d'une ouverture** : cela peut être une question à laquelle il n'a pas été possible de répondre, d'un nouveau sujet qui survient...
  - **ATTENTION** : ne jamais développer de nouvelles idées dans la conclusion.

Fiche méthode 4

Préparer l'oral

1 » Structurer la présentation

- La présentation orale est une épreuve qu'il faut soigneusement préparer à l'avance pour respecter le délai imposé.
- Afin de ne **rien oublier** le jour de l'examen, il faut **réfléchir à l'avance au plan de votre présentation**.
- Le plan de la présentation sera **différent** de celui de la réponse à la problématique car il faut présenter la **méthode de travail** ainsi que la **réponse à la problématique**.
- Il faut donc une **introduction**, un **développement** et une **conclusion**.
- Le plan doit reprendre les **différentes étapes** du travail :
  - le choix du **thème** ;
  - le choix des sources ;
  - le choix de **la problématique** ;
  - le choix des **méthodes de remue-méninges** (QQOQCP, carte mentale...) ;
  - la **recherche de documents** (mots-clés, usage d'Internet, entretien...) ;
  - la **validation de documents** (expliquer pourquoi certains documents ont été écartés) ;
  - l'**analyse** des documents ;
  - la **réponse** à la problématique.

2 » Présenter oralement son travail

- **Ne pas improviser** cette épreuve orale. Il faut la **préparer soigneusement**.
- **S'entraîner à haute voix**, devant un auditoire (camarades de classe, famille, amis...) pour être le plus à l'aise possible avec un public.
- **Se chronométrer** durant les entraînements afin d'être certain de respecter le temps imposé.
- Pour éviter **d'oublier des informations**, il est possible de rédiger une **fiche de guide orale** qui reprendra **le plan de la présentation**.

  ATTENTION cependant à ne pas rédiger entièrement la présentation.
  Surtout : NE PAS LIRE LA FICHE GUIDE !
- **Attention à votre communication :**
  - utiliser un langage **soutenu** voire **courant**, mais certainement pas familier ;
  - soigner le langage non verbal. Adopter une posture de circonstance (ne pas mettre les mains dans les poches, se tenir droit, oublier la tenue jogging basket ou les jeans déchirés, sourire...) ;
  - attention au **débit oral** : ne pas parler **ni trop vite**, **ni trop lentement** ;
  - attention au **volume** de votre voix : **ne pas chuchoter**, **ne pas crier** !
  - faire des phrases **simples**, **courtes** et **précises** ;
  - utiliser le **vocabulaire étudié en cours** ;
  - **ne pas lire** la fiche de guide oral ;
  - si la présentation inclut un **diaporama**, **ne pas le lire** devant l'examinateur.

Fiche méthode 5

Réussir un entretien avec un professionnel

La prise de rendez-vous

1 » Rechercher l'organisation et l'interlocuteur à contacter

Comment savoir qui contacter ? Cela va dépendre de :

Votre objectif : cela orientera votre choix d'organisation (banque, association...) et le statut de la personne à contacter (chargé de clientèle, directeur d'agence...).

Votre moyen de transport : essayer de prendre rendez-vous avec une entreprise dans laquelle vous pourrez facilement vous rendre, quelles que soient la date et l'heure du rendez-vous.

Du temps dont vous disposez : plus vos délais seront courts et moins vous aurez l'opportunité de pouvoir contacter une personne avec un statut important car elle a souvent des plannings très chargés.

Comment trouver l'organisation et l'interlocuteur ? Vous devrez utiliser les outils suivants.

Votre réseau personnel : demandez à vos parents, vos amis, s'ils connaissent une organisation ou un professionnel que vous pourriez contacter.

Le site web des pages jaunes (www.pagesjaunes.fr) : vous obtiendrez ainsi plusieurs organisations avec leurs coordonnées dans votre zone géographique.

Le site web officiel des entreprises sélectionnées : vous pourrez ainsi rechercher le nom des personnes à contacter, parfois même un moyen de contact (adresse Internet, ligne directe...) et leurs disponibilités.

2 » Choisir la méthode de prise de contact pour le rendez-vous

Plusieurs moyens sont à votre disposition :

Moyen	Avantages	Inconvénients
Téléphone	- Personnalisation de la relation. - Rapidité de la prise de rendez-vous. - Téléphone, outil moins intrusif que le face-à-face.	- Difficulté d'obtenir le bon interlocuteur. - Obligation de rappeler plusieurs fois pour obtenir un rendez-vous. - Nécessité d'être flexible et de faire face à d'éventuels imprévus.
Courriel	- Trace de la demande de rendez-vous. - Réflexion préalable sur le contenu du message, il n'y a pas d'improvisation.	- Difficulté d'obtenir l'adresse e-mail du professionnel. - Possibilité que l'e-mail ne soit pas lu ou mis en attente. - Attention plus forte au niveau de l'orthographe et de la syntaxe : une erreur peut porter préjudice à votre demande.
Contact direct (face-à-face)	- Personnalisation de la relation. - Rapidité de la prise de rendez-vous. - Preuve de la motivation.	- Nécessité de se déplacer. - Attente parfois importante. - Risque de déranger les professionnels dans leur travail. - Nécessite d'être flexible et de faire face à d'éventuels imprévus.
Courrier	- Trace de la demande de rendez-vous. - Réflexion préalable sur le contenu du message, il n'y a pas d'improvisation. - Possibilité de le combiner avec le face-à-face en amenant son courrier directement.	- Délai de réponse parfois très long. - Moyen de contact impersonnel. - Attention plus forte au niveau de l'orthographe et de la syntaxe : une erreur peut porter préjudice à votre demande.

Pour une demande de rendez-vous avec un professionnel, le téléphone est un des outils à privilégier quand vous ne disposez pas des coordonnées de ce dernier. Mais il est possible de choisir un autre moyen pour le contacter, tout dépendra de vos contraintes et des informations à votre disposition.

3 » Prendre rendez-vous par téléphone

- **Avant l'entretien :** préparer une fiche CROC qui vous permettra d'être plus à l'aise.

Les phrases		Contenu
C	PRISE DE **C**ONTACT	Il s'agit des premiers mots que vous allez dire à votre interlocuteur et qui vont permettre de vous présenter et de vérifier l'identité de votre interlocuteur.
R	**R**AISON DE L'APPEL	C'est un préambule : c'est le moment où les deux interlocuteurs nouent le contact. Vous devez expliquer le pourquoi de votre appel. Plusieurs cas de figure peuvent se présenter, qu'il faut prévoir : - un interlocuteur vous répond : · demandez-lui poliment de vous passer la personne que vous souhaitez contacter, · il vous répond que cette personne est absente : demandez-lui ses disponibilités et éventuellement son nom, si vous ne le connaissez pas, ainsi que son adresse e-mail ; - la personne que vous souhaitez interroger vous répond : passer à la phase suivante...
O	**O**BJECTIF DE L'APPEL	Expliquez bien votre objectif : prendre un rendez-vous. Justifiez bien la raison de votre rendez-vous : être précis quant à vos attentes, à la durée... Prévoyez à l'avance vos disponibilités pour la prise de rendez-vous (consulter votre agenda). Concluez : remercier votre interlocuteur et confirmer la date et l'heure de rendez-vous. N'oubliez pas de prendre le nom, le téléphone et le courriel de votre contact. Laisser également vos coordonnées au professionnel (il pourrait avoir à vous joindre pour déplacer le rendez-vous).
C	PRISE DE **C**ONGÉ	Cette phase est courte. N'oubliez pas d'être poli et de remercier votre interlocuteur pour le moment qu'il vous a consacré, car son temps est précieux.

- **Pendant l'entretien :** être souriant et poli (on ne vous voit pas, mais on vous imagine). Faire des phrases courtes et simples. Prendre des notes (prévoyez un papier et un crayon).
- **Après l'entretien :** noter votre rendez-vous dans votre agenda (date, heure, nom du contact et coordonnées).

L'entretien

1 » Préparer le guide d'entretien

Il est essentiel de préparer ses questions à l'écrit avant de réaliser son entretien. Ainsi, vous ne serez pas pris au dépourvu, vous serez moins stressé et vous n'oublierez pas de poser des questions essentielles.

Vous devez préparer un guide d'entretien qui contiendra l'ensemble des questions que vous souhaitez poser à votre professionnel.

- Commencer par procéder à une recherche sur Internet pour découvrir l'organisation choisie.
- Écrire les questions les plus générales et ensuite aller au plus précis.
- Formuler des questions simples et claires (une seule idée par question, pas de négation...).
- Essayer de classer vos questions par thème pour ne rien oublier.
- Laisser de la place sur votre feuille pour répondre le jour de l'entretien.
- Prévoir de la place sur votre feuille pour rajouter des questions le jour de l'entretien (questions pour préciser une réponse du professionnel par exemple).

2 » Préparer votre entretien

- Recontacter votre professionnel par téléphone, SMS ou e-mail la veille, pour confirmer votre RDV.
- Préparer votre itinéraire en fonction du moyen de transport que vous aurez choisi.
- Repérer les lieux en vous rendant sur place, si vous le pouvez, ou utiliser Google Map.
- Préparer votre tenue vestimentaire : celle-ci doit être adaptée à l'organisation dans laquelle vous vous rendez (pas de survêtements ni de baskets, sauf si votre contact travaille dans le monde du sport).
- Ne pas oublier votre guide d'entretien et prévoir un crayon pour noter les réponses du professionnel.
- Anticiper et prévoir d'arriver 15 minutes en avance.

3 » Réussir l'entretien

- Être poli et souriant, même si le professionnel ne l'est pas.
- Suivre votre préparation mais savoir aussi vous en détacher, notamment quand le professionnel vous explique des points auxquels vous n'aviez pas pensé. Vous devez vous adapter à la situation.
- Écrire les réponses du professionnel ou lui demander si vous pouvez les enregistrer.
- Remercier le professionnel et lui demander s'il est possible de le recontacter ultérieurement par e-mail au cas où vous auriez besoin de davantage de précisions.

VERS LE GRAND ORAL

L'épreuve du Grand oral vise à utiliser vos connaissances, principalement celles liées à vos spécialités, pour créer une argumentation et montrer en quoi elles sont essentielles pour votre projet de poursuite d'études, et même votre projet professionnel.

Apprendre à s'exprimer, argumenter et écouter, sont des compétences qui sont indispensables dans la vie professionnelle et personnelle.

1 » Préparation préalable

Avant l'épreuve

Les compétences orales du candidat vont être travaillées tout au long de sa scolarité et d'une manière plus poussée encore au dernier trimestre de la classe de terminale dans le cadre des cours d'enseignement de spécialité. Le candidat prépare deux questions avec ses professeurs et éventuellement avec d'autres élèves, qui portent sur la spécialité pour lequel le programme prévoit la réalisation d'une étude approfondie.

Le jour de l'examen

Le jury choisit une de ces deux questions. Le candidat a ensuite 20 minutes de préparation pour mettre en ordre ses idées et créer s'il le souhaite un support (qui ne sera pas évalué) à donner au jury.

2 » Déroulement de l'épreuve

Premier temps : présentation d'une question (5 minutes)

L'exposé se déroule sans note et debout[1] devant le jury. Le candidat explique le choix de sa question puis la développe pour y répondre.

Deuxième temps : échange avec le candidat (10 minutes)

Le jury échange avec le candidat qui peut être pour la fin de son épreuve, assis ou debout, au choix. Il évalue ses qualités d'écoute, ses connaissances et ses compétences argumentatives.

Troisième temps : échange sur le projet d'orientation du candidat (5 minutes)

Le candidat montre que la question traitée a participé à la maturation de son projet de poursuite d'études, et même à son projet professionnel. Il expose les différentes étapes de la maturation de son projet (rencontres, engagements, stages, mobilité internationale, intérêt pour les enseignements communs, choix de ses spécialités, etc.) et la manière dont il souhaite le mener après le baccalauréat.

3 » Les 5 critères d'évaluation

La qualité orale de l'épreuve : vous serez évalué sur le débit et la qualité de la voix, l'utilisation d'un vocabulaire riche et adapté, la capacité à susciter l'intérêt.
La qualité de la prise de parole en continu : le discours doit être fluide, articulé et bien construit.
La qualité des connaissances : il s'agit de démontrer que vous êtes capable de mobiliser les connaissances à bon escient lors de vos réponses aux questions du jury.
La qualité de l'interaction : il faudra montrer que vous êtes capable d'interagir de façon pertinente (réponses, prise d'initiative, capacité à rebondir) lors de l'entretien avec le jury.
La qualité et la construction de l'argumentation : il s'agit de démontrer que vous êtes capable de conduire et d'exprimer une argumentation personnelle, bien construite et raisonnée.

Jury :
- **deux professeurs extérieurs au lycée ;**
- **un enseignant de l'enseignement spécifique du candidat ;**
- **un enseignant de Droit – Économie, ou un professeur d'enseignements communs, ou un professeur-documentaliste.**

[1] *Sauf en cas « d'aménagement pour les candidats à besoins spécifiques ».*

PREMIÈRE PARTIE

La présentation au jury de l'étude approfondie

CONTEXTE

Une élève de terminale ayant choisi l'enseignement spécifique de Gestion et Finance est accueillie par le jury le jour de son épreuve du Grand oral.
Cet extrait vidéo décrit son entrée dans la salle d'examen et le premier temps de cette épreuve : la présentation de son étude approfondie.

Travail sur poste informatique

LE GRAND ORAL

https://eqrcode.co/a/U5LjDf

Après avoir visionné la vidéo, vous répondrez aux questions 1 à 4.

1. Analyser la prestation de l'élève en remplissant le tableau ci-dessous.

Situations	Points positifs	Points à travailler
Son entrée dans la salle d'examen		
Sa communication non verbale (posture, apparence...)		
Sa voix (ton, volume, débit...)		
Son argumentation		
Sa prestation en général		

2. Imaginer d'autres erreurs à ne pas commettre le jour de l'épreuve du Grand oral.

3. Réfléchir aux questions que pourrait poser l'enseignant après cette prestation de l'élève.

4. Élaborer en groupe, sur poste informatique, une fiche de conseil destinée à préparer l'épreuve du Grand oral.

DEUXIÈME PARTIE

Mon projet de poursuite d'études

Lors du dernier temps de votre Grand oral, vous échangez avec le jury afin d'expliquer en quoi la question traitée lors de votre oral est utile pour votre projet de poursuite d'études, ainsi que pour votre projet professionnel.

Afin d'être capable d'interagir de manière construite et argumentée, vous devez, dès la classe de première, vous poser les bonnes questions.

Quelles rencontres m'ont permis de progresser dans ma réflexion ?

En commençant à travailler votre projet d'orientation dès la première, vous aurez le temps de participer aux Journées Portes Ouvertes de plusieurs établissements du supérieur (le lycée de votre futur BTS, l'IUT proposant le parcours souhaité, etc.), de visiter un salon de l'étudiant, ou de rencontrer dans votre lycée des enseignants ou d'anciens élèves venus vous présenter leurs filières.

Pour chaque échange avec un professionnel, un étudiant, un enseignant du supérieur ou un conseiller d'orientation-psychologue (COPsy), vous devez prendre en note les éléments qui vous permettront d'être pertinent le jour du Grand oral de terminale.

MA PRISE DE NOTES

❒ Professionnel ❒ Étudiant ❒ Enseignant du supérieur ❒ COPsy ❒ Autres : ....

Date et lieu de la rencontre : ....

Durée de l'échange : ....

Mes découvertes lors de l'interaction :

....

....

....

....

Les points positifs abordés et les points négatifs, ou les doutes qui sont apparus :

Positifs	Négatifs

Mon bilan de cette rencontre (où j'en suis aujourd'hui ?) :

....

....

....

....

Mon projet est-il lié à mon environnement (ma famille, mon association, mes amis…), à un stage réalisé, une visite d'organisation, une expérience à l'international ?

Pourquoi ai-je choisi un baccalauréat technologique ? Quel enseignement spécifique me correspond le mieux en terminale ?

Quelle formation, ou parcours, j'aimerais suivre après le baccalauréat ? Comment y parvenir ?

APPLICATION 1. Préparer un questionnaire pour mon orientation

Mon métier idéal ou mon projet de poursuite d'études: ....

....

À l'aide du logiciel conseillé par votre enseignant, **préparer une enquête destinée à interroger un étudiant ou une personne qui travaille dans le secteur auquel vous vous destinez.**

Vous devez **interroger la personne sélectionnée** en vous assurant, par vos questions, de certains points:

- quel est son statut (poste) ?
- depuis quand travaille-t-elle dans ce secteur ?

L'objectif est de vous assurer d'obtenir des informations fiables et pertinentes.

Vous poserez toutes les questions que vous jugerez utiles pour avancer dans votre projet.

» **Pistes de réflexion:** nature, durée et lieu des études ; raisons de ce choix ; compétences ou qualités attendues ; avantages/inconvénients...

APPLICATION 2. Réaliser une synthèse visuelle de mes recherches

À partir de sites fiables traitant de l'orientation, chercher les caractéristiques principales d'une formation que vous pourriez potentiellement suivre après le baccalauréat.

- http://www.onisep.fr
- https://www.orientation-pour-tous.fr
- https://www.cidj.com
- https://www.letudiant.fr

À l'aide du logiciel conseillé par votre enseignant, **produire une affiche pour présenter cette formation à vos camarades.**

APPLICATION 3. Présenter mon projet de poursuites d'études

Par groupe de trois et après un temps de préparation, **se placer à tour de rôle dans une situation de candidat face à deux membres de jury.**

- Durant 2/3 minutes, le candidat devra **exposer son souhait de poursuites d'études**, voire son projet professionnel.
- Durant les 5 minutes suivantes, **les membres du jury vont poser les questions qu'ils ont préparées** afin de tester la capacité du candidat à interagir et construire une argumentation.

ESCAPE game

Présentation

Phénomène mondial, l'escape game s'est développé rapidement en France. Plus qu'un loisir, il est également devenu, par exemple pour les managers, un moyen de recruter du personnel, de créer de la cohésion dans une équipe ou tout simplement un outil pour former les salariés. Un jeu d'évasion, ou escape game, consiste à enfermer les participants au jeu dans une pièce dont ils doivent s'échapper dans un temps limité (souvent une heure). Vous devez y résoudre différentes énigmes et trouver des indices afin d'ouvrir les cadenas, portes et autres coffres du jeu pour vous échapper le plus rapidement possible. L'escape game se pratique nécessairement en équipe puisque le temps est une ressource rare et que sans coopération et organisation des tâches, votre équipe sera incapable de terminer les missions qui vous sont confiées

Fonctionnement

Fouiller

Des indices, des codes et des objets sont présents dans la salle de jeu et virtuellement (fouiller avec la souris dans l'écran !).

Game master

Le maître du jeu vous surveille durant le jeu et peut intervenir lorsqu'il le souhaite pour vous aider dans la progression du jeu.

Résoudre l'énigme principale

Communiquer

Afin d'être efficace et ne pas perdre de temps en restant bloqué. Les compétences et la capacité à raisonner de votre équipe sont complémentaires.

Répartir les tâches

L'escape game est prévu pour jouer à plusieurs. Vous devez organiser votre équipe en sous-groupe pour gagner du temps.

Avertissement

Lors du jeu, vous devrez vous rappeler que la confiance dans vos camarades ne doit pas remplacer le contrôle. Si votre coéquipier vous dit qu'il a tout vérifié et qu'il n'y a aucun indice, vérifiez vous-même. Il y a beaucoup d'indices cachés et d'éléments du jeu qu'il pourrait avoir raté. C'est souvent ainsi que l'on est bloqué dans le jeu.

Escape game

La maison hantée

Dans ce jeu d'évasion, votre équipe est enfermée dans une maison hantée et elle a moins d'une heure pour réussir à sortir… ou errer éternellement dans cette demeure lugubre.

Pour réussir et résoudre les énigmes du fantôme qui hante la maison, vous devrez obligatoirement collaborer et mobiliser l'intelligence collective de votre groupe. Une réussite solitaire est impossible et il faudra se concentrer et canaliser son énergie pour survivre à ce challenge.

Enfin, rappelez-vous, ne vous fiez pas aux apparences, le fantôme est malicieux. N'ayez pas peur d'explorer toutes les pistes !

Outils nécessaires

- Le manuel scolaire FontainePicard.
- Un smartphone (utile pour prendre des photos des énigmes).
- Un lecteur de QR code.

Ma prise de notes :

Plan de la maison

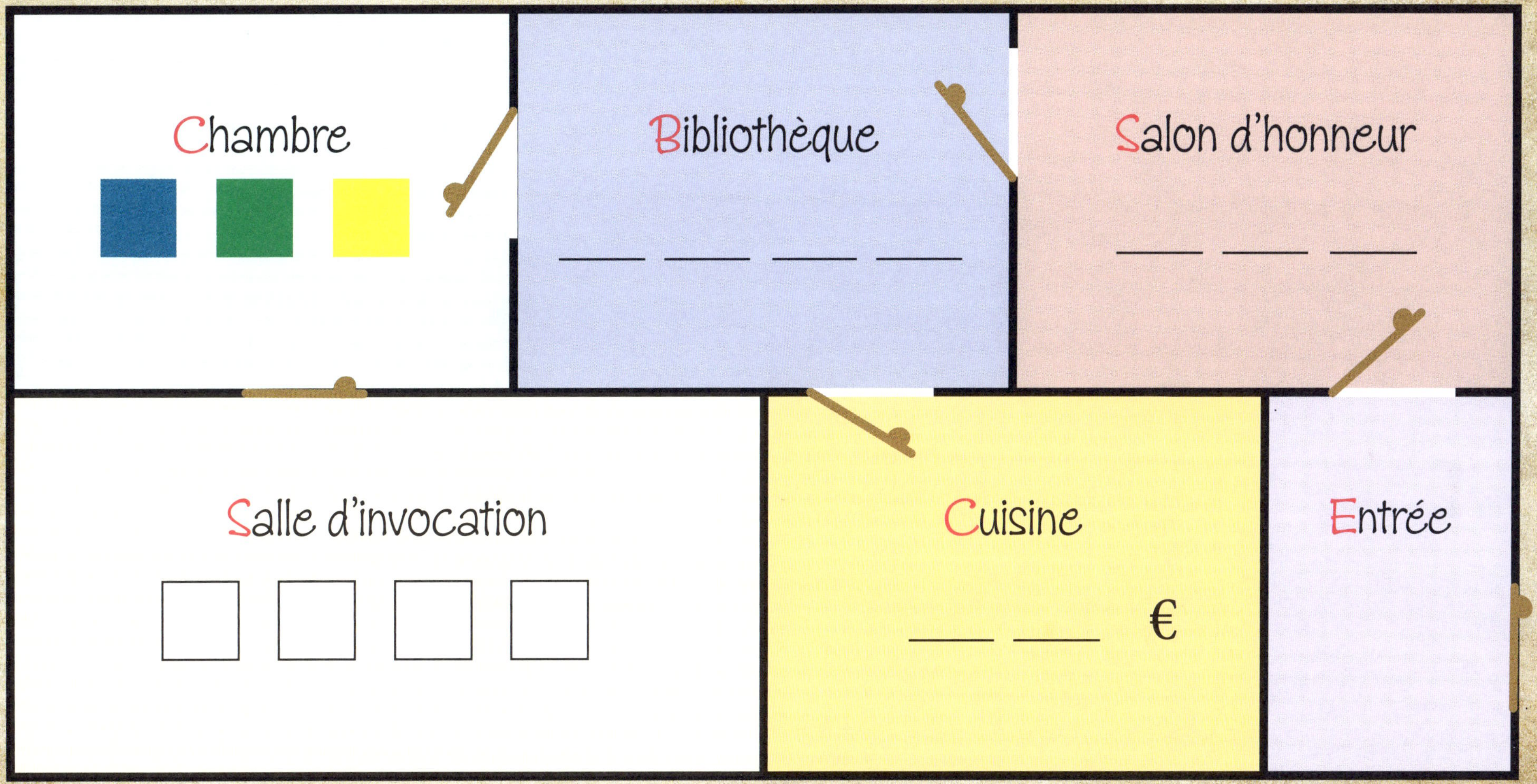

Achevé d'imprimer sur les presses de l'imprimerie FAURITE
Imprimé en France
Dépôt légal : 1er trimestre 2021